COMPRE-ME O CÉU

XINRAN

Compre-me o céu
A incrível verdade sobre as gerações de filhos únicos da China

Tradução
Caroline Chang

Copyright © 2015 by Xinran Xue

Grafia atualizada segundo o Acordo Ortográfico da Língua Portuguesa de 1990, que entrou em vigor no Brasil em 2009.

Título original
Buy Me the Sky

Capa
Joana Figueiredo

Obra de arte de capa
Bebê com peixe dourado gigante, de Chinese School, 1990, litografia a cores.
DaTo Images/ Bridgeman Images/ Fotoarena

Preparação
Fábio Bonillo

Revisão
Isabel Cury
Marise Leal

Dados Internacionais de Catalogação na Publicação (CIP)
(Câmara Brasileira do Livro, SP, Brasil)

Xinran
  Compre-me o céu : A incrível verdade sobre as gerações de filhos únicos da China / Xinran ; tradução Caroline Chang. — 1ª ed. — São Paulo : Companhia das Letras, 2017.

  Título original: Buy Me the Sky.
  ISBN 978-85-359-2878-5

  1. China – História 2. Filho único 3. Geração Y – China 4. Homens – China – Condições sociais 5. Mulheres – China – Condições sociais 6. Política familiar – China I. Título.

17-01526   CDD-306.8740951

Índice para catálogo sistemático:
1. China : Pais e filhos únicos : Relações familiares : Sociologia 306.8740951

[2017]
Todos os direitos desta edição reservados à
EDITORA SCHWARCZ S.A.
Rua Bandeira Paulista, 702, cj. 32
04532-002 — São Paulo — SP
Telefone: (11) 3707-3500
www.companhiadasletras.com.br
www.blogdacompanhia.com.br
facebook.com/companhiadasletras
instagram.com/companhiadasletras
twitter.com/ciadasletras

A meus afilhados e afilhadas, por seu amor e gentileza, e que são como irmãos e irmãs para meu filho, Panpan (Yibo)

一个孤独的时代造就了一代孤独的人,
他们在拥有的海洋中孤独地守着自我。
在大陆和海洋的孤岛之间构筑隧道和桥梁,
正是今天中国的独生子女们在做的事情—

*Uma era de solidão criou uma geração de pessoas solitárias,
Sozinhas, vigiam solitariamente seus próprios eus, num mar de abundância.
Construindo túneis e pontes entre ilhas isoladas e o continente,
É isso que os filhos e as filhas únicas de hoje estão fazendo.*

Xinran

Sumário

Introdução, 11

1. Du Zhuang, 29
2. Andorinha Dourada, 71
3. Asa, 103
4. Lírio, 133
5. Lua, 156
6. Brilhante, 180
7. Lenha, 209
8. Cintilante, 235
9. Peixe-Voador, 256
10. Meus "professores", 280

Posfácio, 313
Agradecimentos, 322
Apêndice I: A política de controle de natalidade da China, 328
Apêndice II: O *Dizigui*, 330
Apêndice III: The Mothers' Bridge of Love (MBL), 342

Introdução

Desde que vim morar na Grã-Bretanha, em 1997, tenho feito o possível para voltar à China duas vezes por ano, a fim de atualizar minha "formação". Pois as enormes mudanças que ocorrem hoje ultrapassam em muito qualquer coisa encontrada em livros escolares ou registros históricos. A evolução em todo o país — desde o crescimento estratosférico da economia à transformação da sociedade, bem como os novos, incessantes e surpreendentes avanços nas relações interpessoais — produziu uma sociedade que está se modificando numa velocidade nunca antes vista. Tudo na China — pessoas, fatos e objetos — tem estado tão inquieto que temos a sensação de que está se fragmentando na velocidade da luz. Sei que, se não cuidar da minha "formação", vou ficar suspensa no tempo e no espaço daquilo que meu filho chama de "a China antiga".

Quase todas as vezes em que retorna da China, seja trabalhando como voluntário nos confins do interior, apanhando um trem comum por vinte horas (ele frequentemente faz isso como uma espécie de lição de casa sobre a China), ou visitando amigos e familiares na cidade, meu filho, Panpan, sempre volta tomado por novos questionamentos. Por que há uma diferença tão abissal entre as grandes cidades e o interior? Como é possível que, entre diversos lugares de um mesmo país, regidos pelos mesmos governantes, haja décadas de distância a separá-los? Como é possível entender as mudanças que estão ocorrendo na China? Quem representa o povo chinês hoje — os funcionários colarinhos-brancos, que circulam entre cidades e aeroportos? Ou os camponeses e os trabalhadores migrantes, que viajam a pé por aldeias rurais sacolejando entre uma e outra rodoviária? Se a China é um país comunista, por que os pobres de zonas rurais não têm apoio na hora do nascimento, da doença e da morte? E, se é um país capitalista, por que a economia é manejada por um governo de partido único? Será que meu filho se sente de fato um chinês nativo? Nesses momentos tenho vontade de tapar sua boca com a mão! É simplesmente impossível encontrar respostas que o satisfaçam. Falando francamente, nem sequer sei onde ele *poderá* encontrar as respostas. Mas não posso deixar de procurá-las, não só para o bem dele, mas também para mim, como filha da China e como mãe chinesa.

No verão de 2010, voltei mais uma vez à China para atualizar meus "conhecimentos sobre a mãe-pátria" e para a pesquisa deste livro. Voltei a um lugar que eu não visitava havia vinte anos — Harbin, a capital da província mais setentrional da China, Heilongjiang. A primeira vez que visitei Harbin foi em 1991, numa viagem de avião para investigar a história dos moradores judeus da cidade. Tanto a dinastia Jin quanto a Qing são originárias de Harbin. Em 1115, a dinastia Jin estabeleceu sua capital onde hoje fica o bairro de Acheng, em Harbin. No final do século XIX, a cidade ainda era composta de mais ou menos uma dúzia de aldeias amontoadas, com uma população de apenas 30 mil pessoas. Porém, isso estava prestes a mudar, já que as conexões de transporte, o comércio e a população da cidade começaram a se expandir rapidamente. Quando a Ferrovia do Extremo Leste da China foi construída, de 1896 a 1903, conectando a Sibéria com Vladivostok, passando pela província de Heilongjiang, Harbin já tinha a forma embrionária de uma cidade moderna. No início do século XX, havia se tornado um porto comercial internacional, com 160 mil estrangeiros de 33 países diferentes e com dezesseis consulados.

Sempre tive a sensação de que no último século da história da China, bem antes da política de Reforma e Abertura de 1980, Harbin fosse um local de encontro para imigrantes. Aparentemente, de cada dez pessoas, nove eram de outra parte. A cidade também era um grande eixo para os filhos e netos de exploradores, para andarilhos escapando de guerras ou procurando trabalho, e para milhares de prisioneiros fugitivos em busca de abrigo. Com o fim da dinastia Qing, milhares e milhares de judeus foram a Harbin pela Ferrovia Transiberiana, fugindo de pogroms na Europa e na Rússia, tornando-a a maior comunidade judaica do Extremo Oriente. Junto com migrantes chineses dos quatro cantos do país, os judeus de Harbin ajudaram a dar forma a um século da história da cidade.

A Harbin de 2010, assim como o resto das mais de seiscentas cidades da China, estava correndo para se reinventar como uma rede de arranha-céus, densamente povoada e prosperando graças ao comércio, obstinada em ignorar o caráter de sua colonização e em rejeitar seu estilo tradicional. O mesmo afã pela padronização dos espaços de moradia também estava devorando o velho panorama russo de Harbin e suas tradições, seus velhos costumes judaicos, suas oficinas e estrebarias simples e animadas. Havia apenas um punhado de lugares que ainda mostravam a marca dos tempos: mesquitas postadas incoerentemente em ruas barulhentas, chamando em vozes orgulhosas para rezas várias vezes por dia; a catedral de Santa Sofia cercada de todos os lados por fileiras e mais fileiras de centros comerciais; e a rua principal, chocantemente coalhada de letreiros com o alfabeto ocidental. Entre essas construções do homem, o rio Songhua silenciosamente testemunhava a mutante geografia e os costumes da cidade, com sua cultura ribeirinha correndo por eras. No inverno, gerações de habitantes da cidade se juntavam para admirar lanternas esculpidas em gelo. Ao passo que no verão adentravam o rio em barcos, conversando, cantando e dançando em um fluxo fervilhante de humanidade. O rio Songhua foi a sala de aula que me ensinou a entender Harbin.

Passear tranquila e agradavelmente por entre seus habitantes, observar suas falas e gestos, parar algumas vezes para fazer perguntas respeitosas aos mais velhos (mesmo quando eles as consideravam tolas) foi um enorme e genuíno prazer para mim. Certa vez, lembro especialmente de ter visto algo que me surpreendeu por sua completa novidade: seis pessoas de três gerações, todas de pé em volta de uma criança preciosa, observando-a com atenção. Transeuntes espichavam o pescoço para ver e ouvir os pios de uma menina pequena que aprendia a falar.

"Mamãe, me compra o rio!", a menininha de três anos dizia à mãe num balbucio.

Uma de suas mãozinhas estava agarrada a um dedo da mãe, enquanto a outra apontava para o rio Songhua. "Mamãe, eu quero o rio, me compra o rio!", ela dizia numa voz determinada.

A jovem mãe tentou acalmá-la. "Meu amor, não temos como comprar este rio enorme!"

Logo atrás da mãe e da filha, quatro anciãos que talvez fossem seus avós debatiam em voz baixa. "Você não pode dizer isso, não é que você não tenha condições de comprá-lo, é que não é possível comprá-lo."

"Não perturbe a criança, apenas diga que vamos comprá-lo quando ela for grande. Isso não resolve?"

"Sim, diga à fofinha para perguntar ao papai como é que se compra um rio."

"*Aiya*, se você disser isso, estará ensinando a acreditar em mentiras, desde pequena, não?"

"O que essa bonequinha sabe sobre verdade e mentira? Apenas mantenham-na feliz, depois que ela crescer não vai mais querer comprar rio nenhum!"

"Fiquem quietos, todos vocês, ouçam o que a nossa pequena coisa preciosa está dizendo!"

A família que discutia em voz baixa de repente ficou em silêncio, como se escutasse um edito imperial. "Então, quero comprar uma estrela no céu!", a menininha exigia em sua voz balbuciante.

Não parei para continuar escutando, de forma que nunca fiquei sabendo se a menininha teria ou não mais exigências, mas para mim foi impossível entender as palavras daqueles senhores e o jeito tão sério de considerar as inocentes pretensões da netinha.

Naquela noite, telefonei a uma amiga e desabafei sobre o assunto, mas, para minha surpresa, ela não concordava de forma alguma. "O que tem de mais nisso?", ela disse. "Uma vez, meu neto de quatro anos e meio fez o maior escarcéu porque queria a Lua. Durou dias e dias, até que a minha nora comprou uma lanterna de papel japonesa e redonda para sua casa e contou para ele uma história sobre a Lua ter enviado o próprio filho à nossa casa para brincar com ele. Para contentá-lo, toda a família chamou o filho da Lua para uma visita, e acabamos comprando um monte de lanternas de papel. Quando alguns visitantes da minha terra natal chegaram, acharam que estávamos de luto, por causa de todas aquelas lanternas brancas pela casa! Não se pode fazer nada, Xinran. Esses brotinhos únicos são mais preciosos que ouro."

"Mas e se a criança inventa de querer ser dona do mar ou do céu azul?" Eu não sabia por que eu estava dificultando as coisas para ela.

"Sabe lá o que faríamos..." Era como se um buraco negro, do tipo que Hawking, Thorne, Preskill e seus pares debatem longamente, formado pelo peso da resposta à qual não conseguíamos chegar, tivesse se interposto na linha do telefone que conectava nossos dois mundos, mergulhando nós duas no silêncio.

Na verdade, aquele buraco negro de silêncio já havia se insinuado em incontáveis famílias de filhos únicos, todas quebrando a cabeça em busca de ideias, eu incluída, na qualidade de mãe de um filho único. Conforme educamos nossos "primeiros e únicos", passamos dias e noites temendo algum acidente raro. À medida que crescem, nossos preciosos "primeiros e únicos" parecem criar buracos negros próprios que sugam toda a energia à sua volta, exaurindo a nós, os pais, que havíamos começado cheios de vigor, determinação e ardor, mas sem nos libertar das preocupações. Constantemente perguntamos: "Será que nosso 'primeiro e único' está em segurança, e feliz?". Junto com nossos filhos, escrevemos um "primeiro e único" capítulo nos livros de história da China, um buraco negro de invenção e verdade — a era dos filhos únicos.

Depois de mais ou menos dez anos vivendo no Reino Unido, quase todos os meus amigos ocidentais demonstraram interesse ou preocupação quanto ao fenômeno do filho único na China. As especulações e a falta de compreensão da sociedade ocidental a esse respeito ficaram evidentes para mim quando pesquisei informações sobre o assunto na imprensa internacional. Entender a política do filho único parece ter se tornado uma espécie de "marco" que sinaliza se uma pessoa tem de fato conhecimento sobre a China moderna. Tornou-se até mesmo um trunfo para algumas figuras públicas, na tentativa de "manter-se em dia com a política chinesa".

Quanto à história da política do filho único, muita informação pode ser encontrada no meu livro *Mensagem de uma mãe chi-*

nesa desconhecida. De forma que aqui irei apenas dar uma reintrodução básica para leitores que ainda não estão familiarizados com a política, e também há mais dados a respeito no Apêndice I. Por algum tempo ao final dos anos 1950, a China imitou a União Soviética ao incentivar famílias com altos índices de nascimento. Em julho de 1957, Ma Yinchu, especialista chinês em demografia, publicou um artigo no jornal *Diário do Povo*, "Sobre a nova população", no qual sugeria uma política de controle de natalidade. Isso contradizia diretamente a política do governo de controlar de forma rigorosa os abortos e de incentivar o crescimento populacional. Ma pagou um preço alto por não seguir a linha do partido e foi assassinado numa "sessão de luta"* durante a Revolução Cultural. Porém, no início dos anos 1960 e da desastrosa estagnação econômica que se seguiu, Tianjin, Shanghai, Guangdong e outras cidades grandes propuseram medidas próprias de controle de natalidade. O momento decisivo veio em dezembro de 1979, quando a vice-premiê Chen Muhua, a primeira mulher a ocupar o cargo, declarou que o desenvolvimento econômico da nação, além de estar desproporcional, estava bem atrás do enorme crescimento populacional. Ela então sugeriu que seria melhor se os casais tivessem apenas um filho. Em 1981, essa proposta havia se tornado um sério dever para os membros do Partido Comunista e uma responsabilidade inescapável para qualquer cidadão. Porém, a promoção da política do filho único encontrou em toda a China uma resistência jamais prevista pelos legisladores e resultou em uma série de investidas e recuos do governo. Essa animosidade ocasionou uma emenda, em 1982, que estipulava dez condições sob as quais as pessoas das zonas rurais poderiam ter um segundo filho. Depois disso, a resistência arrefeceu bastante. Em abril de 1984, o termo "política de controle populacional em vigor" foi

---

* Tortura de humilhação pública. (N. T.)

registrado pela primeira vez em documentos oficiais do governo. Foi dividida em três categorias: "moradores de cidades e metrópoles", o que cobria principalmente cidades de tamanho médio e grande e se aplicava sobretudo aos chineses han, cujos casais eram limitados a um filho (com exceção de gestações múltiplas); "áreas rurais", onde um segundo filho era permitido se o primeiro fosse uma menina (embora, na prática, muitas famílias chegassem a ter três, já que era difícil fiscalizar a política nessas regiões); e "minorias étnicas", às quais se permitiam de dois a quatro filhos. Havia pequenas variações entre as províncias rurais quanto ao que era permitido, mas as condições de vida eram tão diferentes na cidade e no campo que jamais ocorreria a alguém se mudar para uma área rural para ter mais filhos.

Na China pós-1949, *fagui* — que significa leis e regulamentações — se refere a regras baseadas em políticas decretadas pelo governo, não em leis. Porém, aqueles que desobedecem a tais regras enfrentam sanções previstas em lei. Planejamento familiar e a política do filho único são ambos *fagui*.

Embora a regra do filho único fosse uma política de governo havia bastante tempo, só a partir de 29 de dezembro de 2001 passou a ter valor de lei. Entrou em vigor em 1º de setembro de 2002 com o nome de Lei de População e Planejamento Familiar da República Popular da China. Após todos os anos da política do filho único, pela primeira vez ela foi de fato registrada como lei. Além disso, os termos do documento eram muito mais flexíveis e humanitários do que os que haviam sido praticados anteriormente. Por exemplo, o artigo número 27 do capítulo 7 determina:

> Para casais que concordem em ter apenas um filho durante suas vidas, a nação emitirá um "Certificado de Glória de Filho Único". O casal que receber o "Certificado de Glória" será recompensado conforme previsto em regulamentações nacionais, bem como

conforme as regulamentações da província, região autônoma ou cidades federais em que residem. Todas as unidades de trabalho são responsáveis pela implementação das leis, *fagui*, regras e regulamentações que digam respeito a tais recompensas, e todas as unidades de trabalho devem executar tal política. Se um filho único sofrer algum tipo de acidente ou morrer, o governo local deve dar aos pais a assistência necessária a fim de ter ou adotar outro filho. Gêmeos ou outras gestações múltiplas não gozarão do tratamento dispensado ao filho único. Aqueles que descumprirem a política do filho único deverão pagar um "imposto legalmente requerido de incentivo social ou manutenção" ou ter os filhos acima da cota confiscados pelo governo; imposto a ser determinado em nível provincial, que deverá levar em conta a renda média dos residentes urbanos e rurais.

Ao longo de mais de vinte anos, desde o início da política do filho único até pouco antes de a lei ser sancionada, a taxa de natalidade na China caiu de 5,44, em 1971, para 1,84, em 1998. Esses quase trinta anos de controle de natalidade resultaram em 238 milhões de crianças a menos na China. Em 2012, esse número havia inchado para aproximadamente 400 milhões de nascimentos a menos. Seria possível argumentar que se trata de uma grande contribuição para o controle populacional global. Porém, é mais difícil avaliar o custo daquilo que duas gerações de chineses tiveram de aguentar. Incontáveis famílias financeiramente arruinadas por multas, números incalculáveis de bebês do sexo feminino abandonados, um envelhecimento catastrófico da população e gerações de filhos únicos que perderam a chance de experimentar as estreitas relações entre irmãos.

A maioria das histórias deste livro trata da primeira geração de filhos únicos afetada pela política, compreendida por crianças nascidas entre 1979 e 1984. Diferentemente do que ocorre no

Ocidente, uma "geração", nesse contexto, pode ser contada em apenas poucos anos, pois a mudança é muito rápida.

Por volta do ano 2000, toda a primeira geração já havia terminado os estudos e estava começando a construir carreira. Em 2002, esses jovens já haviam atingido a idade em que os chineses normalmente se casam. Convivi com eles nessa fase de suas vidas, quando estavam entrando no mercado de trabalho e começando a pensar em se casar. Esses jovens eram muito parecidos com meus dois afilhados e meus "professores" de vida. Aqueles dos quais me lembro com mais afeição já são quase pais, com carreira própria: um executivo em uma corporação multinacional, uma professora de uma escola de arte, uma planejadora de mídia sino-ocidental, um chef especializado em comida japonesa, uma arquiteta, uma gerente de hotel e uma acadêmica com doutorado sobre a diáspora chinesa. Assim como há diferenças entre as 656 cidades chinesas* e as dezenas de milhares de aldeias rurais, esses jovens da mesma geração são tão diferentes quanto o céu e a terra. Viajam acompanhando "imperadores e aristocratas" e, no entanto, não apresentam traço algum de soberba. Assim como a geração de seus pais encontrou dificuldade, eles também lutam pela sobrevivência: na vanguarda de uma enorme mudança.

Esses jovens são da mesma geração que meu filho, e, como membro da geração mais velha e como mãe, o senso comum me faz perguntar: sou capaz de compreendê-los? Há um velho ditado chinês que diz que o abismo entre profissões é como o abismo entre montanhas; ainda mais quando há uma geração a separá-las.

---

* O sexto censo nacional do país (maio de 2014) dividiu as 656 cidades chinesas em quatro categorias: megacidades (45) — população urbana acima de 1 milhão —; cidades grandes (78, em 2004) — população urbana entre 500 mil e 1 milhão —; cidades de tamanho médio (213, em 2004) — população urbana de 200 mil a 500 mil —; pequenas cidades (320, em 2004) — população urbana abaixo de 200 mil. (N. A.)

Ouvir suas confissões, conversar com eles francamente e sem reservas, e buscar compreender o que os influenciou na sua época e na sua geração foram os três princípios por meio dos quais observei a felicidade, a raiva, as preocupações e a tristeza, e por meio dos quais acompanhei suas ideias e seus desejos. Como mãe de um chinês filho único, o instinto me obriga a tentar entendê-los, já que são esses filhos únicos, mais de 100 milhões deles, que vão determinar o futuro da China.

Quando pela primeira vez levei a caneta ao papel para escrever este livro, me perguntei de que forma eu poderia resumir uma geração inteira em apenas alguns capítulos. Tendo revisitado as anotações feitas para os meus cinco livros anteriores, encontrei-as carregadas de cicatrizes e inquietação. De forma que, depois de dois anos quebrando a cabeça atrás de ideias, decidi me dar um descanso e abordar como o principal tema deste livro uma geração que tinha uma vida melhor materialmente, partilhando alguns dos incidentes interessantes, às vezes chocantes e às vezes divertidos, de sua existência. E minha intenção era agir não como uma especialista ou crítica, mas como uma ponte entre eles e os leitores, ouvindo seus pontos de vista e retratando-os como são, para que outros possam tirar suas próprias conclusões.

Então, em janeiro de 2011, bem quando eu estava terminando a primeira versão, o caso Yao Jiaxin abalou a China, fazendo com que as histórias que seguem, que haviam começado de forma leve, adquirissem um tom bem mais sombrio.

Bem tarde da noite de 20 de outubro de 2010, Yao Jiaxin, um estudante de 21 anos do terceiro ano do Conservatório de Música de Xi'an, atropelou com seu carro uma trabalhadora migrante de 26 anos. Ele não só não parou para ajudá-la como também se assustou ao imaginar que ela poderia memorizar a placa do seu carro e a esfaqueou oito vezes com uma faca que ele usava para descascar frutas, matando no mesmo instante essa mulher, mãe de uma criança de três anos. Yao então fugiu em seu carro para outro cruzamento, onde atropelou e feriu mais um pedestre, e só então foi detido por um transeunte. Porém, a delegacia local o liberou depois de interrogá-lo apenas sobre o acidente no segundo cruzamento. Três dias depois, no dia 23, ele se entregou à polícia, acompanhado dos pais. No dia 11 de janeiro de 2011, a procuradoria de Xi'an o acusou de assassinato premeditado. No dia 22 de abril de 2011, a corte de nível intermediário de Xi'an o considerou culpado de assassinato premeditado e, em meio a grande escrutínio da mídia e debates na internet, ele foi sentenciado à morte, sendo privado de seus direitos políticos. Também foi condenado a pagar à família da vítima 45 498,50 iuanes (6 690 dólares) como indenização por seu prejuízo econômico. No dia 20 de maio a sentença foi mantida pela Alta Corte Popular de Shaanxi.

Por algum tempo, pareceu que a China inteira estava dividida em três tribos teóricas ou morais. Uma facção considerava que as circunstâncias do crime de Yao eram tão hediondas que, se ele não fosse executado, isso representaria a morte da lei chinesa. Outra afirmava que Yao era vítima de uma sociedade de filhos únicos, e que isso deveria ser levado em conta quando ele fosse sentenciado, sobretudo porque a pena de morte não era um método de punição adequado para uma sociedade civilizada moderna. A terceira originava-se de um grande número de estudantes universitários que sustentavam que a vida de um filho único que havia completado estudos superiores em artes tinha um valor intrínseco muito maior do que a de uma camponesa inculta.

Como o jornalista Deng Yajun afirmou no *International Herald Tribune*:

> O caso Yao Jiaxin nos mostra muitos dos aspectos estranhos e grotescos da sociedade chinesa. Originalmente tratava-se de um acidente de tráfego corriqueiro, no entanto ele golpeou a vítima com

oito facadas. Originalmente as circunstâncias do julgamento eram claras, e a lei podia ser cumprida. Originalmente, provocou a fúria das massas. E, no entanto, algumas pessoas de fato vilipendiaram a vítima, que morrera tão cruelmente, e "esbravejaram em defesa de Yao Jiaxin" na internet [...].

Se fosse na imprensa oficial chinesa ou em sites não governamentais, qualquer coisa que dissesse respeito a esse caso era como uma pedra arremessada na água, levantando milhares de ondas, à medida que uma enorme batalha se desenvolvia entre cinco gerações de pessoas: os suspiros da geração dos avós, as queixas da geração dos pais e o debate acirrado entre as três gerações de filhos únicos (os nascidos depois de 1970, depois de 1980 e depois de 1990), todas discutindo sobre o certo e o errado, e a glória e a vergonha de seus próprios pontos de vista.

A geração pós-anos 1970 (tema deste livro) compreende pessoas nascidas entre 1970 e 1979, bem como muitas pessoas nascidas no início dos anos 1980 que se referem a si mesmas como "pós-anos 1970" porque suas experiências foram similares. Como os pais e avós dessa geração haviam lutado para atingir o máximo de seu potencial durante a turbulenta Revolução Cultural, seus "sonhos educacionais" influenciaram sutilmente a criação de seus filhos, que aceitaram os valores sociais das gerações precedentes. Eram ávidos por sucesso e esperavam que seus esforços recompensassem as oportunidades perdidas por seus pais e avós.

A geração pós-anos 1980, por outro lado, nasceu de meados ao final da década de 1980. Devido às mudanças extremas nos valores sociais da China na época e à completa incompatibilidade com a vida familiar tradicional, muitos pais dessa geração começaram a voltar o olhar para o Ocidente em busca de um futuro. Isso resultou em uma geração de jovens à deriva, presos no conflito entre as velhas e as novas ideias na China, e no intenso choque entre a cultura oriental e a ocidental.

A geração pós-anos 1990 cresceu em pleno sucesso das políticas chinesas de Reforma e Abertura. Foi também a época em que as tecnologias digitais e de informação estavam se desenvolvendo em alta velocidade. Nasceu e cresceu em um mundo de "três telas" — o computador, a televisão e o celular — e isso teve até um efeito mais danoso nas relações familiares. Um ambiente de vida de alta qualidade, tranquilo e confortável, junto com uma situação política e econômica relativamente estável, tornou essa geração especialmente capaz de empreender novas coisas. Porém, também moldou seus valores e padrões de comportamento de forma radicalmente distinta do que se via na China tradicional.

Embora haja apenas dez ou vinte anos de diferença entre as gerações pós-anos 1970, pós-anos 1980 e pós-anos 1990, a velocidade das mudanças na sociedade chinesa foi tão grande que criou uma profunda divisão entre elas. Esses filhos únicos são os desbravadores de suas gerações e, em todas as décadas a partir de 1970 até os dias de hoje, foram as testemunhas e os herdeiros de todas as perdas e todos os ganhos que aconteceram na família, na sociedade e na educação chinesa.

Yao Jiaxin pertencia à segunda geração de filhos únicos da China, aqueles presos entre o velho e o novo. De acordo com relatos da mídia, seu comportamento extremo, sua rebeldia e suas dúvidas esmagadoras originaram-se na estreiteza de sua situação de vida. Além de tocar piano e estudar, ele não tinha oportunidade alguma de entrar em contato com a sociedade. Ele não sabia como lidar com pessoas fora de casa e da sala de aula. Seus pais eram como deuses para ele, ao passo que o piano era toda a sua vida. A fim de proteger suas mãos de pianista, pouquíssimas vezes ousara usar uma faca. Em casa seus pais lhe descascavam frutas, e na escola ele pedia aos colegas que o fizessem. E, no entanto, ele empunhou uma faca de descascar frutas com suas delicadas mãos de pianista e esfaqueou até a morte uma mulher que já havia sido ferida por ele.

Os sociólogos chineses sustentam que desde tenra idade os filhos únicos chineses são mimados pelos pais, por amigos e familiares, e ensinados e treinados na escola de tal forma que nunca têm a oportunidade de se responsabilizar pelas coisas. Os fardos materiais e espirituais que eles deveriam carregar são "gentilmente" levados embora por pessoas à sua volta, deixando-os sem um self. Por essa razão, seu comportamento em situações difíceis recai na intuição mais básica, no modo lutar ou fugir. Afinal de contas, uma pessoa sem um self pouco se difere de um animal selvagem. Nesse sentido, Yao Jiaxin é uma vítima das famílias de filhos únicos da China.

Penso que os pais de Yao Jiaxin, como a maioria dos pais de filhos únicos na China, depositaram todos os seus esforços e esperanças no pequeno Yao, acreditando que isso era amor paterno e materno. Porém, somente os jovens dessa geração tiveram de carregar o fardo das vidas e das responsabilidades de seus irmãos e de suas irmãs que nunca nasceriam. Eles gozaram de todos os benefícios materiais, do amor e dos cuidados espirituais que deveriam ter sido partilhados com seus irmãos e irmãs nunca nascidos. Por essa razão, tiveram pouca prática com comunicação, amizades, para partilhar, ajudar os outros e receber auxílio em retorno, para a tolerância e para todas as outras habilidades interpessoais básicas que se aprendem ao crescer. Era como se o mundo inteiro fosse só deles. Essa geração de filhos únicos padeceu da falta de todas as experiências partilhadas que se originam do fato de se ter irmãos. Estavam sempre sozinhos em suas idas e vindas, e, assim, inevitavelmente emergiam problemas de personalidade e de falta de compaixão. E os pais desses filhos únicos, tendo apenas um precioso rebento, ao que parece passavam todo o seu tempo tremendo de medo enquanto cuidavam do seu solitário broto, "temerosos de que se desfizesse em suas mãos e derretesse em suas bocas!". Qualquer acidente que acontecesse com um filho único significaria que os pais teriam perdido tudo. Pelo bem de seu filho único, esses pais chegaram a ponto de "aniquilar a própria vida". Nessa situação, que tipo de vida restou aos pais de Yao Jiaxin, depois da calamidade? Não foi um acidente, mas uma desgraça, uma fonte de autocensura, um remorso, uma dor aguda que ninguém jamais poderá dividir com eles. Será que algum dia conseguiriam esquecer o filhinho de três anos da vítima? O amor falho e a falha criação deles haviam roubado de uma criança, para todo o sempre, o amor de sua mãe, assim como seu próprio filho amado.

Em maio de 2011, quando a sentença de Yao Jiaxin foi mantida, fiquei interessada em saber como os entrevistados para este livro viam a controvérsia. Então lhes enviei uma pergunta por escrito, implorando que me ajudassem a entender.

Como você vê o caso Yao Jiaxin? Por que a sociedade chinesa está debatendo sobre ele (um homem pós-anos 1980) de forma tão feroz?

A maioria dos entrevistados só me enviou a resposta depois da execução de Yao, ocorrida em 7 de junho de 2011. Lendo nas entrelinhas, vi não apenas sua maturidade brotando, mas também reconheci sentimentos de responsabilidade para com a sociedade chinesa como um todo, e suas próprias atitudes quanto aos sentimentos e à moralidade do povo. Anexei as respostas individuais ao final dos capítulos, já que suas histórias podem ajudar o leitor a entender os diferentes pontos de vista.

Admito que fiquei surpresa e às vezes profundamente chocada com as respostas, mas foi por meio delas que eu de fato tomei consciência de como seria difícil para eles viver suas vidas, como tantos "sóis", "imperadores" e "tiranos".

Os cerca de dez filhos únicos descritos neste livro são todos companheiros, todos da mesma geração, todos nascidos no mesmo país. Ao mesmo tempo, vêm de contextos totalmente diferentes, e cresceram em meio a épocas diferentes de muitas mudanças durante o notável desenvolvimento chinês. Quando vejo suas crenças, seus valores, suas habilidades de sobrevivência, até mesmo as palavras usadas por eles, fico surpresa ao perceber quão diferentes são uns dos outros — porém, aos olhos de qualquer chinês, são metidos todos no mesmo saco da "geração de filhos únicos". Mas acredito que, quando chegar ao final deste livro, você talvez, assim como eu, terá se emocionado com cada um deles. Na verdade, nenhum deles se delimita aos consensos de sua época. Nenhum se sente restrito pela segregação imposta à sua geração. No coração deles há uma naturalidade que é revigorante.

Sim, este é um livro sobre a primeira geração de filhos únicos da China. Porém, à medida que avançar nos capítulos, você verá que também acompanha as rápidas mudanças que aconteceram na sociedade chinesa. Entender os filhos únicos chineses de hoje é um valiosíssimo recurso para entender não apenas o futuro da China, mas como ela interage com o resto do mundo. Por que deveríamos ouvir e tentar compreender a voz dessa geração? Porque o amanhã que compartilhamos com ela é inestimável como o céu azul.

1. Du Zhuang

No final dos anos 1970, o primeiro grupo de 6,1 milhões de crianças recebera certificados de filho único emitidos pelo governo chinês. Elas se tornariam a primeira geração de filhos únicos na peculiar história chinesa. Por causa da Revolução Cultural e dos outros frequentes movimentos políticos chineses, muitos dos casamentos de seus pais e avós haviam sido motivados pela política e pela necessidade de sobreviver. Houve muitos casos de pessoas que tiveram negada a oportunidade de receber educação porque suas famílias foram transformadas em bodes expiatórios políticos, forçadas a se mudar para o interior para ser reeducadas, casando-se por lá e mais tarde voltando à cidade. Ou de intelectuais e camponeses analfabetos se juntando em casamento já que não tinham outra opção. Ou de maridos e mulheres obrigados a viver separados em margens opostas do rio Yangtzé ou em cantos opostos do país. Tudo isso era lugar-comum.

Os filhos dessas famílias eram o produto da derradeira era chinesa de políticas extremas, em uma época em que a família e a educação social ainda eram ditadas por tradições fechadas e campanhas de terrorismo político. Seus livros escolares não mencionavam uma só palavra sobre a verdadeira história da China pós-1950. Eles vivenciaram todos os dias mudanças perturbadoras, buscando definições de certo e errado da melhor maneira possível. Como crianças, essa primeira geração de filhos únicos tinha, até certo ponto, passado por anos de pobreza material, e a partir das brigas e do ressentimento de seus pais havia depreendido apenas poucas e pálidas pistas sobre o passado. Tudo o que tinham para lhes fazer companhia em seus dias solitários eram pais exaustos de tanto trabalhar, lares que eram verdadeiros ninhos vazios e a crença de que, se não passassem o tempo todo estudando ou se aperfeiçoando, então eram maus filhos. Muitos desses jovens tornaram-se as cordas que mantinham unidos casamentos políticos, o único pretexto para seus pais tolerarem um ao outro e um analgésico contra as dores do matrimônio. Muitos casos penosos e humilhantes desse tipo podiam ser encontrados entre meus colegas na imprensa chinesa, filhos que haviam testemunhado diretamente os casos extraconjugais dos pais, ou que tinham até mesmo sido envolvidos, desempenhando papéis em férias familiares perfeitas para os avós e outros familiares mais distantes. Seu nível de compreensão e obediência filial para com os pais me deixava estupefata, tocada e atônita.

Nos meus muitos anos como jornalista, de fato encontrei algumas histórias de amor dos anos 1970, embora não muitas. Os pais de Du Zhuang eram um desses casais.

No início dos anos 1990, depois de quase vinte anos de Reforma e Abertura, muitas coisas na China ainda precisavam ser feitas. Ainda não havia uma cena cultural aberta, com shows de música pop, boates e discotecas vistas como "novidades do Ocidente". Toda a programação da mídia continuava sendo estritamente controlada pelo Partido Comunista. Porém, um grupo de comunicadores não estava disposto a agir simplesmente como um porta-voz para o partido. Eles viam que a rádio e a televisão estavam entrando num período de transição, de gerenciamento estatal para gerenciamento independente, e aproveitaram. Como jornalistas, usavam suas prerrogativas para experimentar algumas novas atividades culturais no rádio. Na época, além de ter meu programa noturno para mulheres, eu também era uma das responsáveis pelo planejamento de programas culturais da minha estação de rádio. Minha incumbência era encontrar maneiras, dentro dos limites do que era "permitido", de produzir programas mais comerciais, de forma que a estação pudesse se desenvolver e sobreviver. Parte do meu plano para o ano de 1991 era um programa novo para escolher e avaliar refrigerantes por meio do voto popular. Providenciamos para que todos os fabricantes de refrescos de todas as capitais provinciais da China (mais de trinta ao todo) participassem, e organizamos três grupos — ouvintes, especialistas e a mídia — para votar em sua bebida favorita. Na época, bebidas como cerveja e sucos de frutas frescas ainda não faziam parte da cultura mainstream, e as pessoas as admiravam à distância como produtos "sofisticados e ocidentais". Pessoas comuns as consideravam parte de uma "cultura capitalista de bar", e poucos acreditavam que refrigerantes pudessem figurar na "cena" culinária da China. Eu esperava que aquele programa ampliasse o conhecimento das pessoas sobre refrescos e ajudasse a indústria a expandir seu mercado doméstico. O pai de Du Zhuang foi um dos pioneiros da indústria a receber a tarefa de gerenciar uma fábrica de refrigerantes como uma joint venture com capital estrangeiro. Ele era um homem de feitos extraordinários, e por muitos anos fora considerado um dos dez mais bem-sucedidos homens de negócios da nação. Graças à votação dos "Refrigerantes mais gostosos da nação" pela nossa emissora de rádio, nós nos tornamos bons amigos.

Não muito depois disso, o pai de Du Zhuang me pediu ajuda

para solicitar uma carteira de motorista ao Escritório de Controle de Tráfego. Naquela época, pessoas com carro particular eram tão raras quanto penas de fênix e chifres de unicórnio, mas eu tinha carteira de motorista desde 1989 (e talvez tenha sido uma das primeiras mulheres na China a andar de motocicleta!). O Escritório de Segurança Pública era então encarregado do gerenciamento de tráfego, e eu me dava bem com a organização, já que havia participado de programas que promoviam a conscientização sobre a segurança nas estradas para áreas rurais e para crianças em escolas primárias. Como resultado disso eu podia ajudar alguns amigos por baixo dos panos, simplificando exigências políticas e a burocracia que precisavam ser resolvidas antes que eles pudessem oficialmente solicitar uma carteira de motorista. Na verdade, nunca consegui entender por que tudo na China, da questão mais trivial à mais importante, estava sempre enredada em política. Porém, eu lembrava a mim mesma que não fazia muito tempo desde que crianças de três anos eram obrigadas a declarar o status político dos pais ao entrar no jardim da infância.

No caminho para o Escritório de Tráfego com o pai de Du Zhuang, cedi a meu velho hábito de fazer perguntas e o sabatinei sobre sua família e sobre a sociedade em geral.

"Você tem um cargo importante, é muito ocupado, e ainda assim quer aprender a dirigir. Por que simplesmente não arranja um motorista para dirigir para você?"

"Quero que a minha mulher me veja dirigindo um carro."

Sua resposta era bastante inesperada, já que naquela época na sociedade chinesa era uma coisa de fato muito rara ouvir um homem adulto pronunciar uma frase como essa.

"Quando diz que quer que a sua mulher o veja dirigindo um carro, o que você quer dizer, exatamente?"

"É provável que você não saiba disso, mas a minha mulher é uma camponesa do interior da província de Shandong. Fui mandado para lá durante a Revolução Cultural, e fazia parte de uma das Cinco Categorias Negras que eram politicamente ostracizadas, todo mundo me olhava de cima, qualquer um podia encrencar comigo. O pai da minha mulher era o chefe da Grande Brigada, e ele me tratava muito bem. Ele me tirou dos campos comunitários para ensinar na escola primária e me deu sua filha mais velha em casamento. Minha esposa é uma mulher honesta e simples do interior, que não teve nenhuma educação e desde muito cedo fazia todo o trabalho da casa e cuidava dos irmãos e das irmãs menores; ela passou por poucas e boas. Eu a trouxe comigo quando voltei para a cidade. Ela nunca havia saído do campo antes, então para ela a vida numa cidade grande era como aterrissar noutro planeta. Mas ela se adaptou bem e logo encontrou um emprego como subgerente em uma empresa de roupas femininas. Ela é muito ambiciosa e altamente competitiva; inclusive espera que eu venha a ser o primeiro chefe de indústria a aprender a dirigir, para que seus colegas possam me ver indo pegá-la com meu carro."

Eu já conhecia a esposa dele, e ela parecia uma mulher boa, honesta, bondosa e franca, sempre vestida de vermelho e preto. Seu assunto favorito era saber onde os produtos mais baratos podiam ser encontrados. Em apertado segundo lugar vinha o marido, e como ele era capaz de fazer qualquer coisa. Ele sempre levava a mulher para eventos públicos, algo que poucos homens chineses fazem. Normalmente, homens chineses não vão a banquetes com as esposas, levando no lugar uma secretária, uma amante ou uma moça a quem se referem como uma estudante.

"A diferença de nível educacional entre vocês afeta seus sentimentos por ela? Chega a causar algum conflito?"

A essa pergunta, ele me lançou um olhar sério e ficou em silêncio por um momento. Então, olhando para fora da janela, disse calmamente: "Sim, às vezes é muito difícil, sobretudo por causa de nossos temperamentos e interesses. Mas acredito que o casamento é uma responsabilidade, um contrato entre duas vidas. Uma vez firmado esse contrato, você não deve quebrá-lo. Não quero fazer nada que decepcione a família dela. Tenho com eles uma dívida de gratidão, quero dar à minha mulher uma vida feliz".

E pensar que ainda há homens assim na China! Suspirei internamente ao ouvir essas palavras, já que ter uma amante havia se tornado moda entre os homens chineses e não era mais novidade. Havia até mesmo alguns bares e clubes de karaokê onde muitas atendentes mulheres, recentemente demitidas do emprego, se reuniam. Às vezes o marido até lhes fazia companhia durante o expediente.

"Então como você consegue fazer sua mulher feliz?", perguntei. "A diferença entre a cidade e o campo é como a diferença entre a terra e o céu. A cultura, todas as diferentes classes sociais na vida da cidade, as roupas estilosas, como você tem certeza de que a faz feliz?"

"Para falar a verdade, Xinran, no momento ela ainda não se adaptou totalmente à vida da cidade. A única maneira de fazê-la feliz é dando ao nosso filho uma boa educação. As mulheres do interior se orgulham de seus homens mais do que de qualquer outra coisa no mundo, e depois do marido vem o filho. Para uma mulher do interior, a maior fonte de satisfação da sua vida é ter um filho que traga orgulho para os ancestrais e para a família."

Agora, vinte anos depois dessa conversa, sob a orientação e a amável proteção do marido, a mãe de Du Zhuang se tornou uma bem-sucedida mulher de negócios por seus próprios méritos. E mais: depois de se aposentar, aprendeu a tocar piano e a praticar dança de salão, e também faz aulas semanais de balé para manter-se em forma. Ela desfruta de um padrão de vida que muitas mulheres urbanas podem apenas almejar.

Tenho muitos amigos na China com os quais posso conversar

com franqueza, mas poucos são como os pais de Du Zhuang. Eles me dão coragem e a esperança de que as distorções da história e a crueldade da política ainda não estrangularam os sentimentos e a lealdade partilhados pelo povo chinês. Dada minha admiração por seu amor sincero, uma espécie de sentimento de família surgiu como parte de nossa amizade, e hoje em dia muitas pessoas acham que eles são minha irmã mais velha e meu cunhado.

Desde que escrevi *As boas mulheres da China* (publicado originalmente em 2002), observei uma quantidade infindável de boas mulheres da China, mas apenas um punhado de bons homens. Ao longo dos últimos dez anos, entrevistei ou contatei mais de uma centena de diretores, acadêmicos, políticos, camponeses e operários, mas raríssimas vezes os ouvi dizer que suas esposas são boas mulheres ou que merecem ser amadas e cuidadas. O pai de Du Zhuang muitas vezes despontava entre as linhas que eu escrevia. Existia ao menos um homem bom que via a felicidade da esposa como sua responsabilidade.

Em 1999, uma vez terminado o meu livro e tendo voltado para a China, ouvi de amigos que uma grande campanha de limpeza estava sendo movida contra joint ventures sino-estrangeiras. Muitos homens de negócios importantes já haviam sido presos, e infelizmente parecia que seria difícil evitar um destino semelhante ao do pai de Du Zhuang. Telefonei logo para a sua casa, e ele me disse que, embora seu parceiro estrangeiro estivesse protegendo-o por ora, não era possível garantir que não iria parar na cadeia em breve. A economia da China estava tateando às cegas em um território pouco familiar e carecia da supervisão e da proteção de um sistema legal civil e independente. Ninguém tinha certeza do que as autoridades podiam ou não fazer além de apresentar acusações criminais. Por fim, ele soluçou no outro lado da linha: "Se eu for preso, eu aguento, mas receio que a minha mulher não seja capaz de suportar isso, e meu filho ainda está na universidade... sinto que ele seja arrastado comigo!".

"Posso fazer algo para ajudar?"

"Ninguém pode. Sei que não temos mais o velho sistema de punição, em que famílias inteiras eram executadas por causa de crimes cometidos por um membro, mas ainda temos punição por associação, e culpa consanguínea é ainda algo muito arraigado na mentalidade chinesa. O rapaz não tem nem vinte anos; se ele vai ser capaz de passar por esse desastre e se manter sozinho, é uma questão de tempo agora."

Seis meses depois, ao voltar à China, visitei o casal novamente e fiquei chocada com o que vi. O pai de Du Zhuang estava reduzido a pele e ossos, e sua esposa se encontrava terrivelmente pálida e exausta. Viviam com medo de que lhes batessem à porta, e sempre que a campainha tocava eles pensavam que era alguém para levá-los embora.

Lembrei do que ele me dissera uma vez sobre serem cruciais para a sua família a segurança, a saúde e a felicidade de seu filho, então eu lhe falei: "É o seguinte: meu filho acaba de ir para uma escola interna na Inglaterra. Eu ainda tenho um pouco de energia sobrando, então mandem seu filho para Londres, para estudar fora; assim vocês podem ficar descansados, pelo menos não temerão por ele".

E assim, no outono de 2000, no ano em que completava 21 anos, o filho deles, Du Zhuang, passou a fazer parte da nossa vida em família em Londres. Ele também se tornou a chave que abriu as portas do meu interesse pela primeira geração chinesa de filhos únicos e o início do meu interesse mais sério pelo assunto.

Era o dia de sua chegada, e fui até o aeroporto de Heathrow para apanhar Du Zhuang. Isso foi antes de os estudantes chineses começarem a ocupar o Reino Unido como fazem agora, então era bastante notável um jovem chinês alto e magro em pé junto à saída do aeroporto. Du Zhuang, magro, frágil e tão inconsistente quanto madeira compensada, puxava sua mala com uma mão e, com a outra, segurava o telefone em que falava com a mãe. Ele não estava olhando em volta à procura de alguém; em vez disso, prestava atenção no que lhe era dito pelo telefone. Sua expressão era séria, quase devota, como se recebesse um edito do imperador. Apenas quando eu me encontrava bem à sua frente ele enfim parou e me olhou com um sorriso. Naquela época os chineses não se abraçavam nem trocavam beijinhos na bochecha, e apertar as mãos era algo reservado aos adultos. Era evidente que Du Zhuang me via como parte da geração dos seus pais, e não ousava dar nenhum desses passos arrojados.

Cinco segundos depois de eu encontrá-lo, Du Zhuang passou seu celular para mim, dizendo: "Minha mãe está esperando para falar com a senhora!".

No telefone, era como se a mãe de Du Zhuang tivesse pulado e se materializado bem na minha frente. Nunca, jamais esquecerei suas primeiras palavras, gritadas para mim pelo aparelho: "Xinran, meu filho está em suas mãos agora! Lembre-se de ajudá-lo a desfazer a mala, ele não sabe fazer nada...".

Ela disse mais alguma coisa, mas não consegui gravá-la, já que estava completamente estupefata com suas palavras.

"Xinran, você me ouviu? Precisa ajudá-lo a desfazer a mala! Ele não sabe lidar com isso! Alô? Xinran?"

Fiquei ali em pé, atônita, sem saber como responder, e acabei apenas repetindo o que ela dissera, para ter certeza de que eu não havia ouvido errado: "Irmã Mais Velha, você quer que eu abra a mala para ele? Que mala?".

A mãe de Du Zhuang ficou claramente irritada com a minha confusão. "As malas dele, a bagagem, ele não sabe abrir uma mala, eu fiz as malas para ele!"

Fiquei ainda mais confusa. "Ele não sabe abrir uma mala? Mas é tudo coisa dele?"

"Sim, sim, sim! São as coisas dele, tudo o que está na mala é dele!"

37

"Ah, tem algo na mala que você receia que quebre?"

"Nããão! Ele não sabe o que está nas malas, e ele não sabe como pendurar as roupas, então você vai ter que abrir tudo para ele, o.k.? Diga que vai fazê-lo! Eu o confiei a você, lembra?"

Precisei passar quase uma década na companhia de muitos filhos únicos chineses para conseguir compreender todas as implicações daquelas três frases!

Antes de trocar a China pelo Reino Unido, só o que eu sabia era que em determinado momento os filhos únicos haviam atraído as atenções da sociedade e recebido apelidos afetuosos, como "pequenos sóis", "pequenos imperadores" e daí por diante. Era como se essas crianças fossem vistas como uma espécie diferente, mas eu não fazia ideia de como eram esses imperadores e sóis. Meu filho único, Panpan, era dez anos mais velho do que Du Zhuang, e na nossa família ele era no máximo a Estrela Polar.

Na volta do aeroporto perguntei a Du Zhuang: "Sua mãe disse que você não sabe abrir uma mala nem pendurar suas roupas, é verdade?".

Naquela época Du Zhuang era apenas um rapazote, introvertido e tímido. Ele baixou a cabeça e concordou murmurando.

"Por quê?"

"Também não sei."

"Mas você se formou na universidade, não foi? Como mantinha suas roupas em ordem na universidade?"

"Minha mãe ia até o dormitório todas as semanas e as arrumava para mim."

"Ela ia até o seu dormitório e guardava as suas roupas? O quê? Toda semana?"

Ao ouvir aquilo, não entendi mais nada: uma mãe arrumando as roupas do filho no dormitório da universidade?

Du Zhuang percebeu minha surpresa, mas também parecia perplexo. "Não é isso o que todas as mães fazem?"

Eu estava começando a ficar com medo. A mãe dele não esperava que eu arrumasse suas roupas todo final de semana... esperava?

Mais tarde naquela noite, sua mãe confirmou meus piores temores. Ao final de cada semana em que Du Zhuang passara na universidade, ela ia até o dormitório organizar as coisas para ele. Trocava sua roupa de cama, levava roupas limpas, lanches e petiscos suficientes para a semana, incluindo pratos requintados como ganso cozido em fogo brando, pato assado e guisados saudáveis. Suas idas e vindas muitas vezes deixavam desconfortáveis todos os seus seis companheiros de quarto. Às vezes ela chegava invadindo sem nem sequer bater, estando eles vestidos ou não. Vendo que ficavam constrangidos, ela dizia: "Qual é o problema? Sou uma mãe! Que mãe nunca viu essas suas coisas?".

Du Zhuang foi o primeiro filho único que ajudei depois de vir morar no Ocidente. Eu não tinha experiência nem fazia ideia de como ajudá-lo, então agia de forma instintiva. Antes de Du Zhuang chegar, eu pensara que, como Panpan, que chegara com onze anos ao Reino Unido, qualquer chinês teria três obstáculos principais a superar: a língua, que lhe daria liberdade; hábitos alimentares saudáveis; e fazer amigos locais, o que definiria sua vida futura no país. A língua não podia ser aprendida em um dia, e quanto aos amigos, seria preciso esperar que as oportunidades se apresentassem, mas dos hábitos alimentares era possível cuidar desde o primeiro dia. Então decidi levar Du Zhuang a um pub chamado Black Lion para comer frango assado, uma refeição que a maior parte dos chineses consegue tolerar.

Quando estávamos prestes a entrar no bar, o horror tomou conta do rosto de Du Zhuang. "Não sei se é uma boa ideia."

"Qual é o problema? Não estou entendendo."

"Eu não deveria entrar nesse tipo de lugar", ele disse, hesitante.

"Por que não deveria? A que tipo de lugar você acha que deveria ir, então?"

Minhas ideias estavam totalmente desalinhadas com as noções de bom e de mau para ele, que haviam sido formadas pela educação chinesa. Quando vi como a situação o deixava desconfortável, não tive alternativa senão levá-lo de volta para casa, tirar duas grandes coxas de galinha da geladeira e assá-las para ele. Não lhe dei fachis. "Você veio para o Ocidente, agora que está em Roma você deve fazer como os romanos, então comece a praticar com garfo e faca." Pobre Du Zhuang! Foi realmente uma refeição exaustiva para ele; seu rosto ficou coberto de suor, a faca e o garfo em suas mãos eram um par de ferramentas que se recusavam a obedecer-lhe. Mas, como a maior parte dos jovens chineses hoje em dia, ele não abriu a boca para se queixar, tampouco para agradecer (é impossível saber do que eles gostam e o que odeiam). Olhando retrospectivamente agora, eu de fato o coloquei no lugar dele naquele dia. Ele acabara de sair de um voo de doze horas de duração, e eu o larguei no ruidoso mundo anglófono e o forcei a começar seu "treinamento de cultura ocidental" antes de ele ter a chance de se recompor.

Naquela noite, não consegui dormir. Primeiro, eu estava bastante preocupada, já que não tinha ideia de como ajudar aquele jovem a se aclimatar a um mundo completamente estranho. Em segundo lugar, sua mãe me telefonara repetidas vezes da China querendo saber todos os detalhes das dez horas que seu filho passara no Reino Unido. Ela me deixara com instruções e explicações: seu filho era delicado, pois não comia bem, tendo pouco interesse por comida, então eu teria de criar maneiras de aguçar seu apetite. Ele não ousava falar inglês por causa de sua personalidade, o que o fazia retrair-se diante de outras pessoas. Eu precisava ajudá-lo a conhecer mais gente. Quando perguntei a ela sobre a habilidade de o filho viver de forma autônoma e organizar a própria vida, ela respondeu: "O que uma criança de vinte anos sabe?".

Discordei categoricamente. Pais chineses jamais acham que seus filhos possam crescer, ou que possam mandar em seu próprio futuro. Confúcio não acreditava nisso há dois mil anos, tampouco acreditam os pais de hoje, nem mesmo nesta era da tecnologia da informação. Parece algo enraizado na cultura chinesa.

Porém, vários acontecimentos me comprovaram que a mãe de Du Zhuang estava certa, e eu, errada. Alguns dias depois eu subi até o quarto dele para uma "visita" e encontrei a mesa, o chão e toda e qualquer superfície coberta de roupas e meias.

Perguntei casualmente: "Por que não as pendurou no guarda-roupa?".

"Pendurar? No guarda-roupa? Como se faz isso?", ele me perguntou, atônito.

Vi então que Du Zhuang realmente não tinha a mais pálida ideia sobre como organizar as próprias roupas. Em vinte anos de vida, será que nunca aprendera essas habilidades domésticas básicas? É verdade que antigamente o guarda-roupa era um item raro e de luxo em casas chinesas comuns, usado apenas pelos membros mais velhos da família. As roupas das crianças eram empilhadas em prateleiras simples. Mas os pais de Du Zhuang eram muito modernos. Se Du Zhuang nunca havia organizado seu próprio guarda-roupa em casa, como o faria na Inglaterra?

A cada dois dias eu preparava uma refeição chinesa a Du Zhuang para diminuir a saudade da comida da mãe. Certa noite ele mencionou que gostava de batatas fatiadas com vinagre, então comprei duas batatas e disse a ele: "Estou ocupada editando meu livro; corte as batatas em fatias finas e as mergulhe na água, então vou prepará-las para você à noite".

Depois de vinte minutos sem ouvir ruído algum nem movimento vindo da cozinha, fui lá ver o que estava acontecendo. Du Zhuang estava em pé junto ao balcão da cozinha, a faca numa mão, uma batata na outra, olhando para o vazio.

"Du Zhuang, o que está fazendo?"

"Estou pensando em como transformar essa batata esférica em fatias finas…"

Com isso perdi minha paciência. "Se não começar a cortá-la, como é que vai transformá-la em fatias finas?"

"Como eu faço isso?", ele perguntou, perplexo.

Fiquei mais irritada. "Você está realmente me dizendo que nunca fez nada na cozinha com a sua idade?"

"Não, a única coisa que eu fazia além de comer e dormir era a lição de casa, ninguém me fazia cozinhar nada."

"Você passou na faculdade, pode muito bem tentar! Pense, como você transformaria uma batata redonda em lascas? É possível cortá-la em lascas diretamente? Ou primeiro precisa cortá-la noutra forma?"

Ele refletiu por muito tempo. "Não sei. Em tiras? Ou fatias? Só estudei economia na universidade."

"Então pegue a faca e tente. Primeiro corte a batata em tiras ou fatias ou pedaços, e então veja qual a maneira mais fácil de transformá-la em lascas." A essa altura eu achava que meus olhos estivessem emitindo faíscas.

Ele ficou lá, repetindo ingenuamente: "Cortar as batatas em tiras, fatias ou pedaços, depois cortar em lascas".

Eu realmente não tinha tempo a perder ensinando essas habilidades culinárias básicas a ele, então voltei a editar meu livro. Muitos minutos depois, ouvi um barulho baixo vindo da cozinha — ele começara a cortar a batata! Porém, aquele ruído de corte baixo, calculado se estendeu incessantemente por um longo tempo; vinte minutos depois, continuava! Como podia demorar tanto? Fui verificar mais uma vez o que ele estava fazendo, e não sabia se ria ou se chorava diante da cena que vi. O balcão da cozinha era muito baixo, e Du Zhuang estava ajoelhado ao lado. Como eu não havia lhe dito nada sobre cortar lascas uma depois da outra, ele estava segurando uma fatia de batata junto ao balcão com uma mão, os olhos muito próximos, cuidadosamente tirando uma lasca por vez dessa fatia! Tirei uma foto dele no mesmo instante. "Esta fotografia eu definitivamente vou mostrar à sua família para que saibam como você enfim amadureceu ao vir para Londres com vinte anos!"

Para ajudar Panpan e Du Zhuang a compreender o interior da Grã-Bretanha, às vezes aceitávamos convites de amigos para passar o final de semana em suas casas de campo. Certa vez passamos uns dias na casa de um amigo na costa sul. Logo que nos instalamos, Du Zhuang mergulhou no escritório deles, e todos nós tínhamos pensado que ele ficara viciado em algum jogo de computador. Segunda-feira cedo, a secretária do nosso amigo chegou. Depois de apenas alguns minutos no escritório, ela começou a gritar: "Quem bagunçou o meu computador? Para onde foram todos os meus arquivos?".

Ficamos todos muito assustados com seu acesso violento, mas ninguém sabia do que ela estava falando. Como era possível que tivéssemos inadvertidamente mexido em seus arquivos de computador e bagunçado seu sistema?

Enquanto nos olhávamos atônitos, Du Zhuang anunciou, muito nervoso: "Eu arrumei o computador para ela; estava caótico demais, não havia nenhuma lógica no jeito como estava organizado!".

"Você? Você tocou no computador de outra pessoa? Organizou os arquivos dela? Onde estava com a cabeça? Você entende o trabalho dela? Como é que pode saber qualquer coisa da lógica por trás do seu trabalho? Não tem medo de ser acusado de invadir a privacidade de alguém? Isso é crime, sabia?"

Enfrentando reprimendas em sete ou oito vozes diferentes e em duas línguas, Du Zhuang parecia estupefato e continuava repetindo: "Minha intenção era boa, eu só queria ajudá-la discretamente!".

É verdade: nós, chineses, acreditamos nas virtudes da lenda de sete fadas donzelas que visitam o mundo mortal e fazem boas ações, e na moralidade do soldado revolucionário Lei Feng, que fazia boas ações sem deixar seu nome. Além disso, nunca conseguimos entender os códigos de etiqueta e os conceitos de individualidade e de privacidade ocidentais. Somos um povo confiante, e ensinamos a nossos filhos esses antigos códigos de comportamento. Muitos chineses da diáspora despejam sobre ocidentais montes de conselhos gentis e bem-intencionados, esperando convencê-los de suas ideias de certo e errado, seus métodos para manter uma boa saúde e sobre a educação familiar em casa. Não penso que Du Zhuang fosse o único a não entender o que fizera; sua mãe tampouco teria compreendido, nem talvez muitos de nós que haviam passado *tantos* anos vivendo no Ocidente!

Depois do acontecido, Du Zhuang disse num tom ofendido: "Quando eu ia ao escritório do meu pai, ninguém me dizia nada, não importava o que eu fizesse com as suas coisas!".

Perguntei-lhe: "O mundo é a sua casa?".

Naquele momento, pude enxergar de fato o sol e o imperador dos quais as pessoas falavam.

Du Zhuang conheceu Toby, meu atual marido, assim que ele tinha sido repatriado para Londres, pois acabara de se machucar ao cair de um cavalo na Argentina. Antes de apanhá-lo no aeroporto, falei a Du Zhuang repetidas vezes que Toby estava bastante machucado e que ele deveria ser muito cuidadoso quando o encontrasse, para que os ocidentais não pensassem que os jovens chineses são insensíveis e ingratos. Porém, esqueci de apontar as diferenças de tratamento entre a cultura chinesa e a ocidental quando se encontra uma pessoa pela primeira vez.

Assim que Toby e eu chegamos em casa, Du Zhuang nos recebeu calorosamente, e em seu inglês capenga tratou de dar um exemplo clássico de como os chineses demonstram carinho e bons votos. "Olá, sou Du Zhuang, você realmente sofreu uma queda e tanto! Tsc, tsc, seus olhos estão pretos como os de um panda! Me diga, dói muito?"

Assim que percebi que Du Zhuang não tinha a menor ideia de como cumprimentar com polidez no Ocidente, me esgueirei por trás de Toby e gesticulei para ele não falar mais nada. Mas, para minha surpresa, ele não entendeu nada. "Sim, fiquei sabendo que você quebrou o ombro, não é de admirar que sua lombar esteja inchada como um urso!"

Desanimada, observei Toby arder de fúria pelos "bons votos" de Du Zhuang, e me apressei a ajudá-lo a ir para a cama descansar. Toby, que estava com muita dor, disse, bravo: "Por que os jovens chineses são tão cruéis, fazendo piada com meu sofrimento?". Eu sabia que aquele não era um bom momento para explicar diferenças culturais; o que ele precisava era de descanso e analgésicos.

Voltei à sala de estar com o coração pesaroso; porém, Du Zhuang estava sentado lá, visivelmente entusiasmado. "Como me saí, fiz bonito, não fiz? Nunca demonstrei tanta preocupação, nem por meus pais!"

Olhei para ele. Por seu olhar expectante pude ver que ele estava esperando que eu o elogiasse, mas ele nunca havia parado para pensar numa maneira de me ajudar a cuidar de Toby, ferido que estava. Eu de fato não sabia o que dizer na ocasião. Será que se tratava de uma geração de jovens chineses totalmente desprovidos da influência enriquecedora das relações e sentimentos de uma família próxima, inconscientes dos problemas comuns da sociedade, a ponto de serem tão autocentrados e vazios? Seu conhecimento básico da vida cotidiana parecia adquirido e copiado de livros, filmes e salas de aula. Em muitos casos, a maneira como expressavam seus sentimentos era uma imitação. Como se envolver-se nas alegrias e tristezas das outras pessoas fosse para eles o mesmo que entrar em contato com um alienígena?

Depois de passar semanas tentando entender Du Zhuang, entrei num acordo com seus pais: antes de começar o mestrado, ele passaria um ano estudando a língua inglesa. Durante esse tempo, moraria num lar inglês, onde poderia mergulhar no idioma e se acostumar à sociedade e à cultura britânica. Claro, ele voltaria para a minha casa nos finais de semana e nas férias, para falar chinês, matar a saudade da comida de seu país e para contar sobre como estava lidando com a cultura chinesa e com a ocidental.

Acabamos encontrando uma senhora de idade no oeste de Londres que recebia estudantes. Sua gentileza, sua erudição e seu inglês correto eram um tesouro inestimável para Du Zhuang, que estava aprendendo sobre a sociedade ocidental. Concordamos com três regras: ele faria três refeições por dia com a senhora; todos os dias ele pensaria num assunto sobre o qual conversar, com pelo menos três perguntas; e lavaria as próprias roupas. Talvez isso soe ridículo. Porém, para um filho único chinês com 21 anos recém-concluídos, tratava-se de um desafio considerável. Deixar de lado a percepção que têm de sua própria singularidade e sua importância para considerar os desejos de outras pessoas é um conceito que mal existia para eles enquanto cresciam.

No dia em que estávamos ajudando Du Zhuang a se mudar para a casa da senhora, sua mãe telefonou no exato momento em que estávamos abrindo a porta do seu quarto. Ao longo das últimas semanas, ela vinha acompanhando de perto os progressos do filho, de forma a dar suas instruções no momento certo. Às vezes eu me pegava me perguntando se ela teria algum tipo de sexto sentido. De que outro modo podia saber dos movimentos do filho tão minuciosamente, a milhares de quilômetros de distância e em outro país?

No telefone sua mãe não falava, mas gritava: "Xinran, faça o que fizer, não o deixe pendurar sozinho as próprias roupas, ele vai pendurá-las de cabeça para baixo e do avesso; ele não sabe nem mesmo se um cabide de casaco deve entrar no colarinho ou na manga!".

Eu estava num humor malicioso aquele dia e queria caçoar de sua determinação de cuidar de todos os detalhes pessoalmente, fossem grandes ou pequenas coisas. "Irmã, você não acha que seu próprio filho é assim tão incapaz, acha? Hoje estou aqui sentada vendo-o abrir as próprias malas, pendurar as próprias roupas e guardar as próprias coisas!".

"Não acredita em mim? Você logo vai descobrir como ele é tolo! Amanhã ele não será capaz de encontrar uma só roupa para vestir!"

"O quarto dele é do tamanho de uma caixa de sapato, ele vai encontrar as roupas nem que precise pôr tudo de cabeça pra baixo. Mas se ele organizar as próprias coisas de forma tão cuidadosa quanto eu faria, se eu der o primeiro passo por ele, então, no próximo passo, como é que ele vai ser capaz de pensar e encontrar suas roupas sozinho?"

"*Aiya*, Du Zhuang, pensar? Você precisa arrumar as roupas para ele separadamente, senão ele vai colocar tudo junto e misturado! Você não entende mesmo; os jovens de hoje não são nem um pouco como na nossa época, quando fazíamos tudo sozinhos!"

"Mas se você sempre fizer por ele, como ele vai ter a chance de aprender? Além disso, ele não pode viver com a mãe sob seus pés. Seja como for..."

A essa altura, a mãe de Du Zhuang me interrompeu. Um tom agressivo surgira em sua voz. "Eu entendo todos esses seus belos princípios! Mas simplesmente não consigo parar de me preocupar com ele. Passei mais de vinte anos preocupada todos os dias; no momento em que não consigo vê-lo ou tocá-lo, como é que posso não me preocupar? Que coração de mãe não doeria se o filho estivesse resfriado ou com fome?"

"Mas, mesmo assim, temos de ajudá-los a crescer, certo? Senão, como é que vão encontrar uma esposa? Eu simplesmente não acredito que ele sairia na rua usando duas jaquetas acolchoadas e shorts. Além disso, se ele ficar resfriado algumas vezes, isso vai ensiná-lo que há uma relação entre roupas e o clima."

Naquele dia ela passou mais de uma hora debatendo essas questões comigo no telefone. Só aceitou desligar quando o filho lhe deu um relatório detalhado de como organizara seus pertences, quando então já eram duas horas da manhã na China. Eu não ousava desligar o telefone, pois conforme expliquei para Du Zhuang, "conheço os temores de uma mãe por seu filho único; passamos todos os momentos com medo de que nosso tesouro possa se machucar num raríssimo e azarado acidente".

E, assim, Du Zhuang transitava da casa da senhora para a nossa. Ele passou por uma grande mudança nesse tempo, que nenhum de nós teria previsto.

Em primeiro lugar, o apetite de Du Zhuang pareceu ganhar vida, e quase todas as frescuras de seus hábitos alimentares desapareceram.

No primeiro final de semana que voltou à nossa casa, embora parecesse que ele apenas estivera longe por três dias, ele se mostrou um lobo faminto. Antes de nos sentarmos à mesa para a refeição principal, ele tinha devorado tudo que havia na geladeira, até pão velho! Satisfeita e surpresa, perguntei de onde viera seu novo e enorme apetite. Ele disse que comera tudo o que a velha senhora colocara na sua frente, para ser educado. Ele comia toda a quantidade que ela lhe servia, já que não sabia se era permitido pedir mais. Além disso, suas habilidades de inglês não estavam à altura da tarefa, então muitas vezes ele não entendia quando a senhora falava sobre comida. Ainda assim, havia algumas comidas ocidentais, sobretudo pratos frios e doces, aos quais ele não conseguia se habituar. A velha senhora lhe fazia perguntas, e, quando não entendia, ele invariavelmente respondia "O.k., está ótimo". Também não havia lojas de conveniência perto de onde estava morando, então muitas vezes ficava morrendo de fome à noite. Pratos chineses nos quais nunca antes havia pensado desfilavam diante de seus olhos em sonhos. Agora que estava de volta à minha casa, estava decidido a comer o que pudesse!

Logo, porém, descobri que o novo apetite de Du Zhuang era como um poço sem fundo. Fazer as compras para Panpan e Du Zhuang todos os finais de semana era como sustentar uma família de sete ou oito pessoas. Por mais incrível que pareça, Du Zhuang era capaz de comer meio ganso sozinho, ou carne assada suficiente para alimentar três ou quatro bocas. Além disso, ele constantemente fazia lanchinhos entre uma e outra refeição.

Certa vez, antes de uma de suas visitas de final de semana, ele mencionou no telefone o quanto sentia falta de pé de porco no vapor. Onde é que eu iria encontrar pés de porco em Londres? Todos os meus informadíssimos amigos balançaram a cabeça, dizendo que jamais ouviram falar da existência de algo assim em Londres. Contudo, meus colegas na Escola de Estudos Orientais e Africanos disseram: "Claro que existem!". Seguindo suas instruções, consegui comprar oito pés de porco grandes e gordos no mercado de Brixton, no sul de Londres.

No sábado, quando chegou à nossa casa e sentiu o cheiro dos pés de porco, Du Zhuang ficou muito entusiasmado. Falei a ele que precisavam ficar cozinhando em fogo baixo até o dia seguinte, e que haveria porções extras para ele levar consigo para a casa da senhora. Naquela noite, pensei ouvir ruídos vindos da cozinha, mas ignorei, achando que se tratava de mais uma visita do gato do vizinho. Quem diria: quando acordei cedo na manhã seguinte para verificar os pés de porco, levantei a tampa e não acreditei. Só restavam dois pés na panela... Para onde haviam ido os outros seis? Mas não era possível... Eu não podia acreditar que

Du Zhuang comera todos eles; eram os pés de porco mais gordos que se podia imaginar, de porcos enormes! Como era possível que uma única pessoa... Eu realmente não conseguia acreditar que ele fizera aquilo, mas não havia sinal de que outra pessoa tivesse entrado em nossa casa. Quando Du Zhuang se levantou, eu mal podia esperar para descobrir se ele sabia algo sobre os pés de porco.

Assim que abri a boca e falei "Du Zhuang, bom dia! Você sabe se os pés de porco no vapor...", ele me interrompeu, irritado: "Pare aí mesmo, nem me fale em porco!"

Não entendi e continuei: "Alguns pés de porco sumiram, não sei...".

"Pare! Não fale mais nada, não posso ouvir essa palavra agora", disse ele muito francamente.

Primeiro fiquei incrédula, depois estupefata. "O quê? Por que não posso dizer... Meu Deus, não, não pode ser!"

Du Zhuang abraçou o próprio estômago e fez que sim com a cabeça — suas papilas gustativas tinham levado a melhor sobre sua razão. Durante a noite, ele se esgueirara para fora da cama e devorara silenciosamente seis enormes e gordos pés de porco! Por bastante tempo depois disso, Du Zhuang não deixava nenhum de seus amigos dizer a palavra "porco"!

Mais tarde, depois de nos deixar para começar seu mestrado fora de Londres, meu marido e eu ficávamos com saudade dele sempre que víamos comidas deliciosas à mostra no supermercado, como se, sem Du Zhuang, não houvesse maneira possível de darmos cabo de semelhante banquete.

Quando seus pais vieram visitá-lo, seis meses depois de sua chegada à Grã-Bretanha, mal puderam acreditar no que viram. Seu filho magro e fraco havia se metamorfoseado em um rapaz robusto com costas tão largas quanto as de um tigre e com um estômago de urso!

Sua mãe perguntou: "Xinran, pensei em todas as comidas do

mundo, as ofereci para ele, preparei-as, mas nada que eu fizesse era capaz de aguçar o apetite de Du Zhuang. Como foi que você conseguiu alimentá-lo desse jeito?"

"Deixei-o passar fome", falei.

"Como é possível?" Sua mãe se recusava a acreditar.

Na verdade, o interesse de muitas crianças pela vida e por comida é aniquilado por pais que lhes satisfazem todo e qualquer capricho. O senso comum nos diz que, em matéria de aspirações e desejos, a distância faz crescer o apreço. Mas, na qualidade de pais, não temos coragem de fazer nossos filhos únicos aguardar e ansiar pelas coisas. O tempo passa, e nossa benevolência desenfreada acaba limitando a habilidade de nossos filhos progredirem na vida e abrevia seu interesse pelo mundo natural ao seu redor. Essa tendência é particularmente pronunciada em famílias com filhos únicos.

Viver de forma independente mudou Du Zhuang também em outro aspecto. Pela primeira vez na sua vida, ele tomou consciência da própria ignorância.

No final do ano, Du Zhuang comemorou seu aniversário de 21 anos. No Reino Unido, completar 21 é um dos marcos da vida. A partir dessa idade, uma pessoa é integralmente admitida na sociedade e tratada como um adulto. Para celebrar, preparamos um "jantar de maioridade", no qual lhe explicamos como no Ocidente os 21 anos representam o começo da idade adulta. Dissemos que esperávamos que ele pudesse desafiar sua personalidade introvertida e escalar para fora do profundo e limitador "abismo da consciência" formado por sua educação chinesa restritiva, de forma que aprendesse a pensar e a questionar por si mesmo. Du Zhuang não pareceu muito inspirado por aquilo, mas ainda assim mansamente demonstrou concordar com aquela sessão de "edificação aplicada pelos mais velhos". Os chineses geralmente acreditam que esse é o comportamento adequado a um bom jovem, estudante ou empregado. Mas eu acredito que, para uma pessoa ter vitalidade, primeiro suas ideias têm de ter vitalidade. Só assim ela será capaz de se comunicar com os outros de maneira flexível e vivaz, e apenas então poderá ter vitalidade física. O sistema de educação chinês, centralizado e monolítico, é como uma ameba se dividindo: freia a vivacidade dos jovens e funciona como uma estufa ao conhecimento excessivo à custa da habilidade prática. O que é essa sensação de isolamento e alienação vivida por dezenas de milhares de estudantes chineses no Ocidente senão um efeito colateral desse "abismo de conhecimento"?

A fim de estimular Du Zhuang a fazer contato com outras pessoas e a pensar mais na coletividade, ajudei-o a preparar alguns temas de conversação a serem usados com sua senhoria e seus colegas. Várias semanas depois, a sede por contato humano e o constrangimento diante da própria ignorância despertaram em Du Zhuang uma fome espiritual. Aproveitei a oportunidade para encorajá-lo a ler uma enciclopédia juvenil. Primeiro, ele poderia ler a respeito de assuntos que o interessassem e aos poucos aprimorar suas habilidades de leitura. Em segundo lugar, isso lhe permitiria preencher algumas lacunas em seu conhecimento de história e sociedade. Terceiro, o faria exercitar a reflexão sobre os vários tópicos e tecer associações e comparações entre eles. Ao longo de três meses, Du Zhuang diligentemente leu toda a *Oxford Children's Encyclopedia,* algo que me deixa orgulhosa e me comove até hoje. Aquele volume enorme abriu infinitos e prazerosos pontos de vista para Du Zhuang. Ele começou a apreciar a reflexão e o questionamento, a tal ponto que debater se tornou um de seus hobbies, e era impossível pará-lo quando ele se entusiasmava! Acabou sobrando para mim, e fui sua adversária inúmeras vezes. O outrora tímido e retraído Du Zhuang, que educadamente assentia a qualquer coisa, agora era disposto e ativo, e nunca olhava para trás. Ele se aprumara, galgara aquele abismo e passara a viver de cabeça erguida.

Daí em diante nossas conversas assumiram uma natureza mais adulta. Por que a história chinesa tal como era conhecida pelos ocidentais é tão profundamente diferente da que nós aprendemos? Por que a China, uma nação tão grande e populosa, tem tão pouca voz no mundo? O que é, de fato, a democracia? Poderiam crenças democráticas ocidentais ser incorporadas na China? Seria o modelo econômico ocidental defasado, e será que o Ocidente consideraria tomar a economia chinesa como modelo?

Porém, justamente quando eu pensava que tinha levado Du Zhuang a aprender como criar a bagagem de sua própria vida, seu novo voo causou-lhe uma dor que eu não previra e que se seguiu a seu despertar emocional. Ele mergulhara de cabeça num choque de valores e numa colisão entre a cultura chinesa e a cultura ocidental.

Certa tarde, na primeira primavera de Du Zhuang no Reino Unido, cheguei de uma aula na universidade e o encontrei sentado ansioso e irritado no sofá de casa. Seu rosto estava vermelho, todos os dedos das mãos, tensionados em punho, e os dedos dos pés, encolhidos como se confortassem uns aos outros.

"Du Zhuang, estamos num dia de semana, como é que você está aqui de volta? Não está se sentindo bem?", perguntei-lhe num tom casual enquanto tirava meu casaco. Pensei que se fizesse um alvoroço eu poderia deixá-lo constrangido demais para falar sobre o que o estava incomodando, e assustá-lo.

"Não... não é nada", ele gaguejou, como se não soubesse o que fazer com a própria língua.

"Você está doente? Ou aconteceu algo?" Sentei no sofá à sua frente, folheando as lições de alguns alunos, tentando aparentar um ar relaxado enquanto chegava à raiz do seu problema.

"Não estou doente, nem um pouco, é só que não consigo sair à rua hoje", ele sussurrou.

Quando ouvi aquelas palavras, fiquei desconcertada. Olhei para ele e perguntei: "Por que você não pode sair à rua?".

Ele me encarou, então rapidamente escondeu o olhar atrás de seus dedos entrelaçados, dizendo: "As moças ocidentais nas ruas de Londres se vestem com tão pouca coisa, elas balançam inteirinhas ao caminhar. Meu coração bate forte só de ver, como se estivesse prestes a saltar pela boca! Todo o sangue do meu corpo sobe furiosamente à minha cabeça, e parece que minha cabeça vai explodir!".

Quando ouvi Du Zhuang pronunciar essas palavras, eu de verdade não fazia a menor ideia do que dizer a ele.

Na realidade, antes do ano 2000, poucas moças chinesas usavam blusas ou vestidos curtos de alcinhas, e aquelas que o faziam restringiam-se sobretudo às duas grandes cidades cosmopolitas de Beijing e Shanghai. Até mesmo eu me via um pouco constrangida ante a visão de moças britânicas ou europeias andando por aí com as costas de fora e decotes profundos ao lecionar na Universidade de Londres. Imagine para um rapaz chinês como Du Zhuang, que nunca vira as "mulheres livres do mundo". Mas como eu poderia ajudá-lo? Embora não fôssemos contemporâneos, eu também vinha de uma cultura em que, "a qualquer menção sobre sexo, as pessoas trocam de cor". Na época, nossos livros, nossa imprensa e nossa arte eram proibidos de mencionar conteúdos sexuais. Além disso, na China, a educação sexual só se tornara compulsória nas escolas primárias em 2002, de forma que nós dois tínhamos perdido esse barco.

Lembro que antes de meu filho, Panpan, começar a estudar no Reino Unido, em abril de 2000, um professor lhe perguntou se ele havia recebido alguma educação sexual, e, sem entender inglês, ele apenas levantou a mão e esperou que eu traduzisse. Corei completamente, já que eu nunca nem sequer tocara no assunto "sexo" com ele antes. Na cultura chinesa, e na época em que eu vivera, essa era uma palavra que nós não tínhamos nenhuma coragem de pronunciar. Acabei tendo que admitir, a bem da verdade, que não havia educação sexual nas escolas primárias chinesas.

O professor respondeu: "Então não podemos aceitar este menino. As crianças britânicas começam a receber educação sexual aos dez anos; se ele não teve nenhuma educação sexual com essa idade, não temos como garantir a segurança dele quanto a isso. Não temos professores chineses, então não há nada que possamos fazer para ajudar. Sugiro que você atualize seu filho tão rápido quanto possível e então volte para matriculá-lo".

Fiquei louca de preocupação. Eu deveria dizer aqui que meu próprio conhecimento a respeito de sexo só veio depois do casamento e era baseado na experiência prática. Como seria possível eu descobrir os conceitos e as maneiras de ensinar educação sexual a um menino? Além disso, na época, eu era uma mãe solteira, mas como poderia permitir que uma criança fosse impedida de começar a escola por causa da ignorância de sua mãe? No final das contas um amigo britânico me salvou do meu desespero. Um dia, seus três filhos levaram Panpan a seu quarto e lhe deram uma lição de educação sexual. Eu não fazia ideia de como aquilo funcionaria, já que nenhum dos meninos falava chinês. Como é que explicariam as coisas a Panpan? O filho mais velho respondeu: "Foi um exercício com munição de verdade — todos nós baixamos as calças!".

Mas Du Zhuang não era meu filho; será que eu tinha mesmo justificativa para entregá-lo a amigos britânicos para "exercícios de combate" com ou sem "munição de verdade"? Toby sugeriu que Du Zhuang deveria sair e obter alguma experiência convivendo com meninas. Disse que era uma habilidade necessária que Du Zhuang deveria aperfeiçoar por meio de prática aplicada. Falei com a mãe dele ao telefone sobre o que seu filho estava passando, novamente por sugestão de Toby, na esperança de que seus pais tomassem logo alguma decisão em prol do filho. Em vez disso, a mãe de Du Zhuang disse: "Não ponha meu tesouro no mau caminho!".

A temperatura ficou cada vez mais quente, as moças na rua se vestiam com cada vez menos roupa, e Du Zhuang ficava cada vez mais atormentado. Porém, o conselho da sua mãe se tornava cada vez mais aterrorizante. Aparentemente, se ele se descuidasse por um momento que fosse, seria devorado pelo sexo! Como antes, não tive coragem de contrariar os desejos de sua mãe.

Diante disso, Toby acabou dizendo que, se lições práticas estavam fora de cogitação, então por que não tentar com livros? Talvez Panpan pudesse ajudá-lo. Tendo isso em mente, levamos Du Zhuang a nossa casa de campo em Stourhead e deliberadamente deixamos um exemplar de *Africa Adorned* sobre a mesinha de centro. Tratava-se de um enorme livro de imagens sobre a cultura africana, concebido e promovido por Toby, que incluía um bom número de fotos de nus. Pensamos em aproveitar a visita de final de semana de Panpan e dar aos meninos a oportunidade de observar e conversar sobre as diferenças entre homens e mulheres enquanto folheavam o livro. Mais tarde naquele mesmo dia, quando Toby e eu voltamos de um passeio pelos campos, vimos os dois rapazes olhando o livro. Toby me disse, baixinho: "Eu primeiro falei para eles sobre o livro, então eles vieram se juntar a mim. Caímos de propósito numa das páginas com imagens de nus, e falei sobre o corpo humano da perspectiva de um fotógrafo. Veja só como eles reagiram; assim que puderam começar a expressar suas opiniões, ficou tudo bem". Naquele dia, Toby dominou a conversa, e Du Zhuang e Panpan mal abriram a boca. Porém, vários dias depois, Du Zhuang parecia ter superado seu medo de sair à rua e até mesmo começou a falar sobre garotas, aos poucos.

A influência de Toby sobre Du Zhuang nesse período foi profunda. Ele incentivou Du Zhuang a ler e a pensar, e a sair e conhecer pessoas, incluindo ir a boates para dançar com as meninas e a todo tipo de festa estudantil. Toby acreditava que em festas as pessoas tinham um contato mais próximo, o que daria a Du Zhuang a oportunidade de conhecer a cultura ocidental passo a passo.

Certo final de semana, Du Zhuang nos disse que estava indo para uma festa que duraria a noite toda, promovida por alguns alunos europeus da sua turma. Toby disse que isso o ajudaria a entender melhor os colegas europeus fora da sala de aula e que aquilo era o tipo de coisa que os jovens deveriam fazer. Porém, quando Du Zhuang voltou, não era sequer meia-noite. Perguntei: "Por que voltou tão cedo? Achei que seria uma noitada". Ele me deu um dos seus olhares característicos, aparentemente sem saber por onde começar. Depois de uma pausa bastante longa, revelou que havia em sua turma um aluno muito rico cujos familiares tinham uma casa grande em Londres, e fora lá que fizeram a festa. "Tinha uma colega minha, espanhola, usando umas roupas incrivelmente constrangedoras, de um material transparente. Quando dançamos música disco juntos, era como se seus peitos estivessem me convidando! Realmente não aguentei, fiquei com medo de perder o controle!"

Eu sabia o que ele queria dizer por "perder o controle". Os antepassados de Du Zhuang haviam sido controlados pelas vontades pessoais de imperadores ao longo de muitas dinastias. As duas gerações antes da sua haviam sido controladas pelos valores familiares formados em tempos ímpares e turbulentos. Os conceitos de bom e mau acabaram se tornando muito imprevisíveis naquelas difíceis circunstâncias políticas. Fundamentos de Confúcio e Mêncio ainda perduravam na vida das pessoas, mas também havia crenças comunistas radicais, que se insinuavam imperceptivelmente em seus pensamentos por meio de sessões diárias de estudo político. Pensei que a perda de controle da qual Du Zhuang falava era um temor de ir contra os ensinamentos de seus pais, e um medo de perder a moral que ele outrora defendia.

O que Du Zhuang temia, no entanto, era a inevitabilidade de assumir seu lugar na sua vida no Reino Unido. Não era apenas uma questão de moças e rapazes irem longe demais, ou uma mudança em seus hábitos. Tratava-se também de um questionamento profundo e de uma desilusão com uma família da qual outrora ele fora tão orgulhoso, e de um pai que ele antes venerava. Du Zhuang nascera no interior, e, ao se mudar com os pais para a cidade grande, já tinha sete anos de idade. Ele me disse que o que mais o impressionara na primeira visita foram os ônibus. Aqueles veículos enormes que podiam comportar tantas pessoas, maiores e mais rápidos do que tratores, até! Ele se lembrava de como, na manhã seguinte à sua chegada na cidade, pedira em voz alta para ver aqueles carrões. Ele caminhou até um ônibus estacionado, levantou a cabeça e examinou com cuidado o enorme objeto à sua frente, fitando fixamente até cair de costas! Para ele, a cidade era sinônimo de vias lisas e largas, um mundo bem diferente daquele das estradas de terra do interior, onde sacolejara na bicicleta do seu pai até o bumbum doer. Embora tudo fosse maior e mais distante na cidade, ficar uma hora sentado na garupa da bicicleta do pai na jornada de ida e volta à escola a cada dia ainda era uma grande alegria para ele. Ele observava interessado as ruas coloridas e as hordas de pessoas diferentes com suas expressões individuais. Seu pai não costumava falar ao andar de bicicleta, e só às vezes lhe perguntava sobre a escola, a voz muitas vezes engolida pelo tráfego feroz.

 Embora mais tarde ele tenha comprado um carro, Du Zhuang nunca esqueceu essas idas e vindas da escola com o pai. Especialmente nos dias chuvosos, os dois cantavam músicas juntos durante todo o trajeto, com as vozes se sobrepondo ao ruído da chuva. Naquela época, Du Zhuang desejava que chovesse todos os dias, só para poder cantar com o pai! À medida que ia ficando mais velho, Du Zhuang sentia que o pai passava cada vez menos tempo com ele. Aos poucos se tornava menos pai e mais uma figura pública. Até mesmo a universidade de Du Zhuang convidava seu pai para fazer palestras. Pouco a pouco o pai se tornou um deus aos olhos de Du Zhuang, envolto pela brilhante aura de admiração dos colegas de aula. Ele mal mencionava a mãe, e quando o fazia era numa voz tímida, frágil.

Depois que Du Zhuang foi estudar no Reino Unido, permaneci em contato constante com seus pais por telefone. Não tenho bem certeza de como foi que aconteceu, pois eu tinha uma idade próxima à de sua mãe, e recebera uma educação mais formal, mas eu nunca conseguia vencê-la em nossas discussões sobre a vida. Minhas teorias sempre pareciam plantas exóticas cultivadas numa estufa, e nem de longe tão frescas quanto os repolhos brancos dela, destemidamente cultivados ao léu!

Quando seus pais vieram visitá-lo, Du Zhuang os acompanhou numa excursão turística pela Europa. Certo dia recebi um telefonema inquieto dele da França. "Xinran, não sei como dizer isso, mas ao longo dos últimos dias a adoração que eu sentia por meu pai se estilhaçou. Eu achava que ele era uma espécie de deus, um grande economista, um empreendedor altamente respeitado, um dos principais homens de negócios da China. Mas na sociedade ocidental civilizada ele parece tão ignorante! Faz barulho ao comer nos restaurantes e, ao fumar, mostra os dentes, todos amarelados. Ri como um burro na rua, sem nem por um momento pensar na própria aparência. Aproveitei para ligar para você enquanto eles fazem compras numa loja de departamentos. Como é possível que saibam tão pouco? Minha mãe tem percorrido as ruas atrás de produtos de grife, quando na verdade as marcas de que ela gosta são cafonas aos olhos ocidentais! Realmente não consigo andar com ela de cabeça erguida, é uma agonia. Não quero passar o resto da excursão com eles, quero voltar para Londres amanhã!"

Ao ouvir tais palavras, fiquei atônita. Por um momento não soube o que dizer. Como era possível que a atitude de Du Zhuang para com seus pais, dos quais outrora fora tão orgulhoso, pudesse mudar tão completamente, em apenas seis meses? Aos seus olhos e coração, será que eles agora haviam se transformado em pessoas simplórias interioranas que o deixavam envergonhado? Logo notei que ele não podia largar tudo e voltar para casa. Tampouco podia deixar seus pais saberem sobre essa mudança súbita de sentimentos, a respeito da qual "a poeira ainda precisava baixar". Seria um golpe que nenhum pai e nenhuma mãe poderiam encarar — que seu filho único, o filho por cuja criação haviam dado tão duro os estava rejeitando!

"Du Zhuang, agora me ouça", disse eu num tom que não permitia objeção. "Você agora tem 21 anos, ninguém pode forçá-lo a fazer nada contra a sua vontade, mas, nem que seja para compensar a dívida que tem para com seus pais por eles o terem criado, você absolutamente precisa levar essa viagem até o fim. Senão, com certeza vai se arrepender disso no futuro. Quanto ao que está sentindo, acho que entendo o que você está passando, mas agora não é a hora para falar sobre isso. Não deve deixar seus pais esperando em algum lugar de Paris enquanto você foge para dar telefonemas longos. Espere até voltar e então conversaremos melhor."

"Bom... bom... o.k., então", concordou Du Zhuang relutantemente do outro lado da linha.

Depois que voltaram da Europa, tivemos uma longa conversa à margem do Tâmisa.

"O que causou essa mudança súbita em você?" Eu queria ouvir o que passava por sua cabeça.

"Hum, é que a diferença é grande demais." Ele parecia não saber por onde começar.

"Que diferença? A diferença entre a cultura chinesa e a cultura ocidental? *Por favor!*, isso é algo que qualquer pessoa do Oriente vive quando vem para o Ocidente. Por que acha que a sua dor é maior do que a de outras pessoas?" Enquanto eu falava, percebi que no Tâmisa a corrente mudava de direção — uma forte corrente empurrava a água do mar rio acima, mesmo enquanto o rio fluía dia e noite para seu destino.

Du Zhuang também estava observando o rio. "Qual a diferença? Eles não são cultos e refinados como Toby. Não desfrutam a vida cotidiana como você. E não têm pelas pessoas comuns o respeito que os ocidentais têm. Eu nunca havia percebido isso, mas agora que estou vivendo sozinho no Ocidente e posso observar e pensar de forma independente, o espaço e a distância me possibilitaram ter uma visão mais ampla dos meus pais. Mas com essa visão ampla, agora entendo que a imagem divina de meu pai na verdade é apenas uma aura social pendurada sobre a cabeça dele. Tire a aura, e ele em nada se difere de qualquer pai chinês. Exatamente como uma dessas ondulações no Tâmisa, que aparecem de vez em quando e então desaparecem de novo entre ondas incontáveis." Ele suspirava ao falar. "Eu idolatrava meu pai, mas agora... como posso não sofrer? Entende o que quero dizer, Xinran?"

Será que eu entendia? Eu pensava que sim — seu divino pai era uma figurinha chinesa de barro. Quando encontrava as águas do Tâmisa, sua matéria se diluía! De modo similar, muitos e muitos chineses descobrem, depois de virem para o Ocidente, que seu orgulho nacional começa a se dissolver no vibrante e colorido mundo lá fora. Na verdade, ocidentais que vão viver na China passam por golpes similares. A modernidade da qual tanto se orgulham parece ingênua diante dos milênios de civilização chinesa. Mas não falei nada disso para Du Zhuang. Ele não precisava de uma discussão acadêmica sobre o avanço da globalização, mas alguém que o auxiliasse a compreender seus pais chineses. "Acho que entendo o que você está passando. Mas penso que aquilo que você acredita ser o cenário mais completo possível na verdade não está nada completo, de forma alguma. O pai e a mãe que você viu eram na verdade uma superfície plana bidimensional vista de longe. Você não conseguiu ver a história por trás da imagem, nem a sociedade que formou suas faces laterais. Seis meses de educação britânica apontam um fato a você: seus pais — que na China estão entre a elite, a aristocracia — parecem camponeses nos mercados da Wangfujing de Beijing quando passeiam pela Champs-Élysées, não é verdade? Mas quantos pais chineses conseguem pôr os pés nessas fervilhantes avenidas ocidentais?

"Na China em que você nasceu, 90% da população vive no interior ou então veio de lá não faz muito tempo. Vários milênios de cultura agrária produziram no comportamento e nos costumes chineses 'características especiais', que às vezes podem nos deixar constrangidos, ou até mesmo envergonhados, não estou certa? Mas, sabe, todos os países do mundo tiveram uma cultura agrária no seu passado não tão distante, e um 'comportamento não civilizado' que hoje vemos transformado. Agora você está estudando no exterior, na Europa, mas cem anos atrás Dickens tinha muito o que escrever sobre barulhentos mercados camponeses, e as obras de Maupassant estão repletas dos hábitos desagradáveis e costumes retrógrados da classe baixa e da classe média francesa.

"E quanto à sua mãe, que em vinte anos passou de camponesa que carregava produtos em varas sobre as costas à autoridade que é hoje? Ela pode simplesmente pegar um avião para a Europa para ver o filho que está estudando fora — que mudança não foi sua vida, e como tudo aconteceu rápido! É como se a sua mãe ainda tivesse um sulco profundo nos ombros por causa do peso da vara que ela carregou por mais de uma década, e esse sulco não vai desaparecer só porque você está ficando a cada dia mais fluente no inglês. Como é que ela conseguiria enfrentar as dificuldades de viver em uma cidade chinesa e ao mesmo tempo ser do jeito que você quer que ela seja, igual a qualquer mulher ocidental, vivendo entre as 26 letras do alfabeto inglês? No começo, ela não falava como uma mulher urbana e só sabia ler um número limitado de palavras, sem mencionar que ela não sabia nada sobre a vida da cidade ou sobre a civilização urbana. Quando se mudou do interior para a cidade, ela não era exatamente como você ao vir da China para o Reino Unido? Mas sua mãe venceu dando duro. Ela deu a seu pai uma família tranquila e feliz, e deu a você uma educação chinesa e ocidental. Ela até se tornou membro do politburo local. Quantas mulheres do interior podem se orgulhar de viver uma vida sólida e independente como a da sua mãe diante dos habitantes da cidade?

"E isso para não falar no seu pai. Para a sociedade, ele é um empreendedor bem-sucedido, mas poucas pessoas veem suas qualidades como pai de família. Depois da Revolução Cultural, quantos jovens educados mandados para o interior simplesmente abandonaram suas esposas interioranas ao voltar para a cidade? Mas não o seu pai. Não apenas ele não abandonou sua mãe, carregadora de vara e tudo; ele tomou para si a missão de ajudá-la a levar uma vida de verdade, independente e feliz para que todas as pessoas da cidade pudessem ver. Além disso, a responsabilidade perante a felicidade de sua mãe levou-o a ajudar todas as irmãs dela a ir para a cidade e a viajar o mundo. Ele também ajudou a proporcionar uma boa educação a todos os filhos delas no interior. Na China, ou até mesmo no mundo, quantos homens, quantos maridos, devotam à esposa esse tipo de amor e de responsabilidade?"

Quanto mais eu falava, mais ardente eu soava, e as ondas que se agitavam no Tâmisa à medida que a correnteza mudava pareciam fortalecer minhas palavras. "O que significa nobreza? Status? Riqueza e fama? Eu penso: como pode ser nobre aquele que nem sequer ama a própria família? Como pode merecer uma boa reputação? Só porque absorveu a chamada civilização ocidental você não consegue mais enxergar a nobreza de seus pais chineses e a grandeza da sua mãe camponesa? Para que serve a educação formal? O que significam cultura e civilização? Cada lugar tem sua cultura própria e ímpar! Aquelas pessoas que vivem no deserto, nas montanhas ou no litoral, sem nenhum tipo de educação, ainda assim têm a cultura de sua região. Nossa educação supostamente deve nos ajudar a entender culturas diferentes. Ser civilizado significa ter respeito por todas as culturas e ser capaz de aprender com elas. Ser nobre é ter um coração generoso e tolerante. Seguindo essa lógica, quem tem mais cultura: você ou seu pai? Quem é mais civilizado? Quem é mais nobre?"

Du Zhuang chorou ao me ouvir dizer aquilo. Eu sabia que aquelas lágrimas regariam sua ressequida alma chinesa e os sentimentos por sua família, que haviam chegado perigosamente perto de se embotar.

Mais tarde, Du Zhuang me disse que essa conversa fora como um processo de reconstrução que o forçara a pensar longa e detidamente até que seus pais recuperassem o brilho.

Porém, quando voltou a se identificar com os valores de seus pais, ele mais uma vez passou a ser influenciado pelo jugo familiar em sua vida cotidiana. Mesmo três anos depois, quando voltou à China para começar sua carreira, começar uma família e comprar um apartamento, ele ainda não conseguira fugir do amor avassalador e sufocante da sua família.

Mais tarde fiquei sabendo que, quando Du Zhuang se casara, as duas famílias de filhos únicos se juntaram e compraram para os noivos um apartamento de 180 metros quadrados, com três quartos e duas salas de estar. A mãe de Du Zhuang se encarregou integralmente de supervisionar cada aspecto da decoração do novo lar, usando como base a sua experiência do que estava na moda no interior, bem como os "lares perfeitos" internacionais que vira em revistas chinesas. Mas ela não parou por aí. Todos os finais de semana ela tratava de cozinhar pratos principais para o casal e então os levava de carro de Shandong, onde morava, até Beijing, a fim de garantir que o filho se alimentasse direito todos os dias!

Uma vez visitei o lar de recém-casado de Du Zhuang. Embora o nome dos dois estivesse numa comprida fileira de campainhas engolfadas no mar de incontáveis complexos residenciais recentemente erguidos em Beijing, assim que cruzei a porta do apartamento, esta velha ranzinza* de volta de sua "jornada ao Ocidente"** ficou estupefata com a opulência do apartamento. No hall de entrada havia aparadores caros e ornados cheios de joias de ouro e prata, exatamente como numa loja. Todo tipo de eletrodoméstico que economizasse esforço dava à cozinha uma aparência ultramoderna, quase mágica. A sala principal, que tinha quase cem metros quadrados, havia sido mobiliada com um sistema de som e imagem como o de um pequeno cinema. Um quarto de dormir estava cheio de dezenas de edredons estofados de seda e de outras roupas de cama — presentes de casamento dos parentes. Fora do quarto, a ouvir a orgulhosa turnê dos anfitriões, pensei no quanto eu havia me ocidentalizado. Todas as roupas de cama eram como as de um hotel cinco estrelas, mas por que diabos eles queriam viver num lar que fosse como um hotel? Pelo menos havia uma área que não era "perfeita". Eles haviam enchido sua bela

* *Laoxiu* 老朽: expressão chinesa depreciativa que os mais velhos usam para designar a si mesmos, indicando que são velhos e inúteis. (N. A.)

** *Yangchadui* 洋插队: *Chadui* era um termo da Revolução Cultural para designar os jovens cultos que eram enviados para o campo. Após o movimento de Reforma e Abertura dos anos 1980, os chineses passaram a se referir às durezas de estudar e trabalhar no estrangeiro como *yangchadui*, ou "*chadui* da diáspora". (N. A.)

sacada semicircular até o teto com móveis que não eram usados, transformando-a numa espécie de depósito.

Os objetos entulhando o chão do banheiro me remeteram fortemente a algumas casas de camponeses que eu vira, em que as coisas eram deixadas espalhadas pelo chão, já que nunca haviam sido obrigados a organizá-las em função de falta de espaço. Quando sugeri, hesitantemente, que gostaria de comer uma refeição feita pelo jovem casal, os dois trocaram olhares e disseram, constrangidos, como que em uníssono: "Nestes seis meses de casados, não preparamos nenhuma refeição". Decidi então fazer com eles sua primeira refeição na nova casa, cada um de nós contribuindo com um prato. Ao abrir os armários da cozinha fiquei maravilhada com as dezenas de conjuntos de panelas, utensílios de cozinha caros e todo apetrecho concebível para preparar comida, suficientes para abrir um restaurante! Porém, quando procurei ervas e temperos, descobri que haviam sido guardados com os produtos de limpeza. Perguntei por que os tinham organizado daquela maneira, e a bela, elegante e simpática esposa de Du Zhuang disse, surpresa: "São todos garrafas, não?". Antes de cozinharmos, ela modestamente me fez várias perguntas: "É o óleo que vai antes, ao cozinhar? Ou primeiro se liga o fogão? Ou se coloca o sal? No caso do arroz, é o arroz ou a água que vai antes?".

Du Zhuang me disse que os dois quase nunca tinham oportunidade de cozinhar, já que ambas as famílias deles se revezavam para lhes mandar comida. Às vezes não faziam refeições suficientes para darem cabo de toda a comida.

Perguntei: "Por que não insinuam a seus pais que vocês podem tentar cozinhar vocês mesmos?".

Ele rebateu: "Em famílias de filhos únicos como as nossas? Como? Eles têm medo de que toquemos no fogão ou mesmo de que usemos facas! Você não disse que devemos respeitar nossos pais? Temos de aceitar seu amor e sua preocupação para deixá-los felizes, senão entrarão em pânico e passarão o tempo todo ligan-

do para ver o que estamos aprontando. Minha mãe diz que os chineses dão muita importância à piedade filial, e que a piedade filial significa fazer o que eles mandam, a fim de ser um filho respeitoso. Para falar a verdade, depois que voltei para a China, toda a independência que aprendi com a cultura ocidental foi logo transformada novamente no 'statu quo' da vida em família chinesa".
O que Du Zhuang dissera era verdade. Com frequência achamos muito difícil nos acostumar com mudanças de épocas e de culturas.

Em 2006, Du Zhuang foi para os Estados Unidos para trabalhar numa multinacional que fabricava produtos domésticos, com a tarefa de abrir o mercado asiático. Pouco antes de ele partir, sugeri que uma vez que chegasse à América enviasse alguns cartões de agradecimento àqueles que o haviam ajudado quando de sua estada na Grã-Bretanha. Porém, Du Zhuang disse: "Mas não lhes agradeci quando fui embora do Reino Unido? Por que eu deveria agradecer novamente?". Ora, e o ditado chinês sobre a bondade em balde ser devolvida em barril? Mas não discuti a questão. Agora ele era adulto, e precisava ter seus próprios valores. Depois disso não tivemos mais contato por um bom tempo, e não perturbávamos o mundo dele só porque sentíamos saudades. Talvez ele tivesse encontrado seu sol novamente — uma consciência toda sua. No sistema solar de uma pessoa, só pode haver um sol no céu; de que serviria qualquer outra fonte de luz?

Mas, como toda mãe, que aguarda ansiosamente o dia em que o filho entenderá todo o trabalho e todo o sacrifício pelos quais ela passou para o bem dele, cada vez que jogava fora um calendário velho para substituí-lo por um novo, eu sempre rezava pelo meu filho, por Du Zhuang e por todos os outros filhos únicos da China. Ao mesmo tempo, eu me tranquilizava: o ano que estava para começar poderia trazer a consciência tão preciosa na vida humana, um entendimento de que há um lugar para a gratidão na vida, porque, de todas as fontes de felicidade, a gratidão é a mais igualitária, por desconhecer diferenças entre ricos e pobres.

Justamente quando eu estava quase abandonando qualquer esperança de ter notícias de Du Zhuang, recebi um telefonema seu de surpresa em março de 2011. "Xinran, hoje me tornei pai! Tenho uma filha!" Sua voz demonstrava aquela mistura de emoção intensa e exaustão que parece comum a todos os pais de primeira viagem. Ao desligar o telefone, fui tomada pela emoção. Seria possível que aquele meninão cuja mãe fazia tudo por ele tinha de fato se tornado pai? E era possível que aquela sua mulherzinha ingênua agora fosse uma mãe de verdade? Será que aquele casal de crianças grandes seria capaz de mover céus e terra pelo próprio filho? Será que seus próprios pais conseguiriam parar de se preocupar com seus filhos "ainda imaturos" às voltas com os fardos da paternidade e da maternidade?

Depois de três meses nada fáceis, minhas inquietações foram desfeitas por duas fotografias do bebê e uma mensagem de texto. O bebê era tão gorducho que suas bochechinhas redondas se espremiam contra a boquinha até que não houvesse mais nenhum lugar aonde ir a não ser saltar ainda mais para fora. Seus pais, sorridentes e amorosos, pareciam cheios de saúde e de confiança. Du Zhuang me disse que, ao contrário de muitos casais chineses da sua idade, eles não tinham pedido ajuda aos pais. Em vez disso, devoraram livros e pesquisaram na internet as informações básicas acerca da criação de filhos. Aulas para pais no subúrbio americano onde moravam também foram de grande ajuda. Disse que tanto ele como a esposa consideravam que retribuir os cuidados dos pais com uma saudável independência representava um marco de sua maturidade.

Isso me fez lembrar de algo que Du Zhuang certa vez dissera: "Somos diferentes de outras pessoas, não temos irmãos com quem conversar nem com quem partilhar nossos pais, ou com quem dividir o espaço familiar. Precisamos trabalhar nossos sentimentos e juízos relativos a nossos pais e chegar a um entendimento totalmente sozinhos. Será possível que os outros de fato entendam a solidão e os dilemas de pessoas como nós, que vão envelhecer sem ter familiares da mesma geração, presos entre um extremo e o outro, machucando a nós mesmos e aos outros nesse choque? Na família, somos como o Sol e a Lua num só astro, e não recebemos tempo nem espaço para amadurecer por conta própria... Todo mundo instintivamente nos observa com os olhos da tradição e julga nossa geração, a nós, que nascemos e crescemos sozinhos".

Conviver com Du Zhuang e passar a conhecê-lo me fez de fato pensar sobre sua geração e sobre como o primeiro grupo de filhos únicos chineses vai lidar com essa inédita transformação da família quando vierem eles próprios a ter filhos únicos. Das primeiras palavras que Du Zhuang me dirigiu, em 2001, até agora, mais de uma década depois, ainda estou tentando entender o complexo labirinto de *baguazhen*.*

Como você vê o caso Yao Jiaxin? Por que a sociedade chinesa está debatendo sobre ele (um homem pós-anos 1980) de forma tão feroz?

Esse caso é um dos muitos reflexos da crença de que os padrões morais da China moderna estão se deteriorando aos olhos da sociedade chinesa. A sentença de morte é uma enorme tragédia para Yao Jiaxin, que cometeu um crime tão terrível, e também para o povo que influenciou a imposição da sentença de morte. São coisas igualmente trágicas.

* *Baguazhen*: sistema de adivinhação chinês que usa trigramas do I Ching para encontrar um caminho seguro por entre a miríade de incertezas da vida. (N. A.)

O acalorado debate reflete a insatisfação pública quanto à desigualdade tão presente em nossa sociedade, as dúvidas profundamente enraizadas sobre nosso sistema de educação e os prós e contras da pena de morte em si. Há também a questão da famosa fala de Deng Xiao Ping: deixem que parte dos chineses fiquem ricos primeiro, o que fará com que todos fiquem ricos. Quando veremos a segunda parte se tornar realidade? Nossa sociedade pode se permitir dedicar-se somente a ser rica?

2. Andorinha Dourada

Às 14h28 do dia 12 de maio de 2008, um terrível terremoto atingiu o condado de Wenchuan na província de Sichuan, no leste da China, deixando quase 80 mil mortos. Durante o difícil e excruciantemente lento resgate, as pessoas ficaram chocadas com uma cena que emergiu dos escombros. Uma jovem mãe foi encontrada sustentando um pedaço de concreto que pesava quase 450 quilos. Ela usara o próprio corpo como calço por um dia e uma noite a fim de proteger seu bebê, que chorava de fome abaixo dela. Quando a mãe e o bebê chegaram ao hospital, os médicos foram levados às lágrimas pelo que viram. O bebê estava ileso e, depois de um pouco de leite, caiu num sono satisfeito, mas a mãe nunca mais poderia ficar ereta. Suas costas foram deformadas permanentemente, deixando-a imobilizada pelo ato de proteger seu bebê. Sua carne e seus ossos foram remodelados pelo amor ao seu filho.

Por muito tempo depois de ouvir essa história, senti um profundo mal-estar. Todas as mães que eu encontrara nos meus vinte anos como repórter também não haviam sido remodeladas pelo amor aos filhos? De camponesas do interior a mulheres urbanas com carreiras profissionais, cuidar daquele minúsculo amontoado de células dava início a uma espécie de processo de fundição e remodelamento que ganhava velocidade a cada semana e a cada mês da gestação. Esse processo continuava depois do nascimento, à medida que elas voluntariamente se exauriam por amor aos filhos, que consumiam todo o seu tempo, toda a sua energia e todas as suas emoções. Mães de filhos únicos em especial, outrora mocinhas tímidas e coquetes, transformavam-se em mães que enfrentariam lobos e lutariam até a morte para proteger seus filhos. Mas e quanto aos filhos que cresceram nessas águas emocionais — algum dia entenderiam a transformação e o sacrifício de suas mães?

Muitas pessoas acreditam que a história de Yao Jiaxin foi um caso isolado. Na realidade, a sociedade chinesa está sob a ameaça quase constante de tragédias perpetradas por filhos únicos. Na noite de 31 de março de 2011, um garoto que acabara de voltar de uma temporada de estudos no Japão esfaqueou a própria mãe oito vezes simplesmente porque ela se recusara a lhe dar mais dinheiro. O garoto, chamado Wang Jiajing, disse à polícia que encontrara a mãe no aeroporto e pedira mais dinheiro. A mãe respondera, brava: "Não posso. Você ficou estudando no Japão por cinco anos, nunca teve um emprego, o custo dos seus estudos e as despesas chegaram a mais de 300 mil iuanes (44 mil dólares) por ano. Tudo isso veio de economias que nós, seus pais, suamos muito para juntar. Se você veio atrás de nós para conseguir mais dinheiro, vai ser o nosso fim". Assim que ouviu isso, Wang teve um acesso de raiva, tirou duas facas da bolsa e correu em direção à mãe, golpeando-a repetidamente. Muitos chineses suspiraram exasperados e tristes por essa mãe, que sobreviveu à provação. Como era possível que tanto amor e cuidado fossem recompensados por tamanho ódio e tamanha violência?

A cultura tradicional chinesa respeita cinco tipos de relações humanas. A primeira e mais importante é "pais e filhos são unidos pelo sangue" (também inclui mães e filhos). Como nos tempos antigos, um filho que fere o pai é considerado culpado do pior crime possível. Porém, volta e meia, hoje em dia, vemos casos trágicos e cruéis. A sociedade e as famílias chinesas enfrentam uma crise. A atual ênfase em notas e conquistas acadêmicas relega a importância da moral básica a um segundo plano e leva muitos filhos únicos a ver grandeza e bondade como valores podres e ultrapassados.

Por que alguns filhos únicos chineses se voltam contra leis naturais e contra a natureza humana e agem com tamanha hostilidade com os próprios pais, a quem tanto devem? Na Nova Zelândia, conheci uma jovem chinesa que me deu algumas respostas.

Fui à Nova Zelândia pela primeira vez em 2002 para lançar meu livro *As boas mulheres da China*. Meu marido, Toby, e eu demos entrada no hotel certa tarde, depois de um voo de 23 horas com escala. A essa altura meu relógio biológico estava totalmente desregulado, e eu não ansiava nem um pouco por uma terceira noite parecida com as outras duas! Decidimos nos refugiar em copos de saquê e algo simples para comer no sushi bar do hotel para nos ajudar a enfrentar nossa terceira noite no espaço de trinta horas. Eram por volta das seis da tarde, uma ou duas horas antes do jantar, de forma que o local estava vazio e gloriosamente silencioso. Acabávamos de sentar quando percebi uma mulher que parecia ser a gerente dando uma bronca na garçonete. As duas mulheres pareciam asiáticas, e a garçonete estava debulhando-se em lágrimas. Imaginei, pela aparência delas e pelo uso do inglês em vez de japonês, chinês ou coreano, que a gerente provavelmente era japonesa, e a garçonete, chinesa. Elas não perceberam quando entramos com discrição e tratamos de não perturbá-las, apenas nos sentando em silêncio a uma mesa próxima da entrada, esperando que terminassem. A garçonete balançava a cabeça, ouvindo humildemente, com lágrimas escorrendo pelo rosto. Olhei para ela por um momento, pensando comigo mesma: se sua mãe visse isso, como doeria seu coração! Depois de quatro ou cinco minutos, perdi a paciência. Até mesmo se alguém descumpre a lei e a polícia precisa ser chamada, independentemente do tamanho do erro, não se pode dar uma bronca sem fim numa moça! Bati na mesa com meus pauzinhos, para mostrar que havia uma cliente à espera.

Quando ouviu o barulho, a expressão da gerente mudou de imediato, e com um passo miúdo típico de senhoras japonesas ela se aproximou de nós e perguntou, sem se envergonhar: "O que o senhor e a senhora gostariam de pedir?".

Perguntei em inglês: "Lamento incomodá-las, mas a que horas vocês abrem, por favor? Será que podemos pedir comida?".

"Somos parte do hotel, e abrimos 24 horas por dia", ela respondeu com deferência, uma pessoa totalmente diferente de um momento antes. Para minha surpresa, ela então fez um sinal para a garçonete vir anotar nosso pedido.

"Você é chinesa?", perguntei em mandarim à garçonete.

Ela olhou para nós constrangida. "Sim, sou."

"Quando você sai do trabalho?"

Ela não entendeu por que eu estava perguntando aquilo, e respondeu, de maneira hesitante: "Nosso turno termina às dez horas".

"Viemos de Londres e chegamos ao hotel hoje. Estou tentando me recuperar da diferença de fuso horário e não tenho nada para fazer esta noite. Se você não se importar, será que poderíamos conversar um pouco?"

A moça fez que sim. Ela não disse sim nem não, apenas se afastou, insegura.

Dali em diante, até pagarmos a conta, só fomos servidos pela gerente ultrarrespeitosa e não vimos mais a garçonete. Às nove da noite, tomei um longo banho de chuveiro, meu jeito habitual de aliviar o cansaço. Falei a Toby, que lia na cama, que eu não estava pronta para deitar e queria descer e esperar pela garçonete. Se eu pudesse convencê-la a falar comigo, talvez pudesse ajudá-la. Se ela não estivesse disposta, eu voltaria e leria um livro. Eu sabia que para jovens chineses como ela não era fácil estar longe de casa, principalmente para essa geração, formada em grande parte por filhos únicos sem nenhuma experiência de vida autônoma.

Por volta das 22h10, a moça saiu do restaurante, sem uniforme, com seu belo cabelo caindo sobre os ombros e usando um alinhado casaco Barbour. Apenas sua grande mochila a identificava como uma estudante. Ao me ver sentada esperando por ela no sofá do saguão, pareceu surpresa. Ela se aproximou timidamente e perguntou em voz baixa: "Está mesmo esperando por mim?".

"Claro, foi o que combinamos." Abri espaço no banco e fiz sinal para que se sentasse ao meu lado.

Ela se sentou, dizendo, como quem pede desculpas: "Quando nos vimos antes, pensei que você estivesse com pena de mim e dizendo a primeira coisa que lhe veio à cabeça".

Ajudei-a a tirar a mochila. "Se não estou muito errada, devo ter a mesma idade da sua mãe, o que faz com que você seja da mesma geração do meu filho. Embora sejamos de épocas diferentes, e provavelmente tenhamos jeitos bem diferentes de fazer amigos, acho que posso pelo menos emprestar um ombro para você chorar e, quem sabe, clarear um pouco a nuvem cinzenta que parece pairar acima de você." Eu sabia que minhas palavras corriam o risco de parecer um pouco estranhas e pegá-la de surpresa, mas eu achava que ela seria capaz de sentir a sinceridade em minha voz.

Ela piscou um par de olhos enormes e cílios compridos para mim. "O que você quer saber?"

"Conte-me o que quiser. Seu nome, o que aconteceu hoje, como veio parar na Nova Zelândia, de que parte da China você vem...."; fiz um gesto amplo com a mão abarcando o cavernoso saguão, como se aquele espaço tivesse sido especialmente colocado ali para que ela pudesse preencher com a sua história.

Ao ouvir isso, seus olhos ficaram vermelhos de lágrimas não derramadas, e seus lábios vermelhos e reluzentes se comprimiram rapidamente num beicinho. "Eu me chamo Andorinha Dourada, ou pelo menos minha mãe e meu pai esperavam que eu fosse uma andorinha de cor dourada. É tão constrangedor você ter me visto sendo humilhada daquele jeito hoje." Ela franziu os lábios de novo, como se algo dentro dela estivesse tentando se libertar. "Eu me sinto muito maltratada. Trato a gerente como minha mãe, mas ela fica brava comigo muitas vezes, como hoje."

Fiquei surpresa. "Você a trata como sua mãe? Você é órfã? Cresceu apenas com seu pai?"

"Não, não. Tenho pai e mãe vivos, mas eu os odeio, principalmente minha mãe!" À medida que Andorinha Dourada falava, ondas amargas de ressentimento enchiam seus olhos.

"Você odeia sua mãe? Por quê?" Era muito difícil associar a adorável Andorinha Dourada àquelas duras palavras.

"Se não foi pelo mal que ela me causou, então por que eu acho tão difícil viver minha vida hoje em dia?" Com isso, as barragens do coração de Andorinha Dourada se romperam totalmente. "Eu já me formei na universidade, logo vou fazer 24 anos. Mas saí da China sem nunca ter feito três das coisas mais básicas que existem. Nunca estive numa cozinha, nunca toquei numa faca e nunca pedi comida num restaurante!"

Como era possível? Eu quase não conseguia acreditar. "Você tem curso superior, e nunca fez nenhuma dessas coisas? Como sobreviveu à universidade?"

Naquela época, a vida de estudante na China ainda era bastante restrita. Estudantes com dinheiro faziam sua principal refeição do dia em um restaurante fora da universidade, enquanto alunos com recursos limitados comiam no refeitório. Os mais pobres escondiam um pequeno fogareiro no dormitório para cozinhar macarrão instantâneo, que deixavam um pouco mais palatável adicionando legumes em conserva. Porém, não importavam as circunstâncias, todos decerto eram capazes de pelo menos pedir um prato de um cardápio, ou cozinhar macarrão numa cozinha! Andorinha Dourada claramente percebeu a descrença em meu rosto. "Precisa acreditar em mim, estou falando a verdade. Meu pai é vice-prefeito e a minha mãe é oficial do Partido Comunista na minha cidade natal, cuja universidade frequentei. Mamãe e papai achavam que a cantina da universidade era pouco higiênica e que a comida era insalubre. Então, por três anos tomei café da manhã em casa. A cada almoço o motorista do meu pai me pegava e me levava para casa para comer ou para ir a um restaurante."

"O.k., mas então como você ia às sessões noturnas na universidade para fazer as lições? Ou como se reunia com seus colegas?" Eu ainda tinha dificuldade para imaginar uma vida universitária como aquela.

"Depois do jantar o motorista me levava à universidade para sessões de estudo e então me levava para casa às dez e meia. Reunião com colegas? Meus pais nunca me permitiram sair à noite. Diziam que apenas jovens cujos pais não sabiam como criá-los direito saíam à noite." Andorinha Dourada me contou tudo isso como quem diz "assim é a vida", surpresa por isso nunca ter me ocorrido.

"O.k., mas e quando você saía com seus pais? Está me dizendo que nunca fez seu próprio pedido num restaurante? E nunca entrou na cozinha da sua casa?" Eu ainda não conseguia entender direito. Não era que eu não entendesse sua linguagem — parecia que vínhamos de épocas e de estilos de vida diferentes.

"Mamãe diz que na cozinha tem fogo e facas com lâminas

afiadas e tudo isso é perigoso. A cada vez que eu saía com familiares ou amigos pra comer fora, eram sempre eles que faziam o pedido. Uma vez tentei pedir minha própria comida, mas antes de eu terminar de ler o cardápio minha mãe disse: 'Você não entende nada, não sabe pedir direito'. Depois de algumas vezes parei de discutir e comia o que fosse que tivessem pedido. Por sorte, tudo o que pediam eram coisas de que eu gostava. Só depois que vim para Auckland é que percebi que não tinha a menor ideia de como fazer um pedido num restaurante. Não era apenas que eu sofria para entender o inglês — eu jamais ouvira falar de muitas das comidas e dos temperos."

"Se seus pais a criaram a pão de ló, então como foi que suportaram deixar você estudar no exterior, tão longe do alcance deles?"

"Os chineses gostam de fazer como as outras pessoas, estão sempre se comparando aos outros. Comparam casas, carros, relógios, celulares, câmeras, até mesmo filhos. Assim que dois casais de pais se encontram, começam a comparar as escolas e as notas dos filhos. Nos últimos anos passaram a fazer comparações entre pais que mandam os filhos para estudar no exterior, e escolher qual país é o melhor. Minha mãe dá muito mais importância a fazer bonito do que ao marido ou a mim. Quando leu no jornal local que a Nova Zelândia tem o mais antigo curso de hotelaria do mundo, ela fez meu pai se informar. Seus funcionários na prefeitura pesquisaram um pouco em sites chineses e descobriram que parecia ser boa ideia. Então, há seis meses meus pais me mandaram para cá, por intermédio de uma agência. Só depois que cheguei à Nova Zelândia me dei conta de que o melhor lugar para estudar hotelaria fica do outro lado do mundo, na Suíça. Na verdade, esta pequena ilha mal tem uma história, e muito menos cursos de hotelaria de nível internacional."

Andorinha Dourada colocara as coisas de forma clara. Famílias chinesas com filhos únicos se preocupam apenas com três coisas: ganhar dinheiro, se aproximar de contatos no governo para obter proteção e fazer comparações descabidas entre seus filhos. Acho que 80% das famílias chinesas com filhos únicos almeja mandar os filhos às melhores universidades estrangeiras para serem "reeducados". As favoritas incluem Oxford, Cambridge e o Imperial College, no Reino Unido; e Harvard, Yale e Princeton, nos Estados Unidos. A fofoca nas salas de bate-papo da internet indica que as famílias mais cultas mandam os filhos para a Grã-Bretanha, enquanto os novos-ricos menos cultos mandam invariavelmente os filhos para os Estados Unidos. Um número menor de famílias, com pouco conhecimento ou recursos internacionais, acha que o que importa é estar no exterior, já que os países estrangeiros são todos iguais.

O tom de Andorinha Dourada era típico dos jovens chineses de hoje. "Grande coisa. Meu conhecimento não se restringe apenas a este lugar. Até parece que não se pode encontrar de tudo no Google!" Tendo passado algum tempo num país estrangeiro, eles pensam que o resto do mundo é exatamente igual à "cultura ocidental" e aos "estrangeiros" que viram nesse único lugar. Não é apenas a combinação de ignorância e destemor desses jovens que deixa as pessoas horrorizadas: eles muitas vezes também levam a seus amigos e familiares na China o conhecimento de "costumes estrangeiros" que os estrangeiros nem mesmo têm! Desde os anos 1990, a diversidade quase ilimitada do mundo estrangeiro tem sido descrita por incontáveis jovens chineses como "um poço fundo e estreito de cultura ocidental".

Porém, algo em Andorinha Dourada era um pouco diferente dos seus contemporâneos sabichões. "A paisagem da Nova Zelândia é realmente muito bonita, senão, por que todos esses cineastas viriam para cá? Então não me arrependo de vir para a Nova Zelândia, de forma alguma; deve haver algum curso de hotelaria bom por aqui. A agência de viagens na China foi uma enrolação só, cheia de promessas tentadoras e entusiasmo exagerado, mas ficou bem quietinha assim que cheguei aqui! Eles nos colocam num dormitório bonito, acrescentam alguns toques para nos engambelar e então nos mandam pastar! Ao final da primeira semana, quase metade dos estudantes que vieram comigo já tinha ido embora. Então descobrimos que a faculdade de hotelaria na verdade não era faculdade coisa nenhuma, mas uma escola de idiomas. Os documentos de matrícula que nos deram, e que não foram fáceis de conseguir, mostraram-se válidos apenas para a escola. Só nos permitiriam começar o mestrado quando tivessem ganhado bastante dinheiro conosco!

"A outra coisa foi que a maioria de nós não fazia ideia de como viver de forma autônoma. Nossos dormitórios não eram nem um pouco como a agência tinha vendido para nossos pais, com equipe de cozinha e de limpeza incluídas. Tínhamos que cozinhar nós mesmos, lavar e limpar, mas não sabíamos nada sobre cuidar de nós mesmos. Não sabíamos nem sequer como comprar coisas num supermercado de língua inglesa. Passamos os primeiros dias a fast-food, para espantar a fome. Lá pelo quarto dia, não conseguíamos engolir nem mais um bocado dessa comida curiosa, porém intragável. Todos nós sentíamos muita falta de comida chinesa. Não eram apenas nossos estômagos chineses que não aguentavam mais aqueles sabores estranhos, mas as quatro ou cinco horas de diferença no fuso horário haviam enlouquecido nossos relógios biológicos. Naqueles primeiros dias, nos revezávamos para dar uma boa chorada por dia, e à noite nos abraçávamos e chorávamos juntos! Como foi que aguentei? Apenas porque eu estava determinada a não desistir. Eu já havia saído de casa, por que ia querer voltar? Será que eu realmente não conseguia viver sozinha? Além disso, minha mãe me ligava várias vezes por dia e me fazia mandar fotos de coisas corriqueiras!"

"Você consegue tirar fotos pelo telefone e mandar para ela?" Naquela época eu nem sequer sabia que os celulares podiam funcionar como máquinas fotográficas. "Temos os mais novos modelos de telefone com câmeras. Quando não sabemos o que fazer, ligamos para casa. Tiramos fotos de coisas que não entendemos e as enviamos para casa, para ter as respostas. Como nunca tinha feito compras sozinha lá na China, repetidas vezes eu ligava para a minha mãe do supermercado. Na primeira vez em que fui a um supermercado na Nova Zelândia, não reconheci nenhum dos nomes em inglês, e nunca tinha visto nenhuma fruta e nenhum legume nas prateleiras. Lembro que levei três horas para preparar minha primeira refeição, um prato que levava espinafre. Mamãe me orientou durante todo o processo, desde o que comprar no supermercado da esquina até como preparar e cozinhar, tudinho tim-tim por tim-tim até chegar à minha boca."

"Você passou três horas no telefone com a sua mãe para cozinhar só um prato?" Parecia algo saído de uma comédia chinesa *xiangsheng* de dois atos.

"Mamãe me perguntou o que eu queria comer, e eu disse que gostaria de sopa de espinafre e uma fritada de espinafre e ovo. Então ela me mandou uma foto de um pouco de espinafre, e eu fui atrás daquilo no supermercado que havia ao lado do nosso dormitório. Ela me disse que eu tinha que comprar o melhor espinafre. Perguntei qual seria esse espinafre, e ela disse: 'O tipo mais caro'. Então comprei o mais caro que encontrei, e uma caixa de ovos com a imagem de uma galinha na caixa. Quando voltei à cozinha do dormitório, mamãe me disse para lavar o espinafre e então cortá-lo em pedaços, protegendo os dedos. Fiz uma tentativa e lhe disse que era bem difícil. 'Talvez não seja a faca certa para a tarefa', ela disse. 'Tente outra.' Mas ainda assim não conseguia cortar. 'Como é possível alguém não conseguir cortar espinafre?', ela disse. Respondi que talvez o espinafre da Nova Zelândia fosse diferente do nosso.

"Ela me mandou tirar outra foto, e me disse que se parecia sim com o espinafre chinês. 'Como pode ser tão difícil de cortar?' Então ela me fez tirar uma foto da faca. 'Ah, você precisa usar o gume da lâmina para cortar, não a parte larga da faca.' Só então me dei conta de que eu estava usando o lado errado. O fogão era diferente do da minha mãe, e ela não sabia ligá-lo. Eu também não conseguia entender as instruções em inglês. Ela acabou perdendo a paciência e me chamou de boba pelo telefone. Depois de três horas, a comida finalmente ficou pronta. Comi uma bocada, mas estava seca e sem gosto. Só então ela me perguntou se eu tinha acrescentado óleo e sal. Respondi, brava: 'Ninguém me disse, como é que eu ia adivinhar?'"

Andorinha Dourada fez uma pausa e me lançou um rápido olhar. Ela parecia estar decidindo se continuava contando ou não. "Sabe, Xinran, depois do telefonema de três horas, minha primeira reação foi odiar a minha mãe! Por causa do jeito como ela ficava me culpando por tudo, dizendo que eu não sabia fazer isso, que não conseguia entender aquilo. Não que ela estivesse ressentida por eu não ser mais a menininha preciosa que ela uma vez tinha segurado nos braços, e eu não estava brava com ela por me dizer coisas desagradáveis pela primeira vez; é que ela havia me tratado como um bichinho de estimação por 23 anos. Até mesmo depois de todo esse tempo não consigo viver como um ser humano normal. Ela me manteve numa gaiola dourada por mais de vinte anos! Minhas asas cresceram, mas eu não tenho a habilidade de voar. O que sou, senão um bichinho de estimação? Jurei naquele momento que eu provaria para ela que não sou uma garotinha inútil conforme ela pensava. Não sou uma cabeça de vento, uma idiota incapaz, fazendo-os passar vergonha. É verdade, a maioria das outras garotas voltou para casa, para seus ninhozinhos confortáveis, mas chegará o dia em que vão acordar. Vão perceber que passaram vergonha e que perderam todo o respeito na Nova Zelândia. Enquanto eu crescia, meus pais me doutrinavam o tempo todo com suas ideias de amor-próprio. Mas pretendo viver uma vida respeitando a mim mesma de fato. Vou mostrar a eles quem eu sou!"

Suas palavras eram como uma pequena pedra caindo sobre o saguão grande e vazio. Minha vista e minha audição falsearam por um segundo com o choque das ondas, e senti meu coração sucumbir. Lutei para me conter enquanto inquietude e raiva me dominavam. Como é que uma mãe suportaria ouvir tais palavras? A mãe de Andorinha Dourada passara 23 anos criando-a como um bicho de estimação, e agora sua filha amada achava que nem sequer conseguia viver como um ser humano normal!

Fiquei sem palavras, sem saber o que pensar.

Ficamos ali sentadas em silêncio, cercadas pelas reverberações de suas palavras, que se estatelavam ao chão. Tudo à nossa volta ficou imóvel. Naquele momento, todos os hóspedes no saguão do hotel meio que desapareceram.

Não lembro quanto tempo permanecemos ali. Só quando a gerente passou por nós notei que devia estar muito tarde. Andorinha Dourada precisava tomar o caminho de casa.

"Me desculpe, será que conversamos demais? Você precisa ir para casa. Você tem trabalho ou aula amanhã?"

"Não tem problema, eu moro no alojamento para empregados do hotel, logo ao lado."

"Ah! Vive no alojamento? Você trabalha para o hotel? Nesse caso, por que ainda está trabalhando no sushi bar?"

"Apenas para sobreviver!" Andorinha Dourada me lançou um olhar indecifrável.

Para falar a verdade, naquele momento eu não sabia como dar prosseguimento àquela conversa; minha única opção era seguir sua deixa. "Apenas para sobreviver? Porque tem comida e uma cama aqui para você? Você sabe que os ocidentais dizem que não existe almoço grátis, certo?"

"Ainda estou estudando inglês na escola de idiomas, e eles têm um acordo de intercâmbio com o hotel. Sei que meu inglês é ruim demais para eu ser aceita numa universidade de verdade para estudar hotelaria. Nesse ritmo, terei sorte de conseguir um certificado de estágio do hotel, mas, se eu conseguir, pelo menos vou entrar no sistema deles. Não demorei muito para trocar para um curso básico de hotelaria. Isso resolveu minhas dificuldades cotidianas, já que eu podia ficar no alojamento dos empregados com pensão completa e acomodações. Estão nos ensinando todo tipo de coisa, mas, para ser franca, ambos os lados lucram com isso; somos estagiários não remunerados. Não faz muito tempo ouvi que quando nosso ano de estágio acabar, poderemos nos candidatar para um cargo inicial de gerência, mas também será preciso um pouco de experiência na área.

"Conheci uma moça numa festa de estudantes que foi muito boa para mim. Ela me apresentou à gerente do restaurante japonês do hotel. Agora trabalho lá dois dias por semana, o que não atrapalha meu estágio no hotel. Estou na quarta semana. Na primeira, eu não fazia ideia do que era uma cozinha, já que, como te contei, eu nunca sequer estivera na cozinha nem da minha própria casa. Minhas colegas tentaram me explicar: 'Aqui é onde se prepara a comida, estes são os utensílios de cozinha para pratos principais e acompanhamentos, ali é onde selecionamos e lavamos os legumes, lá é onde guardamos mantimentos secos'. Mas, quanto mais eu ouvia, mais minha cabeça entrava em parafuso! Por fim, encontrei um dicionário ilustrado, mas, embora contivesse descrições bem detalhadas de todos os itens, eu ainda assim não entendia para que serviam! Em momentos como esse eu amaldiçoava minha mãe. Minha gerente me disse: 'Pessoas normais demoram uma ou duas horas para engrenar e uma semana para entender como a cozinha funciona. Na segunda semana já estão entendendo como funciona o restaurante inteiro'.

"Mas mesmo depois de quatro semanas, eu ainda não entendo o que ela está tentando me dizer. Tentei ter uma conversa franca com ela, mas ela me disse que não tem nada a ver com o meu inglês ruim: eu é que eu não sei fazer absolutamente nada! Eu lhe disse que, se os outros trabalham cinco horas, eu farei oito, sem nenhum pagamento extra. Ela respondeu: 'Não importa se você aprende ou não, ou se trabalha de graça. A questão é que, quanto mais você faz, mais deixa o restaurante bagunçado!'. Ontem, por exemplo, já passava das três da tarde e da hora de eu ir embora, mas eu queria ficar para aprender a arrumar as mesas para o jantar. Minha gerente me mandou praticar no restaurante, já que não tinha ninguém por ali. Jantares tardios em geral são uma boa hora para o hotel embolsar algum dinheiro. Mas também é diferente do fluxo de clientes de restaurantes de rua normais, já que os horários das refeições variam de acordo com os horários de check-in e de quem está hospedado no hotel. Nos finais de semana, são só turistas, e durante a semana, homens e mulheres de negócios. Eles pedem diferentes tipos de comida, de forma que isso também afeta a preparação.

"Quando a gerente me explicou isso, um milhão de perguntas começaram a borbulhar na minha cabeça. Eu a interrompi e perguntei por que arrumávamos os jogos de jantar daquele jeito. Para meu azar, bem quando eu estava fazendo as minhas perguntas, de algum jeito quebrei um conjunto de saquê de porcelana. A gerente ficou furiosa e disse: 'Mais um descuido! O que se passa nessa sua cabeça? Quantas coisas você já quebrou este mês? E sempre perguntas, perguntas e mais perguntas'. Ela então me deu uma severa reprimenda. Eu me senti maltratada, eu, que a havia tratado como minha mãe; por que ela estava sendo tão dura comigo? Você estava lá, também não aguentou assistir, não foi?"

"Ela descontou alguma coisa do seu pagamento hoje?", perguntei, preocupada.

"Por que ela o faria?", Andorinha Dourada perguntou numa voz confusa.

"Porque você danificou um pertence do hotel." Eu não tinha certeza de que isso bastava como explicação.

"Não, eu nunca fiz isso, fiz? Ah, mas no geral ela é muito boa comigo, muito mais do que a minha mãe", Andorinha Dourada disse, muito séria.

"Hum... por que você a enxerga como uma mãe?"

"Porque ela me ensina a fazer coisas e a ser gente."

"Então... qual a diferença entre uma mãe e uma gerente? São intercambiáveis? Você vai cuidar da sua gerente como cuidaria da sua mãe quando ela ficar velha?"

Os belos olhos de Andorinha Dourada ficaram enormes diante da minha pergunta; até mesmo seus lábios, antes estreitos pela dor e pelo estresse, incharam-se à indagação. "Eu a vejo como uma mãe porque apenas uma mãe pode realmente me entender nesse mundo, me proteger e me perdoar, certo? Mas por que eu teria que cuidar da minha gerente nos seus anos de velhice? Afinal de contas, ela não é..." — e com essa lacuna em sua lógica o argumento de Andorinha Dourada chegou a um impasse.

"Então, você me acha bondosa?" Eu estava tentando lhe abrir um caminho em sua própria confusão.

"Claro!"

"Por quê?"

"Você ficou com pena de mim, me ouviu e tentou me animar."

Através de seus olhos fitei um mundo inteiro de incertezas e disse: "Sabe, sua gerente é dez vezes mais bondosa que eu — cem vezes! Se eu fosse a chefe deste restaurante, jamais teria escolhido você, para começo de conversa. As pessoas que trabalhassem para mim precisariam ser capazes de gerar dinheiro. Gerentes precisam que seus funcionários deem duro e tragam clientes, usando seu conhecimento e seu profissionalismo. Alguém sem experiência que quer entrar numa empresa para aprender está tratando o lugar como uma escola, e deveria pagar uma mensalidade por isso, certo? Sua ignorância bagunçou o negócio dela e danificou pertences do hotel, mas ainda assim ela está lhe pagando o salário normal. Não apenas não está pedindo que você a indenize, como também ela está ajudando com conselhos e paciência, não é mesmo? Ela transformou o próprio restaurante numa escola para você. Isso é bondade de verdade. Andorinha Dourada, lembre-se, você só tem uma mãe neste mundo, não importa se ela é rica ou pobre, inteligente ou incompetente, ninguém pode substituir a dádiva da vida que ela lhe deu, ou o cuidado que ela lhe dedicou. Devemos tratar as pessoas como iguais. Não temos o direito de tomar o tempo delas ou pedir que passem a mão na nossa cabeça. Devemos agradecer às pessoas por qualquer coisa que nos deem. Se está procurando uma mãe, você deveria tentar ter uma boa conversa com a sua. Se acha que ela não lhe ensinou nada de útil, não deve usar outras pessoas na tentativa de substituí-la. Família não é algo que possa ser trocado. Uma mãe não é alguém que você possa aceitar ou rejeitar a seu bel-prazer."

    Andorinha Dourada parecia completamente intimidada pela minha explosão. "Xinran, você é mesmo mais malvada do que a minha gerente?"

    Balancei a cabeça, sem dizer nada. O que a mocinha na minha frente precisava naquele momento não era de uma tia indulgente que enxugasse suas lágrimas e acusasse o mundo em altos brados em prol dela, mas um chute no traseiro para tirá-la de sua infantilidade. Ela precisava se virar sozinha no mundo e entender o conceito de gratidão aos amigos e à família. Eu esperava que aquele meu chute atingisse seu âmago e a instigasse a seguir seu coração.

Depois de um momento de silêncio, Andorinha Dourada olhou fixamente para mim e, dando voz a seus pensamentos, disse: "Se é assim, então a minha gerente não é tão má. Embora tenha brigado comigo inúmeras vezes, eu de fato quebrei muitas coisas e ela nunca descontou do meu pagamento. Acho que ela poderia me demitir, não poderia? Então... por que ela está se dando todo esse trabalho para me ensinar? Por quê?".

Ao ouvir essas palavras, senti uma faísca de luz brilhar na escuridão de tudo aquilo que tínhamos sido incapazes de expressar. Abri aquela porta mais um pouco, para deixar entrar mais luz. "Porque ela é gentil, tem pena de você e se desespera porque você não faz o seu melhor!"

O rosto de Andorinha Dourada, desanimado e abatido pela dor e pela piedade de si mesma, de repente voltou à vida, com uma felicidade infantil faiscando em seus olhos. "Isso é incrível! Vendo as coisas por esse lado, na verdade sou muito *sortuda* por ter uma gerente assim."

As brumas que cercavam meu coração de repente se dispersaram pela sua compreensão, e nossa conversa adquiriu um tom mais alegre. "Na trindade dos modernos valores chineses — família, escola e sociedade —, há uma lição que vocês, filhos únicos, não tiveram, que é a de valorizar as pessoas, acontecimentos e coisas ao seu redor. Não se trata de uma fórmula matemática como $1 + 1 = 2$, nem de uma equação química, nem de vetores da física, mas de uma compreensão do respeito entre pessoas em casa e na sociedade. Se nunca aprendeu isso em casa, então você não faz ideia de como deve ter sido difícil para a sua mãe, ou o que o seu pai sacrificou, ou o que outras pessoas perderam ou ganharam como resultado da sua existência. Não se pode aprender tudo nos livros, a sociedade não é apenas o que cabe na palma da mão do seu pai, e você não pode deixar a sua vida ser ditada pela mãe. Para ser franca, também acho que não é justo você jogar toda a responsabilidade nas costas dos seus pais."

Andorinha Dourada pareceu um pouco aborrecida com a minha fala. "Então... a minha mãe não ter me ensinado a cozinhar, e não me deixar pedir comida, foi a coisa certa a se fazer?" Entendi por que ela estava se fazendo de sonsa para se justificar desse jeito. Era a natureza humana, o mecanismo de autoproteção que todos nós adquirimos no caminho da vida: *Não é minha culpa!*

"Pensemos juntas. Por que eles a mimariam desse jeito? Quantos filhos sua avó teve?"

"Minha avó teve um monte de filhos."

"Sua mãe sabe fazer as tarefas domésticas?"

"Sim, ela é muito boa nisso."

"Seus tios e suas tias sabem realizar tarefas domésticas?"

"Sim, todos são muito capazes, dentro e fora de casa."

"Uma hora dessas você deveria perguntar à sua avó por que sua mãe, suas tias e seus tios são tão habilidosos. A maior parte das pessoas da geração mais velha deu a seus amados filhos todas as coisas boas que desejavam para si próprios. Mas às vezes, junto com coisas que julgavam ser boas, também faziam coisas que não eram boas para seus filhos, e isso fica muito patente em famílias com filhos únicos. Porém, acho que uma pessoa usar os erros de tais famílias para justificar a própria falta de habilidade é um escapismo egoísta, como uma injeção no braço. Pessoas que não têm força de vontade ou habilidade às vezes usam drogas para encontrar a libertação espiritual, mas isso muitas vezes resulta num sofrimento terrível para seus amigos e sua família. Não é a mesma coisa usar erros dos antepassados para justificar nossas próprias fraquezas e nossa preguiça ou não ter vergonha de depreciar o trabalho duro dos outros?

"Tenho muito respeito por sua força de vontade, Andorinha Dourada. Você tem coragem de desafiar sua ignorância e sua falta de habilidade, e vontade de viver às próprias custas. Mas só

89

isso não é suficiente para fazer de você uma pessoa livre e feliz, já que nunca conseguirá fugir totalmente de sua mãe e de seu pai. Sua felicidade interior só será completa quando você deixar seus pais perceberem que a queridinha deles cresceu e criou um novo mundo para o novo milênio totalmente sozinha. Aí então você vai viver seu futuro de forma completamente livre, porque sua família é uma parte indissociável de sua vida."

Nesse momento, a garotinha amuada com olhos de cervo de algumas horas antes de repente amadureceu. "Sabe, Xinran, faz várias semanas que não telefono para minha mãe. Troquei meu chip de telefone, jurei que não ligaria para ela durante três meses e que não iria para casa durante três anos. Fiz tudo isso para ela entender o quanto a odeio. Eu também queria usar esse sofrimento como um alerta para mim mesma. Não sou o bichinho de estimação de meus pais, sou uma pessoa independente e vou aprender a viver como um ser humano de verdade."

"Esqueça o ódio, aprenda a amar e você será livre e feliz", murmurei gentilmente no ouvido de Andorinha Dourada enquanto partilhávamos um abraço de despedida.

No dia seguinte deixei um cartão para Andorinha Dourada na recepção, com três perguntas: *Por que sua mãe a mimou desse jeito? Sua gerente trataria os próprios filhos desse jeito? Como você vai criar seus filhos, no futuro?*

Voltei à Nova Zelândia no ano seguinte e felizmente fiquei no mesmo hotel. Mal pude crer nos meus olhos quando vi Andorinha Dourada na recepção! Quando me aproximei para me registrar, ela não me reconheceu. Um rapaz me saudou com cordialidade, mas eu falei: "Desculpe, será que posso pedir para aquela mocinha fazer o meu registro, por favor?".

"Claro", ele disse. Deve ter pensado que eu queria fazer o check-in em chinês.

Em consideração a ele, expliquei: "Ela deixou uma profunda impressão em mim da primeira vez em que estive aqui".

O rapaz tentou me corrigir. "Acho que isso não é possível, ela começou a trabalhar na recepção faz pouco tempo."

Falei muito orgulhosa: "No ano passado, quando a vi, ela estava apenas fazendo um estágio aqui. Estou surpresa de ver que ela já está na recepção".

"Ah, sim, moças chinesas são boas no que fazem." Dava para ver que ele estava falando sério.

Nesse momento, Andorinha Dourada me reconheceu e exclamou bem alto: "Uau... professora Xinran, é você! Você voltou!".

"Andorinha Dourada, mas que surpresa! Você já está na recepção?" Nós nos abraçamos sobre o balcão.

Andorinha Dourada estava muito animada. "Acabei de começar. Vou registrar você, o.k.?"

"Mocinha, não deve ter sido fácil chegar à recepção em um ano!"

Andorinha Dourada, vestida no uniforme do hotel, pegou o passaporte das minhas mãos, dizendo: "Não comecei oficialmente ainda, é apenas um período de teste. Tenho três meses pela frente antes de ser efetivada, e ainda assim só para cuidar de pequenas tarefas. Preciso terminar a universidade para poder me tornar gerente".

Enquanto eu a observava examinar meus documentos com profissionalismo, fui incapaz de desviar o olhar. Minha mente folheava as páginas e os capítulos de suas experiências no ano anterior, guardados junto com as lágrimas e atribulações da vida. Meu coração estava cheio de admiração por aquela moça capaz de tornar suas palavras realidade. Andorinha Dourada realmente passara por poucas e boas, e cumprira a promessa que fizera para si. Mas e quanto à sua mãe? Eu ansiava que ela me atualizasse sobre os acontecimentos do último ano, e enquanto eu fazia o check-in combinamos de nos encontrar para uma boa conversa quando seu turno terminasse.

Naquela noite, nossa sessão de drinques acabou muito tarde e piorou o meu jet lag, de forma que quando voltei ao hotel eu estava completamente exausta. Porém, enquanto eu caminhava pelo grande saguão, uma moça vestida como uma estudante estava sentada no mesmo sofá no qual eu conversara com Andorinha Dourada um ano antes — ela estava esperando por mim. Eu sabia que tinha que ouvir a história daquela garota!

Na aparência, a Andorinha Dourada sentada a meu lado tinha se transformado totalmente: o coelhinho assustado do ano anterior fora substituído por uma profissional tranquila e confiante. Contudo, nunca pensei que nosso reencontro seria uma continuação da história do ano precedente.

Andorinha Dourada me disse que, desde a última vez em que nos vimos, ela nem fora para casa nem ligara para a mãe. Essas palavras foram um golpe duro para o meu coração. Ser rejeitada desse jeito cruel devia ser muito sofrido para uma mãe que temia que a filha cortasse os dedos ao cozinhar! Andorinha Dourada havia avisado a todas as suas amigas que jamais falaria com elas de novo se contassem à sua mãe sobre o seu paradeiro. Porém, ao que parece sua mãe sabia que Andorinha Dourada estava trabalhando no hotel, e convencera um dos funcionários a contatá-la por ela. Andorinha Dourada dissera ao intermediário que o dia em que sua mãe a encontrasse seria o dia em que ela perderia a filha para sempre. Ela estava determinada a não ver os pais de novo até que tivesse se estabelecido numa carreira. Sua mãe receava demais perdê-la para tentar qualquer outro contato, e desde então mantivera distância. Andorinha Dourada queria que seus pais vissem que ela havia crescido sozinha, que a filha deles não era um bicho de estimação.

Enquanto eu a ouvia falar, soluços espasmódicos ameaçavam explodir na minha garganta. Era como se eu estivesse experimentando a dor indizível de sua mãe.

Andorinha Dourada continuou: "Professora Xinran, depois que você foi embora, aprendi a me relacionar com a minha gerente japonesa. Após um tempo, ela de fato parou de gritar comigo. Eu fazia o dobro do trabalho dos outros, e aprendi a pedir desculpas por tudo, não importava de quem fosse a culpa. Mais tarde, não apenas meu inglês melhorou, como até fiz algumas sugestões sobre como melhorar a comida e o atendimento aos clientes. Minha gerente começou a me ver sob uma nova luz e me indicou para o hotel. O gerente do hotel disse que, como eu não tinha qualificação formal, não podia me tornar uma funcionária. Porém, às vezes eles me deixavam participar de recepções de estrangeiros. Eu trabalhava com mais afinco do que qualquer outra pessoa, chegava cedo e saía tarde. Aos poucos as pessoas começaram a pensar bem de mim, e depois de um tempo abriram uma exceção e me deixaram fazer um estágio cuidando do sistema de registro de entregas. Em seguida descobri alguns problemas na contabilidade, então me ofereci para ajudá-los a melhorá-la. Pareceram se dar conta de que eu tenho talento para gerenciamento, então me deixaram participar de um projeto de pesquisa sobre fluxo de clientes e faixas de preço no hotel. Aprendi muito com esse projeto e fiz vários amigos. Não faz muito tempo obtive minha qualificação de nível 1 em hotelaria, e o hotel logo me transferiu para a recepção, para um período de experiência. Meu plano é combinar trabalho e estudo, e então me candidatar ao curso intensivo de gerenciamento do hotel. Quero planejar minha própria vida, fazer as coisas que desejo, e não apenas seguir os planos dos meus pais. Se tem algum rapaz de quem eu goste? Não sei, não quero um namorado agora, preciso primeiro me encontrar. A Nova Zelândia é um país de imigrantes, posso viver aqui sem dúvida."

"E se você pudesse escrever a seus pais sobre os seus planos?" Eu ainda queria tentar reconectá-la a seus sentimentos de filha.

"*Aiyo!*" Andorinha Dourada deixou escapar uma exclamação. "Quem é que escreve cartas hoje em dia? É tão antiquado! Professora Xinran, hoje em dia todo mundo usa celular e e-mail, coisas desse tipo. Entendo que você ainda queira me convencer a entrar em contato com a minha família. Vou lhe dizer a verdade: não vou procurá-los até que eu seja gerente. Eles me deram a vida, e eu devo retribuir com algum resultado; ainda sou filha deles. Quero que saibam que, uma vez adulta, me virei sozinha, que sou bem-sucedida graças ao meu próprio esforço. Quero provar que estão errados, que não me tornei uma incapaz, apesar do que eles fizeram comigo!"

Graças à linguagem acalorada de Andorinha Dourada, uma visão do rosto de sua mãe flutuava à minha frente. A garotinha que chegara à custa de muita dor depois de nove meses de gravidez, o bebê precioso que ela aninhara ao peito e alimentara dia após dia, de repente se perdera. A descrença do primeiro dia, as preocupações do segundo, a loucura do terceiro, e o quarto...? Não ousei pensar mais além.

Em minha terceira visita à Nova Zelândia, hospedei-me no mesmo hotel, mas não vi Andorinha Dourada. Um funcionário me disse que agora ela estava na universidade e me deu seu número de telefone. Disquei e alguém atendeu. Do outro lado da linha estava, é claro, a Andorinha Dourada que eu conhecia, mas seu tom de voz era agora estranho para mim. Seu antigo entusiasmo se abrandara com a maturidade. "Professora Xinran, que bom que está aqui de novo. Infelizmente, tenho estado muito ocupada, correndo como alucinada com um ensaio que preciso entregar, então não poderei visitá-la desta vez."

"Entendo. Você está vivendo com alguém, alguém com quem dividir sua felicidade?"

"Hã... tenho um namorado, ele é neozelandês."

"Contou a novidade aos seus pais?"

"Não, ainda não, vou esperar até decidirmos nos casar para contar a eles."

"Seus sentimentos em relação aos seus pais mudaram um pouco?"

"Ainda não. Não sei por quê, mas ultimamente tenho sentido cada vez menos vontade de vê-los. Vamos mudar de assunto! Talvez eu vá para a Europa. Meu namorado passou vários anos lá. Ele diz que a Nova Zelândia é pequena demais; como uma gota d'água, ela pode evaporar a qualquer momento! Meu futuro não vai caber nesta pequena ilha!"

Não passamos muito tempo ao telefone nesse dia. Andorinha Dourada estava se tornando uma mulher e trilhando seu próprio futuro. Porém, ela ainda carregava uma grande sombra. Como era possível que seu pai e sua mãe vivessem nessa penumbra?

Naquela época, comecei a pedir ajuda a amigos jornalistas para localizar o pai e a mãe de Andorinha Dourada. Eu queria sondar os sentimentos deles sobre o desaparecimento e a hostilidade de sua filha única, para ver se eu ainda poderia ajudar Andorinha Dourada de alguma forma. Na China, onde tudo está em mudança, procurar e encontrar pessoas não é uma tarefa fácil. Porém, no final das contas não foi muito difícil encontrar seus pais; penoso foi convencê-los a falar comigo pelo telefone.

Em 2007 eu finalmente consegui, mas, a essa altura, eles já tinham se divorciado.

A mãe de Andorinha Dourada me contou no telefone que, desde que a filha cortara contato, ela entrara numa profunda depressão e começara a ter delírios. Não queria ver ninguém nem fazer nada. Ela sentia que sangrara seu coração até a última gota ao longo da vida, e que nem assim conseguira controlar a própria filha única. O pai de Andorinha Dourada foi um pouco mais aberto. Ele acreditava que a esposa havia mimado demais a filha, de tal forma que ela não tivera espaço para se desenvolver. Depois que a filha fora para o exterior, ele sentiu que ela havia sido "corrompida pelo Ocidente".

Fiz as mesmas perguntas aos dois em separado. "Você ainda se preocupa com a sua filha? O que pensa sobre o futuro dela, agora? Se algum dia Andorinha Dourada voltar, o que você faria por ela? E o que espera que ela possa fazer por você?" As respostas deles me deram arrepios.

A mãe, que agora vivia acamada, disse: "Como é que alguém pode ser tão cruel? Até mesmo um cachorrinho de madame sente alguma gratidão pela dona. Posso ter errado em muitas coisas e posso ter feito milhares de coisas que eu não deveria, mas isso justifica que ela nos trate dessa forma? Perdi as esperanças de algum dia voltar a ver a minha filha; é como se eu nunca tivesse parido nem criado ninguém".

Seu pai, o vice-prefeito, disse: "Eu nunca tinha esperado muito dela, de todo modo; afinal, como uma garota seria capaz de grandes realizações? Ela foi para a universidade, vai adquirir algum enfeite estrangeiro, depois voltar e se casar. É essa a vida dela, não é? Se ela não quer saber de nós, dá no mesmo para mim; é o que as filhas são, apenas água que escoa pelo ralo".

Andorinha Dourada não entrou mais em contato comigo depois de 2007. Será que não queria mais reviver a história que contara para mim? Será que pensava ter deixado para trás a sombra negra de sua família? Ou será que, diante dos esforços para amadurecer, ela simplesmente decidira começar do zero? Mas eu ainda queria saber se ela fora para casa ver a mãe. A cada vez que voltava à Nova Zelândia, eu pensava nela com carinho. Eu esperava algum dia dar de cara com ela no meio de uma multidão, ou avistá-la num hotel. Até desejei vê-la se tornar mãe, pois essa jornada a ajudaria a entender sua própria mãe.

Eu costumava pensar que mães e filhas eram tão intimamente ligadas quanto a terra e o céu. Quando o céu escurecia, a terra ficava sombria. Quando havia uma tempestade de areia na terra, o céu ficava carregado. Pensava que filhos e famílias eram como um rio e suas margens; se o rio secasse, as margens se enfeariam, sem paisagem nem propósito. Pensei novamente em Andorinha Dourada: "Eu odiava a minha mãe. Ela me tratou com um bicho de estimação por 23 anos. Mesmo depois de todo esse tempo, não consigo viver como um ser humano normal". Suas palavras pareciam uma prova de que minha crença era como a lua refletida no lago, ou como flores num espelho.

Não sei como Andorinha Dourada teria respondido à minha pergunta, mas esta foi a resposta que sua mãe me mandou numa carta.

Xinran, no telefone você me perguntou qual minha opinião sobre o caso Yao Jiaxin. É possível entender o rapaz? Pensei muito sobre isso, pois minha filha, Andorinha Dourada, talvez tenha sido mais cruel do que Yao Jiaxin: ela enfiou oito facas no coração da própria mãe! Aquela mãe migrante não sofre dor nenhuma agora, e talvez o filho que ela deixou sofra quando crescer, ou talvez ele cresça numa época que não conhecerá a dor. Mas eu ainda estou viva, e a cada dia sou apunhalada pelas oito facas de minha filha, uma vez após a outra. É na mãe de Yao Jiaxin que mais penso em todo esse caso, pois é uma mulher vivendo no purgatório.

  Na internet vi a última carta escrita por Yao Jiaxin a seus pais; verdadeira ou falsa, é desoladora. Estou lhe mandando uma cópia, pode considerá-la como minha resposta.

Querida mãe e querido papai também, acho, sempre tentando ser maneiro, mas na verdade sendo um chato de galocha fenomenal, como vão?

  Nem tão cheiroso como uma flor, nem tão alto como uma árvore, sou um sentenciado do qual até mesmo os marcianos ouviram falar.

Na cadeia, meu corpo magro e fraco é como lama e sujeira, pronto pra ser aniquilado pelo golpe de uma faca, porcamente espalhado sobre uma cama úmida de ripas de madeira. Não há mais tetos brilhantes, nem colchões macios e espessos de molas, nem aquela garota doce, branca, luxuriante de quem eu gostava. Com oito selvagens golpes de faca, numa só noite transformei todas essas coisas em uma bolha de sabão constrangedoramente frágil. Esta bolha é carregada de tristeza e pesar. Para mim não há mais saborosos pães cozidos no vapor, recheados ou não. Sou um criminoso condenado que não consegue nem mesmo um pedaço de bolinho frito para comer. Diante das grades de ferro, as barras frias como gelo se agitam diante de meus olhos atônitos. Do lado de lá das barras, um céu noturno deslumbrante, emitindo para todo o sempre uma luz fria e cravejada de estrelas. Preso por um par de algemas e uma porta de ferro, tudo isso se imbui de uma beleza excepcional e fria, que ora existe, ora não.

Quando eu tinha oito anos, vocês me fizeram aprender a tocar piano. Quando eu tinha dezoito, me forçaram a entrar em uma famosa universidade. Quando eu tinha vinte, fizeram algumas manobras e lançaram mão de seus contatos para planejar o resto da minha vida. Até mesmo em assuntos triviais, como se apaixonar, casar e ter filhos, vocês tinham que meter a colher. Não me deixaram andar com uma peônia, apenas me deixariam me casar com um lírio-d'água... porque lírios-d'água são flores marinhas, e peônias são da terra.

Dizem que no norte fica o Li Carro Voador, filho malvado do oficial Li Gang.* No oeste há o filho de um oficial do Exército, Yao

---

* O caso Li Gang aconteceu na noite de 16 de outubro de 2010. Uma Volkswagen Magotan preta atropelou duas moças no campus da Universidade de Hebei, matando uma e ferindo gravemente a outra. O motorista não parou, seguindo adiante e deixando sua namorada no dormitório. Ele foi detido por alunos e seguranças no caminho para casa, mas mesmo assim não demonstrou

Oito Facadas. Nesta época politicamente correta, seus métodos não eram ilegais, mas com certeza vocês não estavam raciocinando quando usaram suas ideias equivocadas para criar um desajustado como eu. Para que serviu tudo isso? Para que no futuro vocês dois não precisassem se preocupar com comida ou com roupas? Ou para se exibir para o mundo, mostrando que vocês têm as mesmas habilidades reprodutivas de qualquer outra pessoa? Ou por causa da continuidade, para ter alguém para "continuar queimando incenso" para vocês? Durante todos esses anos, vocês "puxaram uma faca" na tentativa de me inocular. Hoje, eu, publicamente, puxei uma faca e com ela dei oito facadas. Não apenas matei toda glória e todas as realizações políticas de vocês, mas também abafei o "fogo dos incensos" que ardiam tão forte em seu coração. Esse tal Li Gang estava no norte, voltado para o leste, e o seu sol estava no vértice. Quando ele piscou o olho esquerdo, o governador da província de Hebei apareceu para acobertá-lo; quando piscou o olho direito, o governo central apareceu para protegê-lo. Quando Li Gang piscou os dois olhos juntos, o ex-premiê japonês Junichiro Koizumi se prostrou em louvor à China no dia seguinte ao tsunami. Quem sou eu, comparado a Li Gang? Não valho uma só lágrima dos olhos do filho dele, Li Carro Voador. E, comparado com Li Gang, de que vale sua poderosa formação militar, pai? Você só sabe ganhar e contar dinheiro o dia todo. Tudo o que você faz de dia e todos os seus sonhos à noite nada mais fazem senão imitar aqueles

---

preocupação alguma com as vítimas. Ele agiu de maneira fria, indiferente, depois de forma agressiva. Ele gritou: "Denunciem-me, se tiverem coragem, meu pai é Li Gang!". O nome do rapaz era Li Qiming, e ele foi sentenciado a seis anos de prisão em 30 de janeiro de 2011. Seu pai era Li Gang, vice-secretário de Segurança Pública da cidade de Baoding. Assim que a história veio à tona, tornou-se o assunto do momento entre internautas chineses e a mídia. "Meu pai é Li Gang" tornou-se um bordão na internet, usado para descrever filhos únicos que descumprem a lei mas contam com a proteção das autoridades. (N. A.)

oficiais corruptos. Pegar garotas e dançar e tudo o mais... como é possível que você tenha perdido o mais básico autoconhecimento? Você não reconheceria seu próprio reflexo numa poça do próprio mijo.

Só o que eu queria fazer era conversar com garotas, me apaixonar talvez, mas vocês me fizeram tocar piano e tomar vitaminas para elevar meus níveis de cálcio. Muitas vezes quis interrompê-los para dizer: "Vocês é que deveriam tentar manter altos seus níveis cerebrais de oxigênio". Na verdade, sei que não lhes falta oxigênio, vocês simplesmente são iguais a todos os oficiais corruptos e homens de negócios sem escrúpulos. O que lhes falta são virtude e ética. Lembro que uma vez eu estava fazendo o mesmo que todo mundo, brincando um pouco no que chamam de "bate-papo pelado na internet". Assim que meu pai, o ex-oficial, descobriu, imediatamente ficou furioso. Seus olhos estavam escancarados e salientes como os de um sapo recém-saído da água, esbravejando que iria me mandar à reabilitação para viciados em internet. Ele foi cruel e desumano comigo. Eu só tinha uma resposta para ele: "Bater papo pelado nem é sexo, é só uma fuga para o coração e para a alma". Ao ver que papai não reagia, expliquei de novo: "É como comer: eu estava apenas folheando um cardápio, mas você e mamãe comem um banquete a cada noite, e foi assim que conseguiram um filho tão pouco filial como eu".

Mamãe e papai: os filhos dos outros são todos jovens extraordinários, gentis e refinados, educados e razoáveis, imersos em livros e cultura. Eles sabem respeitar os mais velhos, cuidar dos mais jovens e amar a vida. Sabem pensar nos outros e se doar altruisticamente à sociedade, e sabem acompanhar o curso da história. Mas desde que eu era pequeno vocês encheram meu coração com universidades famosas e a obsessão de ser aprovado nos exames de serviço civil. Quanto ao resto, vocês nem faziam perguntas nem se importavam. O amor carinhoso daqueles outros pais era como uma carícia, aqueles momentos em que os pais se ajoelham e sentam com seus filhos. Eu nunca tive nenhum desses pequenos gestos de humanidade. Bem ao contrário: vocês eram tão frios comigo quanto um freezer, me educando e me controlando com sua rigidez extrema, com sua assim autoproclamada "educação rígida". Tudo foi construído com métodos militares que são pouco científicos e muito desumanos.

Lembro da seguinte história. Uma mãe fez vista grossa ao fato de que o filho furtava pequenas coisas desde bem jovem. Ele progrediu de furto e roubo para assassinato e incêndios. Antes de sua execução, o último pedido do filho foi beber um último bocado do leite da mãe... De repente sangue vermelho jorrou, a mãe deu um grito de agonia, e o filho se foi com a boca cheia para o caminho que leva ao outro mundo. Talvez vocês digam que a culpa é só minha e de mais ninguém. Mas o que estou perguntando é: se uma pessoa não consegue varrer um cômodo, como pode limpar o mundo inteiro? Qualquer desculpa é fugir da responsabilidade, um sinal de falta de vergonha. Mamãe, papai, temos um "carro voador" no norte e "oito facadas" no oeste; isso não soa nenhum alarme para os valores da família chinesa? Acho que vocês entenderam.

Um homem só pode morrer uma vez, é assim desde a Antiguidade. E não fiquem tristes demais; viver essa vidinha suja sem justiça, sem humanidade, em que grassam a imundície e a corrupção, é a eterna tragédia de Yao Oito Facadas. Eu me vou leve, deixando para trás uma pilha de ossos. Nunca mais machucarei outro ser humano. Contenham sua tristeza e vivam a vida da melhor maneira possível. Vejo-os no inferno, mamãe e papai!

'(— Minha morte se aproxima, este símbolo trágico é tudo o que tenho para deixar a meus pais!

(Depoimento oral: Yao Jiaxin; editado por Zhou Lubao)

A mãe de Andorinha Dourada continuou: "Xinran, acho

que todos nós, pais de filhos únicos, deveríamos ler as palavras desse jovem. Se ao menos pudéssemos ensinar aos nossos filhos o que é o amor antes que eles aprendam a ferir outras pessoas com facas... Mas, como pais desses jovens, numa época como a nossa, de 'quebrar o velho e construir o novo', como saber de que tipo de amor eles precisam? Enquanto todo mundo está tão ocupado correndo atrás dos próprios sonhos, nós estamos perdendo nossos filhos únicos. Quem pode entender nossa dor?".

Enquanto lia a derradeira carta de Yao Jiaxin a seus pais, fiquei aflita. Era ao mesmo tempo a escrita de um gênio e a de um mutilado emocional. Um filho arruinado pela "educação mainstream", pela competição desenfreada e pelo alpinismo social. Eu reli, de novo e de novo, a carta que a mãe de Andorinha Dourada escrevera. Sim, pensei, quem de fato pode ter compaixão pelo amor e pela dor de mães chinesas de filhos únicos?

3. Asa

"Eu odiava a minha mãe. Ela me tratou com um bicho de estimação por 23 anos. Mesmo depois de todo esse tempo, não consigo viver como um ser humano normal!" As palavras de Andorinha Dourada haviam aos poucos passado de voz íntima de uma moça a um coro crescente de gritos dos filhos únicos da China. De início seus pais ficaram perplexos, então magoados, depois justamente indignados.

O primeiro grupo de filhos únicos da China nasceu entre 1979 e 1984. Seus pais costumam ter uma mesma visão da vida: "Passamos muitas dificuldades, e não deixaremos nossos filhos viverem a mesma coisa". Estavam dispostos a sofrer sacrifícios e exaustão, mas se determinaram a garantir que seus filhos viessem a ter as mesmas oportunidades que todos. Porém, no mais das vezes, seus filhos acabavam não vivendo a vida feliz e satisfeita que seus pais desejavam. Um relatório oficial* que visitou 6,1 milhões de lares com filhos únicos mostra que distância e conflitos entre pais

---

* www.xinhuanet.com, 25 de agosto de 2004. (N. A.)

e filhos existem em quase metade das casas. Essas são as principais preocupações dos filhos únicos, e influenciaram as famílias e a sociedade chinesa de maneiras impossíveis de serem ignoradas. Mas por que os pais estão levando toda a culpa? Por que ninguém percebeu que os pais estão lutando sob o fardo de uma política social sem precedentes no mundo? Nenhum progenitor sabe como ser mãe ou pai quando seu primeiro filho nasce. Suas habilidades aumentam dia a dia à medida que a criança cresce. É apenas quando o segundo filho nasce que eles aprendem a aprimorar tais capacidades. Mas pais de filhos únicos jamais têm essa oportunidade. Eles contam com outras famílias com filhos únicos para ajudá-los a "buscar uma cura". Porém, como quando se consulta um médico, quase ninguém se lembra de que também adoece, envelhece e morre. A sociedade está eternamente debatendo a solidão dos filhos únicos, porém nunca considera o isolamento e o desamparo dos pais.

Mandei as "famosas palavras" de Andorinha Dourada a vários pais de filhos únicos com quem eu tinha contato havia muitos anos, embora as tenha enviado anonimamente. Eles reagiram furiosos: "A mãe está fazendo da filha um bichinho de estimação, ou a filha está fazendo os pais de escravos, para estarem a seu dispor e correrem a seu menor aceno?!".

A relação entre uma mãe e seu filho, a mais valiosa de todas as relações de afeto, metamorfoseou-se, aos olhos de alguns filhos únicos, em recriminações mútuas envolvendo os termos "bicho de estimação" e "escravo". Por quê? Quantos filhos e filhas estão chorando e gritando "por quê?" a seus pais? Seus pais se perguntam o mesmo incontáveis vezes nas noites insones.

Creio que uma das principais razões que nos fizeram criar famílias tão diferentes das famílias das gerações anteriores é que perdemos a tradicional rede de apoio da família estendida. Os pais dos filhos únicos de hoje cresceram em famílias numerosas.

Havia pobreza e gente demais, mas pouca oportunidade para solidão. Eles cresceram em um ambiente barulhento, alegre, cheio de sentimentos intimamente familiares e rusgas entre irmãos e irmãs. Até mesmo nas cidades, onde a unidade de trabalho era "a sociedade", os locais de trabalho eram muitas vezes tão próximos quanto uma família. Mas nesta época de filhos únicos e de política de Reforma e Abertura, a vida na cidade não é mais dominada pelo império da unidade de trabalho. As pessoas se dividiram em faixas econômicas, em florestas de apartamentos empilhados e arranha-céus. Há menos contato entre as pessoas, que muitas vezes mal conhecem seus vizinhos de porta. Esse isolamento é ainda mais pronunciado no caso de filhos únicos, cada qual vivendo em seu pequeno poço, sem saber o que se passa do lado de fora da janela.

Acho que muitos pais foram como eu quando seus filhos eram pequenos. Tentaram compensar a falta de família estendida ensinando aos filhos o significado de família. Tive enormes dificuldades de explicar ao meu filho a diferença entre as relações familiares e as outras, desde a Antiguidade até hoje, da China ao Ocidente, e sob vários aspectos diferentes. Porém, todos eles cresceram tão rapidamente neste mundo moderno digital que acabaram nunca vivenciando o lar como um lugar onde relaxar e apaziguar o coração, um lugar em que pudessem ser eles mesmos, um galho no qual descansar quando exaustos de voar, um porto seguro onde ancorar e descansar das tempestades em mar aberto.

Pois meu filho e outros filhos únicos, criados em famílias sem irmãos nem irmãs para diluir a atenção dos pais, tiveram uma dolorosa consciência do escrutínio dos seus progenitores a cada segundo da vida deles. O lar se tornou uma prisão, com os pais fazendo as vezes de barras, constantemente protegendo-os e corrigindo todo e qualquer passo que davam. Filhos únicos desejam se libertar da família e do controle dos pais, muito mais do que jovens que têm irmãos. Mesmo sem saber se a luz que chega de fora vem do céu ou do inferno, anseiam pela liberdade de sair do ninho. E os pais também sabem que, quando o filho crescer, deverá aprender a voar. Porém, sua preocupação sem limites e seu amor sufocante muitas vezes incapacitam seus amados para voar. Um pássaro não pode carregar a gaiola em seu voo! E muitos daqueles que conseguem voar fazem-no sem direção. A competição ininterrupta e nada realista faz com que muitos filhos únicos chineses patinem arduamente pelas largas avenidas e estreitas alamedas da Europa e dos Estados Unidos, arrastando consigo as riquezas e as preocupações de seus pais. O espaço que há entre eles é tecido por incontáveis fios, uma ponta amarrada à gaiola, a outra presa com um nó ao coração dos pais — sem nenhuma extremidade livre.

Antes de nos conhecermos em Londres, em 2008, a mãe de Asa e eu havíamos apenas trocado uns poucos telefonemas educados. Sua filha era voluntária na minha instituição de caridade, a Mothers' Bridge of Love (MBL). Como muitos voluntários que são filhos únicos, sua família frequentemente telefonava para "verificar" alguma informação recebida por eles. Na verdade, também esperavam encontrar um teto que os protegesse das intempéries. Com o passar do tempo, amizades brotaram entre nós. Esses pais também me ajudavam a me manter atualizada quanto ao rápido desenvolvimento da China e suas consequências. Éramos membros do "clube do filho único", também, e nossas conversas com frequência se voltavam para nossos pequenos tesouros. A mãe de Asa vivia em Beijing, onde eu nasci, então com toda certeza tínhamos mais assunto para conversar em comum do que outras pessoas.

No outono de 2008, os pais de Asa vieram ver a filha em Londres. Convidei-os para dar um passeio por Kensington Gardens. Era meu hábito na MBL sempre encontrar tempo para as mães de voluntárias que viajassem até aqui. Em parte para expressar meu respeito e minha gratidão pelas voluntárias, e em parte na esperança de conseguir confortar aquelas mães ansiosas. Sempre acreditei que todas as mães são interligadas pelo coração. Era também uma boa oportunidade de averiguar como estavam indo seus filhos, conforme se estabeleciam em suas carreiras, no casamento e na vida adulta.

Naquele dia, com folhas amarelo-douradas sob nossos pés, caminhamos lentamente pelo parque enquanto as cores de outono atingiam seu ápice. Conversamos sobre nossa vida em Beijing, minhas percepções da China por intermédio de notícias ocidentais e, claro, sobre Asa, de quem ambas gostávamos muito. O pai de Asa seguia atrás de nós em silêncio. Ele era um engenheiro mecânico aposentado, e, além de dizer *oi* na apresentação e *adeus* na despedida, mal trocamos duas palavras. Muitos ocidentais descreveriam isso como uma reserva típica dos homens chineses, mas muitas vezes vi homens com as línguas dançando descontroladas diante de mesas de banquetes, falando sem parar. A mãe de Asa tinha ares de uma perfeita professora, muito provavelmente porque ela era um exato produto de gerações de antepassados professores e de seus próprios anos como docente, uma página após a outra, uma turma após a outra.

Não lembro exatamente sobre o que falávamos, mas sem nenhuma razão especial a conversa se deteve numa pausa silenciosa. Pensando em retrospecto, aquele silêncio foi mais aterrorizante do que um grito furioso.

A mãe de Asa de repente parou, se virou e me disse: "Sabe, Xinran, Asa não veio para casa nos ver nenhuma vez desde que partiu, faz quatro anos, e o telefone dela está sempre 'sem bateria'".

"É mesmo? Não pode ser, eu falo com ela pelo meu celular quase toda semana, o celular dela..." — e de repente notei que talvez tivesse cometido uma tremenda gafe, mas era tarde demais.

A mãe de Asa olhou para mim com uma expressão surpresa,

congelada. "Você consegue falar com ela a qualquer hora, e eu, que sou mãe dela, não, é isso mesmo?"

"Eu... eu... não sei." Eu não sabia como responder à pergunta, pois honestamente nunca me ocorrera que Asa pudesse tratar os pais daquele jeito.

A mãe de Asa fitou a amplidão do parque ao longe e disse, como que para si: "Desde que Asa era uma menina, nunca tivemos nenhuma razão para criticá-la. Ela obedecia a todos na família e nunca, nem por um milímetro, passava dos limites. Ela dividia a vida entre a casa e a escola. Todo o seu espaço, a não ser pela cama onde dormia, consistia na classe da escola e na mesa de jantar. Ela quase nunca saía para brincar e quase não tinha amigos. Eu às vezes tentava convencê-la a sair, mas sem sucesso. Meu marido e eu nos julgávamos abençoados, nossa filha nunca havia nos dado razão para nos preocuparmos, em toda a sua vida! Quando ela se formou no ensino médio, seu pai queria que ela estudasse computação, então ela foi para a melhor universidade na China".

"Na verdade, ela sempre fora uma aluna excelente em literatura, gostava de ler livros e de escrever poemas, mas nunca deu mostras de querer estudar assuntos relacionados a arte. Na época, nossos amigos estavam completamente atribulados por provações e problemas das famílias com filhos únicos, mas nossa filha cresceu seguindo nossos planos em todos os passos do caminho, sem nunca nos dar nenhum momento de inquietação. Meu marido dizia que ela era como a caixa de luz da nossa casa, garantindo silenciosamente energia e segurança para toda a família! Quando ela mencionou que depois da universidade gostaria de ir para o estrangeiro para estudar e para ver o mundo, nós concordamos sem hesitar por um só momento. Além disso, ela fora aprovada num mestrado no Centro de Pesquisas Asiáticas na melhor universidade do Reino Unido. A menina sempre tivera um fraco pelas artes, como poderíamos recusar? Vivendo numa época globalizada, se não a deixássemos ir, ela não teria uma educação completa. Isso significaria que, como pais, não daríamos a ela o melhor começo na vida. Porém, assim que Asa deixou nossa casa em Beijing, eu me dei conta de que ela levara consigo a caixa de luz da família, mergulhando nosso mundo na escuridão."

"Não sei o que dizer." Minha cabeça mal conseguira acompanhar suas palavras, de tão cheia que estava de imagens da sua filha perfeita.

A mãe de Asa me ignorou. "Xinran, você acha que Asa é uma boa moça?"

"Eu diria que sim; comparada a muitas garotas chinesas que conheço, ela sobressai. É um gênio com computadores, e sempre fico impressionada com seu conhecimento de literatura. Ninguém no nosso escritório chega aos pés dela! Além disso, gosto da beleza clássica que vemos nela de tempos em tempos." Meus elogios a Asa eram sinceros.

A mãe de Asa me fitou com olhos que eram como flechas penetrantes. Ela disse lenta e deliberadamente: "Sabe de uma coisa? Desde que Asa veio para a Grã-Bretanha, ela não nos escreveu uma só carta, nem nos deu um só telefonema por vontade própria. Só no último dia de cada mês conseguimos falar com ela; não importa que tom adotemos com ela, nem se imploramos, ela não nos dá um pingo de notícias. Não entendo como a menina boazinha que cresceu ao nosso lado, nossa filha, que era unha e carne conosco, poderia ser tão insensível!". Lágrimas caíam abundantemente de seu rosto. Dava para ver que aquilo tudo estivera marinando durante muito tempo.

Para dizer a verdade, foi muito difícil acreditar no que ela dizia. A Asa com quem eu passara algum tempo era uma moça culta, adorável e tímida. Como podia ser tão fria e infligir tanta dor à sua mãe? Eu não conseguia falar nada. Com muita dificuldade, enfim respirei fundo e perguntei: "Por que acha que sua filha é tão insensível?".

"Não lhe parece insensível que uma moça fique longe de casa tantos anos e não se dê ao trabalho de perguntar sobre os próprios pais? Não somos camponeses grossos, nunca a oprimimos por ser uma menina. Não apenas lhe demos a vida, como lhe demos toda a vida e toda a educação com que ela sempre sonhara. Mas agora é como se ela tivesse nos descartado sem nem sequer olhar para trás!" A mãe de Asa estava ficando cada vez mais furiosa e emotiva, enquanto o pai permanecia lá atrás, como se não tivéssemos nada a ver com ele.

"Eu estava de verdade esperando que por seu intermédio, da MBL ou de um encontro social como este ela voltasse para nós. Sei que talvez ela nunca mais more conosco de novo, mas imaginei que ela pudesse voltar para nós como a nossa filha amada."

As palavras da mãe de Asa me fizeram pensar em meu programa de rádio na China, *Palavras na Brisa da Noite*. Cartas e telefonemas pedindo ajuda inundavam a estação, vindos de todos os rincões da China, de mulheres do interior e da cidade. Não tenho como saber exatamente quantas pessoas ajudei, mas lembro que naqueles oito anos duas mulheres em especial me telefonaram bastante desesperadas. Mais tarde, acharam que eu não as havia ajudado, e acabaram tirando a própria vida. A partir daquela época comecei a duvidar de mim mesma, até a me odiar por não ter tido a força de fazer jus às minhas ambições. Eu ansiava desesperadamente por uma chance de mitigar meu sentimento de inutilidade. Não se tratava mais de apenas ajudar os outros, mas também de achar uma maneira de me salvar. Eu esperava me libertar daquelas culpas pesadas fazendo algumas boas ações.

Depois da conversa com a mãe de Asa, comecei a prestar mais atenção na moça, que repetidas vezes vinha ao escritório da MBL para nos ajudar.

Asa se juntara à MBL como voluntária dois anos depois de sua fundação, em 2004. A primeira vez em que ela veio ao escritório da MBL em Orme Court, em Londres, eu me surpreendi positivamente. Uma chinesa tímida e pequenina, com o cabelo preso de forma elegante com um belo e vermelho pauzinho chinês, ela entrou arrebentando, vestida nas cores escuras das minorias étnicas do sudoeste da China. Na entrevista de meia hora, fiquei impressionada com o seu entendimento independente sobre a China moderna e com sua habilidade com computadores. Também descobri que ela passava seu escasso tempo de férias fazendo *hiking*, prática muito rara não apenas entre mulheres chinesas, mas entre todas as gerações de jovens chineses. Intuí também um misto de ignorância, impotência e alienação tão característico dos filhos únicos, e que faz da vida um desafio tão grande para eles.

A chegada de Asa não tardou a facilitar a vida de todos no escritório da MBL. Seu inglês fluente, seu chinês e suas habilidades com internet, sobre as quais era muito modesta, fizeram com que ela logo se tornasse responsável pelo funcionamento do site. Era inspirador ver nosso portal de centenas de páginas atualizado e ampliado sob a sábia gerência de Asa. Porém, durante todo o tempo que passou conosco, ela nunca expressou nenhum sentimento nem conversou sobre suas expectativas do futuro. Era como se não precisasse se comunicar com ninguém: ela era um universo completo.

Para cumprir a tarefa que sua mãe atribuíra a mim, comecei a buscar oportunidades de me aproximar de Asa. Ela gostava de ler, e eu tinha uma pequena biblioteca em casa, montada sobretudo para estudantes chineses, então com frequência pedia que ela cuidasse da casa na nossa ausência. Eu a convidava para passar finais de semana com a nossa família e para viagens ao campo, a fim de conhecê-la melhor e lhe permitir vislumbrar a vida da minha família.

Asa parecia muito confiante e cuidadosa, tanto em sua vida pessoal quanto no âmbito profissional. Quando ela estava no escritório, qualquer coisa parecia possível. Porém, ela receava contato com estranhos. Não importava quem chegasse, ela lançava o mais rápido olhar e uma ou outra palavra de saudação antes de voltar a se esconder em seu canto. Seu sorriso parecia sempre maculado por certo constrangimento, como se ela estivesse constantemente perguntando: "Está tudo bem? Fiz algo errado?". Ao escutá-la falar sobre o trabalho, eu precisava calar todos os outros ruídos para conseguir ouvir o zumbido baixinho daquela abelhinha! Mas, quando ela recitava poesia ou falava inglês, sua voz alcançava todos os cantos do escritório. Percebi ao longo dos anos que quando pessoas chinesas muito tagarelas falam inglês, a voz delas fica baixa, mas com Asa era exatamente o contrário. Sua voz se abria quando ela estava no terreno seguro da literatura clássica ou quando falava uma língua estrangeira. Talvez ela tivesse tido pouco contato com outras pessoas ao crescer? Talvez a sensação de estar sempre errada não lhe deixasse espaço para se expressar? Ou talvez ela tivesse feito pouco mais além de recitar poesia na sala de aula?

Tentei sondar isso com ela, certa ocasião. Ela me lançou um olhar apressado, baixou a cabeça e disse, baixinho: "Eu cresci num mundo com o volume abaixado. Meu pai nunca falava muito, para não interferir nos meus estudos e no meu sono. Na aula, os professores não nos deixavam falar, e com os colegas, se eu dissesse algo errado, eu apanhava".

Ah, pobre menina! Ao ouvir isso, chorei por dentro. Desejei poder aninhá-la em meus braços e deixá-la gritar comigo o quanto quisesse. Os chineses dizem que o silêncio é de ouro, querendo dizer que uma pessoa deve falar menos bobagem e pensar antes de falar, para evitar ofender os outros ou se meter em problemas. Mas isso não significa que devamos privar as crianças da habilidade de falar o que passa pela cabeça.

Eu queria ajudá-la a usar toda a capacidade de sua voz, e uma determinação secreta surgiu em meu coração. "Por que sua voz é tão clara quando você recita poemas clássicos ou quando fala em inglês?" "Eu conheço a poesia clássica, então não tenho medo de que riam de mim. E quando falo inglês, bem, sou chinesa. Ninguém vai me criticar se minhas palavras estiverem erradas", disse Asa, de forma muito séria.

Eu gostaria muito que a mãe de Asa pudesse ouvir aquela conversa. Muitos pais encontraram conforto e orgulho em suas filhas perfeitas, sem nunca notar o alto preço que elas pagam. Não se trata apenas de um sacrifício feito durante o crescimento, mas de uma deformação vitalícia da personalidade. Na verdade, essa prática também faz parte do caráter nacional chinês. Usamos o conceito de que o silêncio é de ouro para agrilhoar a mente vivaz das crianças. Os tempos mudaram, mas esses grilhões permaneceram, assim como tantos costumes antigos, em nosso inconsciente. Levados adiante por seu próprio ímpeto, são transmitidos furtivamente a cada nova geração, que, por sua vez, os afivela ao espírito e à liberdade de seus filhos sem perceber. Isso é particularmente cruel em famílias com filho único, que não tem irmãos ou irmãs com quem dividir esse fardo silencioso de solidão e desamparo.

Perguntei a Asa se ela gostaria de aprender meu método de treinamento de voz. Ela sabia que eu decerto dominava pelo menos o básico de elocução depois dos meus muitos anos no rádio, e ela concordou. Reservamos duas horas e meia de seu tempo semanal como voluntária para exercitar três habilidades: controle de volume; critério no uso da linguagem e das frases; e lógica narrativa. Sentávamos em pontas opostas do escritório, separadas por uns bons seis metros, e conversávamos sobre as notícias. Primeiro cara a cara, então de costas, fazíamos o possível para que a outra ouvisse claramente, entendesse e lembrasse o que fora dito. Depois de vários meses era possível distinguir a voz de Asa no meio de um grupo ruidoso. Pelo menos no escritório as pessoas não precisavam mais espichar o pescoço para entender suas palavras. Porém, a timidez e a atitude defensiva ainda continuavam presentes em sua linguagem corporal.

Para ajudá-la a libertar seu potencial e sua autoconfiança integralmente, sugeri que ela apresentasse um grande evento cultural que a MBL promoveria em Londres. Asa concordou em tentar. No dia, observei-a subir de forma elegante ao palco na frente de 150 pessoas. Ela fez um discurso de abertura admirável e digno, num tom ressonante. Meu coração transbordou em lágrimas... "Obrigada, Asa! Obrigada, obrigada!", eu dizia baixinho, vezes sem conta. Era como se o coração de Asa tivesse de súbito decolado e ganhado os ares!

Depois do evento, Asa disse que, enquanto estava em pé no palco, falando, um sentimento estranho tomou conta dela, como se a vida tivesse mudado de frequência.

"Qual foi a sensação?", perguntei. Não entendi na época, mas acontecimentos posteriores me fizeram saborear suas palavras em retrospecto.

Alguns dias depois, algumas garotas do escritório aproveitaram a ausência de homens no recinto para conversar sobre o que cada uma delas sabia sobre o outro sexo. Entrei de repente na sala e as matracas imediatamente se calaram. Fiquei bem constrangida, sem saber se avançava ou me retirava.

"Continuem, Xinran não é uma estranha. Com sua idade, já viu de tudo! Continuem falando!" Isso foi dito por Asa, cuja "frequência mudara".

Aquilo pareceu um pouco estranho, então perguntei às garotas: "Do que estão falando, aos risinhos e pelos cantos? Estão escondendo algo de mim, é?".

As garotas riram, mas nenhuma abriu a boca. Asa explicou, rindo: "Estamos falando de homens!".

Falando de homens? Aparentemente a época de mudanças perturbadoras pela qual a China passava havia de fato transformado o povo do meu país, de dentro para fora. Quando tinha a idade de Asa, eu jamais teria ousado falar em público sobre homens. Pois isso teria sido, no mínimo, má educação e, no pior dos casos, "selvageria". Pensei comigo mesma: não vá mostrar sua ignorância dos tempos modernos! Estamos em Londres, e você está com outra geração, elas podem falar sobre o que quiserem. Mas o que estão falando sobre homens? Eu estava totalmente curiosa.

"Eu... se eu não falar nada, posso só sentar e ouvir?", implorei.

Além de Asa, o grupo também incluía uma garota italiana, uma americana e uma suíça. A italiana disse: "Viajar é uma boa maneira de achar o homem certo, já que nos dá oportunidades de testar sua responsabilidade e suas habilidades gerais". A suíça disse: "O homem que você conhece no dia a dia será o mais confiável, já que as situações cotidianas são as mais próximas da vida doméstica". A americana disse: "Não importa o lugar, você pode ficar com ele desde que lhe agrade; se não funcionar, então vocês se separam...".

De repente, Asa soltou algo que surpreendeu todas: "Quando preciso de um homem, não espero a oportunidade de viajar, nem um acontecimento especial: vou direto a um bar ou a um lugar do meu gosto e tomo a iniciativa de conhecer quem me chamar a atenção. Se nos dermos bem, podemos passar a noite juntos; senão, tomamos um ou dois drinques, e então adeus. Por que usar uma fórmula para conhecer homens? As relações entre homens e mulheres dizem respeito a sentimentos, por que acrescentar essas fórmulas chatas à mistura?".

"Vocês, moças chinesas, parecem tão abertas... A família de vocês não se importa? Vocês eram assim quando estavam na China? E as outras moças chinesas? Eu achava que lá os homens eram bem tradicionais!" — esbravejaram, ávidas, as outras garotas.

"Eu? Quando eu vivia na China? Eu cresci num deserto, sem nenhum ser humano de verdade, então não dá para comparar. Sexo é um instinto humano universal, não pode ser rotulado como moderno ou tradicional, tampouco é algo em que os pais tenham o direito de se meter. Por que eu deveria dar bola aos comentários toscos de outras pessoas?", disse Asa, bem pragmática.

Tratei de fechar a boca discretamente, por medo de deixar escapar um grito. Céus, pensei comigo, Beijing é um deserto desprovido de seres humanos? Será que seus pais sabem dos hábitos sexuais de sua filha perfeita?

Na verdade, a atitude de Asa estava longe de ser única; a novidade do sexo antes do casamento começara uma década antes, com a primeira geração de filhos únicos da China. Antes disso, os chineses em geral se casavam entre 23 e 25 anos, e então tinham filhos. Isso era visto como o cumprimento da responsabilidade perante sua linhagem familiar. Quem não se casava, mesmo depois dessa idade, era menosprezado como uma criatura digna de pena, enquanto sexo antes do casamento era uma desgraça, algo vergonhoso demais para ser sequer discutido. Hoje em dia tudo foi virado de cabeça para baixo, e aqueles que se casam "cedo demais" se tornaram criaturas de dar dó. A primeira geração de filhos únicos promoveu a revolução matrimonial na China. Eles começaram a ver o sexo antes do casamento como uma questão de estilo de vida, quase que completamente descartando as correntes familiares ou políticas que refreavam as gerações anteriores. Em vez disso, escolhiam seus parceiros em função da paixão e do romance, do dinheiro, da novidade de experiências ou até mesmo para aliviar o tédio. Um salto quântico acontecera na instituição do casamento chinês, descartando a ideia antiquada das relações estáveis, confiáveis, nas quais sentimentos pudessem se desenvolver ao longo do tempo.

Antes dessa ocasião eu nunca me deparara com opiniões pioneiras desse tipo em relação aos homens, muito menos quando saídas dos lábios de uma garota normalmente tão reservada como Asa. Fiquei atônita e sem saber o que pensar de suas colocações. Sendo contemporânea de sua mãe, eu me perguntava: quão bem, afinal, entendíamos nossos filhos? A maioria de nós, pais, acredita que nosso trabalho é preparar os filhos para o mundo como o vemos. Porém, muitas vezes menosprezamos o fato de que já transformamos o mundo que fora deixado em nossas mãos em algo que os nossos ancestrais julgariam estranho, peculiar e inacreditável.

Eu estava desesperada para entender as ideias e o raciocínio de Asa, não apenas por causa da tarefa que sua mãe me delegara, mas também porque meu filho, Panpan, estava justamente entrando na adolescência. Muitas vezes eu ficava sem saber se ria ou se chorava ao topar com as "pérolas de sabedoria" dele e, no entanto, não queria demonstrar falta de entendimento ou desrespeito, já que mentes jovens precisam de incentivo assim como plantas precisam do sol. Procurar um denominador comum com meu filho gradualmente se tornou um comportamento-padrão. Mas apesar de não menosprezar minha experiência de vida e meu conhecimento, e de eu não lhe inculcar minhas ideias, ele ainda assim me chamava de uma "mãe insensível e pouco afetuosa que não o entendia". Ele preferia ser alvo das piadas de seus amigos a acreditar nas palavras sinceras de sua mãe.

Certo dia, convidei Asa para comer no New Fortune Cookie em Queensway, em Londres. Minha desculpa era que eu queria pedir seus conselhos sobre algumas dificuldades que eu estava tendo com meu filho. Na qualidade de mãe, como eu devia entender um filho que estava passando pela puberdade? Como eu podia fazê-lo entender que a única dádiva incondicional na vida são o amor e o cuidado que uma pessoa recebe de sua família? Que minhas tentativas de corrigir seus erros eram realizadas com um coração aflito, e não na tentativa de rendê-lo à minha vontade?

"Você quer saber o que eu realmente acho, ou prefere uns princípios elevados?", Asa me perguntou por acaso, bebericando o vinho tinto francês que eu pedira para ela.

"O que quer dizer?", perguntei, na defensiva. Princípios elevados, pensei comigo, será que ela de fato achava que sabia mais do que eu? Fiquei inclinada a...

Mas Asa me enxergara claramente. "Acha que só porque apresentou um programa sobre questões femininas durante oito anos você sabe tudo sobre a vida? A vida muda; por que princípios não mudariam?"

Eu estava boquiaberta. Aquela jovem mulher diante de mim era mesmo Asa? Ela havia de fato "mudado de frequência", dessa vez. Suas palavras eram afiadas como uma navalha!

Asa olhou para mim. "Qual o problema? Vocês, pais, estão sempre fazendo tempestades em copos d'água."

Fiquei ainda mais atônita. Seria possível que a idade e a experiência não fossem mais levadas em consideração pelos nossos filhos, que diziam: "Você está fazendo uma tempestade em copo d'água"?

Asa me disparou um sorriso malicioso. "Está vendo, você não consegue lidar com a verdade, não é?" Seu sorriso me trouxe de volta do meu devaneio. Apesar do que ela dissera, ainda era um sorriso muito característico de Asa, unindo constrangimento e angústia.

"Eu aguento, eu aguento, continue. Prometo que vou fazer o possível para digerir o que você tem a dizer." Eu sabia que a verdade dela sobre o assunto era precisamente o que eu estava procurando.

"Nunca fui mãe; eu mal saí da puberdade", disse Asa, absorta na tarefa de abrir a caixinha dos seus pauzinhos. "Não se preocupe com seu filho, ele tem muito mais sorte do que a maioria de nós, filhos únicos! Ele teve muitas oportunidades e experiências, em casa e no mundo lá fora. Além disso, meninos são diferentes de meninas, eles abrem os olhos para o mundo mais tarde e amadurecem devagar. Seu filho já está se saindo muito bem. Li algumas das coisas que ele escreveu quando estava hospedada na casa de vocês e..."

"O quê? Você leu o diário do meu filho? Nem mesmo eu, mãe dele, vasculhei suas coisas para ler seu diário." Eu estava bastante brava, já que eu sempre acreditara em respeitar a privacidade dos outros, mesmo entre membros da mesma família.

"Xinran, você se ocidentalizou demais! Todos os pais chineses fuçam na vida dos filhos, depenando-os até o âmago. Filhos chineses são propriedade de seus pais, e sobretudo nós, filhos únicos, somos propriedade de todas as gerações antes de nós." Asa desenhou um pequeno círculo na mesa de jantar com um pauzinho, depois uma série de círculos em volta, construindo assim camadas de gerações.

Discordei. "Desculpe, Asa, mas nem todos os pais chineses pensam assim. Sempre acreditei que, seja da família ou não, homem ou mulher, velho ou jovem, todo mundo precisa ter seu próprio espaço. O respeito pelos outros começa na família. Quando criança, você formou suas ideias sobre o mundo externo a partir de refeições em família em torno da mesa da cozinha."

Ao ouvir aquelas palavras, uma faísca de dúvida cruzou o rosto de Asa e suas sobrancelhas tremeram por um segundo. "Em princípio é assim, mas na vida real as coisas são um pouco diferentes. De onde vem a proximidade entre membros de uma família? Vem de um profundo e mútuo entendimento. Amigos não são um pouco assim, também? Você entende muito mais sobre os amigos com quem divide o alojamento do que sobre aqueles que você vê na aula. Isso é porque conhece todo e qualquer detalhe da vida deles! Você, por exemplo: se eu não tivesse ficado em sua casa, vasculhado suas roupas, nunca teria descoberto que você é tão pouco adepta da moda como eu. De que outra forma eu saberia que temos gostos comuns em lingeries e acessórios?"

"O quê? Você vasculhou minhas roupas?", falei, franzindo o cenho com um desconforto crescente.

Asa apenas estranhou minha reação. "Quando me convidou para o seu apartamento, não disse que eu deveria tratar seu lar como se fosse meu? Isso significava que eu podia ir a qualquer parte que não estivesse trancada, certo?"

A eloquente justificativa de Asa me deixou sem palavras! Por muito tempo depois disso, cada vez que eu abria meu armário eu via outro par de mãos percorrendo minhas roupas íntimas. Não consegui descrever com palavras quão acuada e constrangida eu me senti.

Asa parecia completamente alheia à minha inquietação. Ela ergueu seu cálice de vinho e tomou um longo gole. "Vocês, pais, estão sempre aterrorizados com o que pode vir a acontecer. Nem todo mundo passa por uma puberdade infernal. No meu caso? Não sei. Talvez minha infância não tenha sido típica. Desde que eu era pequena minha vida foi regulada por meus pais, a todo momento, em todos os aspectos. Não perdi um só segundo em vinte anos. As transformações em curso no país, as mudanças de casa, as aprovações de ano na escola, até mesmo as alterações biológicas para mim eram apenas números diferentes do relógio. Só o que eu sabia era que, desde que eu acompanhasse o tique-taque do ponteiro dos segundos, meus pais ficariam felizes, eu não levaria nenhuma bronca dos meus professores nem seria provocada por meus colegas.

"Nunca cogitei que tipo de pessoa iria me querer quando eu crescesse. Nunca soube o que meus pais esperavam e sonhavam para mim além do estudo e da saúde. Eu nem sequer sabia que tinha direitos e oportunidades além de estudar, comer e dormir. Nunca vi TV em casa, já que era apenas para meus pais acompa-

nharem as notícias. Meu pai dizia que não havia razão para eu assistir ao noticiário, já que era tudo inventado e sensacionalista. Nunca saía à rua nas férias, já que meus pais pensavam que o mundo era cheio de sequestradores e golpistas. No Ano-Novo Chinês e em outras datas festivas visitávamos parentes, mas, como menina, esperavam que eu 'sentasse desse jeito e ficasse em pé daquele outro' — me mexer de forma agitada definitivamente estava fora de questão e era um sinal de má educação. Eu não entendia as brincadeiras dos meus colegas e não conseguia acompanhá-los nas conversas. Eu só podia brincar comigo mesma, escondida..."
"Brincar escondida? Será mesmo possível que seus pais não deixassem você brincar?" Eu sentia ondas de uma dor excruciante se chocarem contra o meu corpo à medida que ela falava. Desarmada por suas palavras, esqueci completamente minha irritação de alguns minutos antes.

Asa sorriu tímida de novo. "Bem, talvez eles pudessem ter prestado mais atenção. Mas, se soubessem, não teriam mais sido felizes."

Mais uma vez tapei a boca com a mão, desejando poder encobrir meus olhos, que se enchiam de lágrimas. Em prol do orgulho e da felicidade de seus pais, a jovem mulher diante de mim havia sacrificado a felicidade de sua infância, abandonado seus sonhos e até mesmo reprimido os impulsos da juventude. Eu me perguntei se a sua mãe tinha a mais pálida ideia disso tudo.

Nossa comida chegou, e, no entanto, não consegui engolir nada. Revirei o arroz com meus pauzinhos, lutando com um grão por vez. Eu não tinha como deixar de me perguntar se meu filho estava sofrendo em silêncio pelos cantos sem eu saber. De repente me lembrei de uma anotação do meu diário de uns anos antes.

6 de maio de 2000

Uma segunda-feira cheia. Comecei a trabalhar às 7h30. Falei para o meu filho, quando ele acordou: "Feliz aniversário, Panpan! Você gostaria de fazer algo especial hoje, como presente de aniversário?". É o primeiro aniversário dele na Grã-Bretanha. Ele me olhou por um momento, sem dizer nada. Então, numa voz baixinha, ele disse: "Mãe, não quero nada de aniversário. Só quero que você fique deitada comigo por alguns minutos. Pode ser?".

Congelei. Meu coração se comprimiu e lágrimas rolaram pelo meu rosto. Eu me deitei ao seu lado e coloquei meus braços em volta do meu menino. Nenhum de nós disse uma palavra.

Deitada ali, com meu filho, fui de repente transportada para doze anos antes. Quando eu estava grávida de Panpan, eu sonhava em criá-lo com minha paixão por música, embora eu mesma não soubesse tocar nada. Em introduzi-lo à arte, embora eu nunca tivesse tido sucesso em pintar coisa alguma. Em ensinar-lhe a poesia que eu lera, embora eu tivesse escrito meus próprios poemas desde a adolescência. Eu sonhava em brincar com ele e preparar suas três refeições diárias. Levá-lo para ver o mundo, desde os mercados de hortifrúti locais até os climas distantes. Apanhar folhas caídas de árvores, experimentar variados tipos de comida, passear por diferentes culturas. Meu menino tem de viver no palco do mundo, não apenas num canto dele. Eu sonhava, sonhava todos os dias. Comprei quatro dicionários de chinês e um de inglês para procurar nomes de criança. O primeiro nome que escolhi foi Yibo (翌博) — *yi* significa "asas emplumadas prontas para voar"; *bo* significa "adquirir conhecimento rico e profundo sobre a vida" —; com asas emplumadas, ele pode voar com um conhecimento profundo e rico sobre a vida. Mas eu também queria lhe dar um nome inglês, já que minha família tem tantos laços no exterior. O chinês é uma língua muito rica, com mais de 18 mil ideogramas que sobrevivem até hoje, e o inglês tem todas as combinações de 26 letras. Eu queria que o nome do meu filho transmitisse uma imagem e um vigor intensos em ambas as línguas. "Panpan" tem muito significado em ideogramas chineses, simbolizando esperança, observação, expectativa e desejos. Em inglês, conforme descobri pelo dicionário, significa semi-humano, semidivino. É isso o que sinto quando vejo meu filho.

Quando ouvi o primeiro choro de Panpan, às 2h16 no dia 6 de maio de 1988, prometi ao meu menino que dedicaria minha existência a lhe dar uma vida feliz.

Estou trabalhando dia e noite, como qualquer mãe chinesa faria. Estou dando duro para construir um futuro melhor para ele. Porém, nunca me ocorreu que o que ele realmente precisasse enquanto cresce é que eu seja uma mãe para ele. Uma mãe que possa passar um tempo com ele. Ele anseia por isso tanto quanto ansiava por leite e por sono, quando bebê.

Ali deitada com Panpan no seu primeiro aniversário na Grã-Bretanha, eu me dei conta de que eu já havia perdido muito da infância do meu filho. Será que era assim tão diferente de como a minha mãe perdera tanto da minha infância?

Quando criança, eu achava que era órfã, porque a minha mãe me proporcionava uma vida, mas não tinha tempo de me amar, ou talvez ela nunca tenha pensado que devesse ficar comigo. Dos anos 1950 aos anos 1970, minha mãe, como a maioria das mulheres chinesas da época, seguiu o chamado do Partido Comunista. Esperava-se que todo mundo pusesse suas "vidas em ordem", o que significava colocar o partido em primeiro lugar; a maternidade, em segundo; e ajudar os outros, em terceiro. Qualquer pessoa que demonstrasse cuidado com a família e com os filhos era considerada capitalista e podia ser punida. No mínimo seria menosprezada por todo mundo, incluindo sua própria família. Quando eu tinha um mês de vida, fui mandada para viver com minhas avós em Nanjing e Beijing. Como milhões de crianças chinesas, cresci sem minha mãe, durante todo aquele período comunista. Suas importantes carreiras como mulheres liberadas e a vitimização da Revolução

Cultural as mantinham afastadas dos filhos. Mais tarde, por inúmeras razões, moramos em cidades, países e fusos horários diferentes.

Ainda sinto falta da minha mãe durante o dia, quando converso com a minha família, quando escrevo ou quando estou pelo mundo em turnê de lançamento de um livro. À noite, frequentemente sonho que sou uma menininha mais uma vez, com uma mão segurando a boneca que foi levada pela Guarda Vermelha no primeiro dia em que a Revolução Cultural chegou à minha cidade, a outra segurando dois dedos da minha mãe. Nos meus sonhos, ela está usando o vestido de seda roxo que usava quando, aos cinco anos, a vi pela primeira vez. Minha avó me levou até a estação de trem para encontrá-la durante uma viagem de trabalho. "Esta é a sua mãe. Você deve chamá-la de 'mamãe', e não de 'tia'", minha avó me corrigiu, profundamente constrangida. De olhos pasmos e em silêncio, encarei a mulher de vestido roxo. Seus olhos se encheram de lágrimas, mas ela contorceu o rosto num sorriso triste, cansado. Minha avó não me incitou mais, enquanto as duas mulheres continuavam imóveis uma diante da outra.

Essa lembrança em particular tem me assombrado há muitos anos. Senti a dor dela mais fortemente depois de me tornar mãe, e depois de viver a ligação atávica, inescapável, entre mãe e filho. O que a minha mãe teria dito diante da filha chamando-a de "tia"?

Por que duas gerações de mães chinesas, em tempos políticos e sociais diferentes, cometeram os mesmos erros? Por que fui incapaz de ser a mãe que meu filho Panpan queria e precisava? São os mesmos anseios e necessidades que eu tinha por minha própria mãe.

Passei o resto daquele dia com Panpan, e tantos quanto possível, depois disso. Diminuí minhas muitas horas de trabalho para passar mais tempo, viajar e brincar mais com ele. Mas não demorou muito até ele se tornar um adolescente ocidentalizado, com suas próprias ideias e independente da mãe. Agora ele está crescido, e é chinês ao mesmo tempo que inglês. Sabe cozinhar comida chinesa para mim como um homem chinês, e sabe me ajudar com meu inglês e com computadores feito um ocidental. Conversamos sobre a vida e a política internacional como amigos, mas ainda sinto falta do meu bebezinho. Eu me pergunto se ele também sente falta dos dias em que suas minúsculas mãos se agarravam aos meus dedos.

Certa vez perguntei à minha mãe quanto ela achava que Panpan demorara para se dar conta de que queria de aniversário apenas ficar com a sua mãe.

"Você acha que ele demorou doze anos? Xinran, ele tem pedido isso a você desde o dia em que nasceu", ela disse, em voz baixa.

Meu coração quase parou.

"Vamos lá, coma, o que está olhando?" Era Asa, que me trazia de volta das profundezas das minhas dolorosas memórias. "Não desperdice suas lágrimas por mim. Na verdade tenho uma vida muito boa. Depois da universidade continuei estudando computação e passei todos os dias na internet, durante três anos! Eu me diverti bastante com as notícias e os jogos on-line. Não vou mentir para você, vi toneladas de coisas sacanas do mundo inteiro na internet, incluindo homens e mulheres dando prazer um ao outro; eu só não queria ter que lidar com pessoas de verdade. Hahaha, vamos, coma!" Asa me incentivava, de um jeito briguento.

"Você odeia os seus pais?" Eu não pude evitar de fazer-lhe essa pergunta.

"Por que eu os odiaria? Eles me puseram no mundo, passaram vinte anos me criando e ainda estão pagando meus estudos no exterior. Que razão eu teria para odiá-los?" Asa olhava atônita para seus pauzinhos ao falar.

"Então você liga ou escreve para eles com regularidade?", perguntei, cautelosa.

"Acho que você sabe exatamente a resposta a essa pergunta, então, por que perguntar? Minha mãe procurou você?" Asa continuou comendo e bebendo seu vinho, ao que parecia insensível ao que quer que sua mãe tivesse me dito. Porém, menos de um minuto depois, ela ficou de repente muito emotiva. "Pense, Xinran; vivi seguindo as regras deles sem nenhum sentimento ou desejo, colocando todos os pingos nos 'i's e cortando cada 't', por 22 anos. Quando era criança, não entendia as coisas, então aprendi a ser tolerante, e mais tarde tudo se tornou uma prisão. Nunca reclamei de nada, para que ficassem felizes; essa foi minha maneira de compensar a dívida de gratidão que eu tinha com eles por me criarem. Eu me pergunto se alguma vez lhes ocorreu que eu cresceria e sairia daquela vida automática para me tornar uma pessoa real, de carne e osso, com alegrias e tristezas próprias... Eles nunca pareceram se preocupar com a possibilidade de eu ser física ou mentalmente incapaz. Muitas vezes me pergunto sobre isso, pois pareço ter medo de tudo, de ver gente, de fazer coisas, de qualquer coisa nova.

"Depois que saí da China, decidi me lançar alguns desafios. Forcei-me a aprender experimentando as coisas amargas e difíceis da vida. Fui ao país que mais me dava medo, o Nepal, por causa das fotos daquela pobreza toda que me causaram pesadelos. Depois que cheguei à Inglaterra, passei uma semana rodando a pé por Londres, porque eu estava com medo de que as pessoas fossem rir de mim por não conhecer a cidade onde eu vivia. Eu me forçava a comprar comida que nunca antes havia experimentado; duas vezes acabei comendo comida enlatada de gato por engano! Eu temia que os ocidentais caçoassem da minha ignorância sobre a comida. Eu ia a bares três vezes por semana, para me forçar a enfrentar meu medo de homens. Eu pensava que, se algum homem era legal comigo, era bem provável que estivesse armando alguma coisa. Eu não queria acabar na prateleira como um tipo de mercadoria numa liquidação, mas queria ainda menos que as pessoas pensassem que eu era desprovida das 'sete emoções e seis desejos'.* Eu não estava me rebelando, estava fugindo! Fugindo da prisão do filho único. Mas acha que ousei falar dessas experiências aos meus pais? Não acha que seria a morte para eles? Se eu lhes pedisse permissão e lhes relatasse tudo, será que ainda seriam capazes de prosseguir com a vida deles? Não me importo de eles pensarem que não tenho coração, preferiria isso a que vivessem com medo. Ninguém deveria viver com medo..." Asa inconscientemente apanhou os restos de sua comida com os pauzinhos; ela estava ofegante.

Observei Asa com atenção. O que eu podia dizer? Eu não tinha palavras, pois elas se empilhavam aos milhares como um congestionamento na minha garganta. Que moça irremediavelmente batalhadora, desesperada e, no entanto, gentil e esforçada! Asa e eu criamos um vínculo naquele dia, diante daqueles quatro pratos e daquela garrafa de vinho. Eu não sentia mais que estava acenando para ela em silêncio da margem oposta do rio. Eu esperava ser capaz de ensinar a Asa que famílias precisam se comunicar, que seus velhos pais ansiavam pelo conforto representado pela presença e pela confiança em sua filha nos anos que lhes restavam. Eu esperava que ela entendesse que a mesma força que corria em suas veias, permitindo-lhe vencer seus medos, também corria pelas de seus pais.

Na primavera do segundo ano de Asa como voluntária da MBL, nós a mandamos ao sul da Inglaterra para ajudar um grupo de pais que haviam adotado meninas chinesas. Uma semana depois, ouvimos atentamente seu relato no escritório. Quando

---

* As "sete emoções e os seis desejos", *qiqingliuyu* (七情六欲), representam os sentimentos inescapáveis da condição humana: felicidade, raiva, tristeza, medo, amor, ódio e ânsia, além dos desejos da carne. (N. A.)

Asa e eu enfim ficamos a sós, ela de repente olhou para mim, o rosto tomado de emoção. "Xinran, finalmente entendi o que fez você fundar a Mothers' Bridge of Love. Enquanto estava com aquelas famílias, pude sentir seu desamparo. Eram tão amorosas com suas novas filhas chinesas, conversando sobre o dia durante as refeições, lendo-lhes histórias na hora de dormir. Pareciam tão cultas, com suas carreiras de sucesso, e, no entanto, têm tão pouco entendimento sobre o país de suas filhas adotivas. Não sabem como responder às perguntas delas. Nunca vi nada assim. A China é tão pouco compreendida no mundo, há tantas meninas chinesas que nem sequer falam chinês! Os pais me perguntavam: 'Por que as mães chinesas delas não as quiseram?'. Eu olhava bem dentro dos seus olhos ansiosos, querendo de fato lhes dar uma resposta. Sou chinesa, mas de fato eu não sabia dizer por que as mães das meninas as rejeitaram. Espero que possamos passar mais tempo ajudando esses pais a encontrar respostas. As meninas sentem muita, mas muita falta de suas mães verdadeiras e passam o tempo todo tentando imaginá-las. Presumo o quanto suas mães não devem pensar nelas. Você acha que há uma conexão especial entre mães e filhas que transcenda espaço, tempo e cultura?"

Asa caiu em prantos. Foi a primeira vez em que não a vi tentar esconder suas emoções.

Eu a abracei. "Sim, de todas as coisas do mundo, o amor de uma mãe é o único que é universal. Força e apoio têm seus limites, mas todos nós estamos nos esforçando ao máximo, um pouquinho de cada vez, como "O velho tolo que moveu as montanhas".*

---

* "O velho tolo que moveu as montanhas" é uma história do filósofo Liezi (列子) sobre um velho que não tinha medo de ser considerado um tolo pelos sábios. Ele não tinha medo de dar duro e persistiu em sua luta para remover duas montanhas da frente de sua casa. Fez a própria família cavar as montanhas, sem

Um dia, mais cedo ou mais tarde, mais pessoas vão pensar e sentir como nós. Quando esse dia chegar, nós, pequenas gotinhas de água, vamos nos juntar em correntes, rios, lagos e oceanos. As pessoas vão começar a compreender e a querer ajudar essas meninas chinesas. Obrigada, Asa!"

Asa trabalhou no Reino Unido por mais dois anos depois de completar seus estudos, então emigrou para a Austrália em 2010, onde encontrou um emprego pesquisando sobre a cultura chinesa do Sudeste Asiático. Em 2011, fiquei agradavelmente surpresa de receber um e-mail de sua mãe. Ela me desejava um feliz Ano-Novo Chinês e me informou que toda a família estava se mudando para a Austrália para ficar próxima de Asa. Sua filha ainda era o único sol em seu sistema solar. Eles estavam seguindo a caixa de luz que garantia energia à sua casa. Talvez uma coisa dessas só pudesse ocorrer numa família chinesa com filho único.

Seu e-mail veio com um anexo:

Minha filha, por favor, leia essas palavras.

Um dia, ao me ver envelhecer, quando eu me tornar desajeitada, quando minha saúde começar a falhar, por favor, seja paciente, tente me entender e ser solidária...

Quando eu babar comida em torno da boca, ou quando eu não puder mais me vestir sozinha, por favor, não ria de mim, tenha um pouco de paciência e pense em quanto sangue, suor e lágrimas sua mãe verteu ensinando a você essas mesmíssimas coisas...

Quando você e eu estivermos conversando e eu de repente esquecer o que estava prestes a dizer, por favor, me dê um pouco de tempo. Se eu realmente não lembrar, não se irrite, porque para

---

parar, até que o Senhor dos Céus se compadeceu e enviou dois generais divinos para movê-las dali. (N. A.)

a sua velha mãe a coisa mais importante não é falar, mas estar com a sua filha.

Quando eu sair e esquecer o caminho de volta para casa, por favor, não fique brava, mas me conduza de volta ao lar devagar. Lembre-se de que quando você era pequena mamãe esperava ansiosamente por você junto ao portão da escola todos os dias...

Quando minhas pernas começarem a falhar, por favor, me empreste um braço de apoio. Exatamente como eu a apoiava enquanto você dava os primeiros passos da sua vida...

Quando um dia eu lhe disser que não quero mais continuar vivendo, por favor, não fique brava. Um dia você vai saber que os dias passados com um pé na cova são dolorosos e difíceis de suportar...

Minha querida filha, ao longo de seu crescimento eu sempre fiz o melhor que pude e lhe dei o melhor de tudo. Era tudo novo para mim, e a mãe de um filho único não tem segunda chance. Sei que errei em muitas coisas, mas, por favor, não fique brava nem me culpe demais. Ninguém nasce sendo mãe, todas nós aprendemos enquanto tropeçamos vida afora. Por favor, fique ao meu lado e me conte sobre sua perda e seu desapontamento com calma e com um temperamento controlado, como nos primeiros dias quando a ajudei a explorar a vida...

Minha filha, dê uma mãozinha à sua mãe, e com seu amor e paciência caminhe comigo na minha estrada da vida até que ela chegue ao fim. Vou lhe agradecer com sorrisos eternos e um amor que nunca mudou, mesmo após todos os dias e todas as noites de sua vida.

Eu te amo, minha filha única! Um dia olharemos para trás, para as coisas que não conseguimos fazer uma pela outra, e elas vão doer como marteladas em nosso coração e em nossas lembranças. Viver é uma dádiva, uma oportunidade enviada pelos céus para amar uns aos outros com todo o carinho.

Quando você chorava em seus cueiros, meu amor era um abraço cálido. Quando você falava suas primeiras palavras, meu amor lhe ensinou e a guiou de forma paciente. Quando você estava viajando bem longe de casa e quando venceu obstáculos, meu amor foram as lágrimas escorrendo pelo meu rosto. Quando você ficou acamada, meu amor foi um par de olhos cansados e injetados. Quando você sucumbiu a hábitos ruins, meu amor foi acolhedor com advertências e conselhos sinceros. Quando você se recusou a ouvir minhas palavras, meu amor foi o sal curativo polvilhado sobre as suas feridas e sobre a dor de seu coração...

Perguntei à mãe de Asa se ela esperava que eu encaminhasse o anexo dela para a sua filha.

Ela me escreveu de volta dizendo que fora Asa quem o copiara da internet, editara e mandara para ela. Quem sabe Asa quisesse usar isso como uma chave para abrir a porta entre ela e os pais?

Pensei retrospectivamente nas palavras dela: "Eu não estava me rebelando, estava fugindo! Fugindo da prisão do filho único". Será que Panpan também estava fugindo? Não ousei ir além nesse pensamento.

Como você vê o caso Yao Jiaxin? Por que a sociedade chinesa está debatendo sobre ele (um homem pós-anos 1980) de forma tão feroz?

Pesquisas recentes e mais aprofundadas demonstraram que a vítima havia até certo ponto sido sequestrada pelos extremos da opinião pública. Porém, muitos aspectos do caso não são assim tão ruins quanto parecem. A histórica falta de justiça na sociedade chinesa criou uma tendência de compensar em excesso ao julgar erros, e isso se reflete no sistema de justiça. Se reconstituirmos o caso até a raiz, veremos que ele reflete uma falta de integridade moral na sociedade. Não acho que o fato de Yao Jiaxin ser filho único afete de forma crucial o caso.

4. Lírio

Muitas famílias chinesas sentem que perderam o rumo em meio ao esforço descomunal do país para se transformar e modernizar, e cresce o número das que estão se voltando a "curas" milagrosas do Ocidente ou aos ensinamentos de seus ancestrais. Em 2009, estourou um grande debate sobre o *Dizigui*, um dos grandes clássicos chineses sobre educação. Representa milhares de anos de civilização, e sobreviveu à poeira e ao entulho de centenas de anos de caos e guerra. Se Confúcio é a base da cultura chinesa han, então o *Dizigui* equivale aos "Dez Mandamentos" da educação.* Foi compilado por Li Yuxiu a partir dos escritos de Confúcio durante o reinado do imperador Kangxi, perto do final do século XVII e início do século XVIII, e consiste em uma lista de aforismos educacionais. Em primeiríssimo lugar estão a piedade filial para com os pais e o amor pelos irmãos, seguido pela necessidade de autocontrole e de manter a própria palavra; depois vêm a justiça, o altruísmo, a unidade familiar e saber escolher amigos

* Ver Apêndice II: O *Dizigui*. (N. A.)

virtuosos. Enfatiza a necessidade de estudar as seis tradicionais artes do ritual, da música, do tiro com arco, da equitação, da caligrafia e da lógica, e estabelece que uma pessoa só pode ser considerada educada graças ao estudo exaustivo dos clássicos chineses. O debate que se deu na sociedade centrou-se na relevância do *Dizigui* em uma época moderna e globalizada. Ele pode e deve ser ensinado às crianças hoje em dia? Deveria ser preservado como parte do patrimônio cultural da humanidade?

Aqueles a favor do *Dizigui* incluíam o professor Qian Wenzhong, da Universidade Fudan de Shanghai. Ele sustentava que, enquanto muitas pessoas hoje em dia consideram o *Dizigui* antiquado e alusivo aos tempos feudais, é impossível superestimar seu real valor. Apesar de antigo, lida com problemas muito atuais, como a felicidade, a educação das crianças e como ser um bom cidadão. Poderia voltar a ser a pedra fundamental para a nação e trazer uma influência civilizadora para a família e para a sociedade. Deveríamos tratar a cultura tradicional com a gratidão e o respeito que ela merece, e fazer uso de seus ensinamentos de piedade e moralidade filial para criar uma sociedade mais feliz. Essa felicidade deveria se originar do reconhecimento do nosso atual nível de civilização e de darmos aos nossos filhos uma educação de primeiro nível.

Aqueles que se opunham ao *Dizigui* sustentavam que a cultura tradicional é misteriosa, mórbida e sombria, enquanto a cultura moderna é aberta, saudável e brilhante. Muitos chineses foram influenciados por ideias materialistas ocidentais como "a matéria determina o espírito", "a existência determina a consciência" e "a economia é o sustentáculo do crescimento". Eles creem que a felicidade esteja ligada exclusivamente a um PIB crescente e à riqueza material.

Eu pessoalmente apoio aqueles que são a favor dos *Dizigui*, porque, não importa o que venha a acontecer no futuro ou no nosso meio, se continuarmos a viver em uma época sem virtude e em uma sociedade que esqueceu suas raízes culturais, as pessoas vão perder sua própria cultura, e a diversidade regional vai desaparecer. Elas serão como flores em exposição, vivendo uma espécie de recorte de vida suportada provisoriamente por nutrientes, mas incapazes de viver por muito tempo em solo próprio.

Mas será que para os filhos únicos cujas famílias acreditavam no *Dizigui*, ele agiu como um amuleto para afastar o mal? As experiências de Lírio e sua colega de sala de aula podem fornecer uma resposta.

Meu marido, Toby, que é agente literário, passou muitos anos sondando a tradução e a publicação de livros para diferentes línguas. Seu trabalho o levou a muitos países onde se falam línguas que não o inglês, e o pôs em contato com muitos autores e professores de literatura. Quase todos os anos ele vai a dois eventos do mercado editorial na China — a semeadura da primavera e a colheita do outono — e ao longo dos anos trabalhou como agente de muitos escritores chineses. Num certo verão no final dos anos 1990, ele foi convidado a viajar a Shanghai e, enquanto passeava com calma no recém-construído Museu de Shanghai, perguntou a um membro da jovem equipe onde poderia conferir a vida e a religião tradicional em Shanghai e em Beijing. Para sua surpresa, a jovem universitária mostrou-lhe demoradamente as velhas casas tradicionais da cidade que ainda sobreviviam em vielas estreitas, entre arranha-céus. Ela também lhe deu alguma informação sobre locais religiosos em Beijing, incluindo o templo budista tibetano Yonghegong, o lago budista Shichahai Han e as Oito Grandes Construções das dinastias Ming e Qing.

Quando Toby me contou sobre essa jovem, tive dificuldade de acreditar que, em meio ao fanatismo pelos jogos de computador (os games on-line ainda não haviam decolado) e pelas comidas fast-food que estava se espalhando como fogo descontrolado pela sociedade, ainda havia uma jovem que se importasse com a história e com a cultura tradicional. Principalmente porque tudo estava sendo varrido em meio ao entusiasmo pela modernização.

Fiquei com vontade de conhecer essa jovem extraordinária, e não tardou para que meu desejo se realizasse. Lírio era uma estudante de arquitetura que se especializava em arte urbana em uma universidade de Shanghai. Ela passava suas férias trabalhando meio período como intérprete no Museu de Shanghai, pelo qual se apaixonara quando menina. Por causa de nossos interesses em comum, Lírio e eu logo nos tornamos boas amigas. Mais tarde descobrimos um vínculo entre as nossas famílias e restabelecemos um elo que estivera quebrado desde a Revolução Cultural.

Lírio era uma jovem incomum, de bela aparência, apreciadora de arte e dona de uma impressionante formação. Porém, mais tarde ela me contou que só estudava arquitetura porque não fora aceita pelo serviço militar. Lírio parecia desgostosa com isso, já que era claro que se inspirara no Exército por muitos anos. Ela mostrava um enorme autocontrole e instintivamente respeitava os outros. Vestia-se com uma simplicidade e uma elegância militares, e exibia uma linguagem corporal muito precisa. Quase nunca fazia gestos exagerados, mesmo sob forte emoção. Supus que seu estilo, em geral, se originava de sua família, que fazia parte da aristocracia militar, tendo ocupado altos postos nas Forças Armadas por várias gerações.

Há uma classe específica na sociedade chinesa conhecida como "interna ao complexo familiar". O complexo familiar é o Exército. As academias militares chinesas foram os únicos lugares que mantiveram educação e disciplina normais durante a Revolução Cultural. Os militares são uma das principais balizas da nação e até hoje gozam de tratamento privilegiado. Crianças que crescessem nesses complexos vigiados nunca ficariam sem comida ou roupa nos tempos difíceis. Nunca havia preocupação quanto a escolher a escola certa. Acomodação, vida, vestimentas, até mesmo datas festivas eram estabelecidas de acordo com o calendário militar. Porém, também havia pouca oportunidade para expressão individual. Na vasta maioria, os jovens desses complexos recebiam uma educação de primeira linha e eram, comparativamente, zelosos pelo bem comum. Tendem a ser muito determinados, não temer dificuldades e ter um forte senso de responsabilidade, embora os grandes complexos residenciais também produzam seu quinhão de desencaminhados. De início, pensei que o autocontrole inato de Lírio se devesse à criação num desses complexos. Porém, assim que conheci sua mãe, eu me dei conta da verdadeira fonte de sua força.

A mãe de Lírio me disse: "Meu marido e eu viemos de uma longa linhagem de acadêmicos. Embora nossas famílias tenham ficado absortas em carreiras militares e na construção de academias nas duas últimas gerações, nossos pais nos deram uma educação tradicional. Até mesmo no auge da Revolução Cultural, meu pai fazia com que eu e as minhas irmãs recitássemos o *Clássico dos três caracteres** e o *Dizigui*. Meu pai, que era professor de matemática em uma academia militar, me dizia que os três clássicos educacionais chineses — o *I Ching*, o *Clássico dos três caracteres* e o *Dizigui* — são a "matemática, física e química" da China. Uma vez que os aprende, você pode enfrentar qualquer situação no mundo sem medo. Logo depois fomos mandados para uma área montanhosa e paupérrima da província de Jiangxi. Muitas famílias similares foram mandadas para lá conosco e passaram quase que dez anos lamentando o próprio destino. Mas meus pais nos fizeram memorizar os clássicos e ler livros, procurar diferen-

---

* O *Clássico dos três caracteres*, *sanzijing* (三字經), que teria sido escrito no século XIII, é uma cartilha exemplar para ensinar às crianças a base do pensamento confuciano. (N. A.)

tes tipos de ervas e insetos, e colher vegetais silvestres. Acho que não tive um só dia de tédio naqueles dez anos!

"As coisas melhoraram depois que voltamos à cidade e à civilização. Éramos mendigos comparados às outras famílias, mas tínhamos a vantagem da filosofia antiga. Nunca reclamávamos ou ficávamos chateados por 'não ter'. Mais tarde, quando eu estava procurando um marido, a questão principal era saber se ele conhecia o *Clássico dos três caracteres* e o *Dizigui*. Pode parecer estranho agora, mas, na China dos anos 1980, havia apenas dois tipos de pessoas: as que corriam atrás do poder político e as que corriam atrás de dinheiro. Quando eu dizia que queria me casar com um homem que conhecesse os clássicos, todo mundo sempre pensava que eu tinha algum problema! Felizmente, a família do meu marido havia sobrevivido à Revolução Cultural também, então nos acertamos muito rápido.

"Depois que a nossa filha nasceu, nos revezávamos para ler para ela o *Clássico dos três caracteres* e o *Dizigui*. Meu marido achava o *I Ching* difícil demais para ser lido para ela de uma só vez e que só poderia ser aprendido ao longo de uma vida inteira. Quando Lírio tinha apenas três anos, começou a decorar o *Dizigui*, um caractere por vez. Lembro que, um dia, não muito depois de começar na escola primária, ela voltou para casa e disse, contrariada, que nenhum de seus colegas havia ouvido falar do *Dizigui* e que sua professora havia dito que era um texto velho e sem serventia. Ela nos perguntou por que tivera de decorar um texto que ninguém conhecia ou considerava. Eu não sabia o que lhe responder, mas meu marido logo argumentou que o *Dizigui* é útil para ingressar nas melhores universidades. Anos depois, Lírio de fato entrou em uma das melhores universidades chinesas."

Quando a mãe de Lírio me contou essa história, sua filha estava prestes a terminar o curso. Sua mãe e eu combinamos que algum tempo depois de sua formatura Lírio viveria conosco em

Londres por dois meses. O objetivo era ampliar seus horizontes, dar-lhe uma amostra da civilização europeia e ensinar-lhe sobre o mundo que havia fora do *Dizigui* e das politizadas salas de aula da China. Lírio se formou na universidade em 2003 e logo viu sua vida acadêmica centrada no *Dizigui* desfazer-se de encontro ao atropelo e ao alvoroço da vida urbana chinesa. Mas essa colisão de mundos a amedrontou e feriu. Ela não compreendia. A insaciável besta capitalista chinesa estava engolindo, desimpedida, a arquitetura tradicional da cidade. Ninguém falava a respeito, as políticas de desenvolvimento estavam caóticas, e os oficiais pareciam dominados por disputas por pequenos poderes. Sua família e sua educação universitária a haviam levado a crer que seu conhecimento seria respeitado e que suas ideias seriam bem-vindas, sobretudo à medida que o país passava por grandes reformas. Porém, logo que começou a trabalhar, descobriu a dura realidade. Ela bem podia ser uma peça sobressalente em uma linha de produção anacrônica, onde aqueles que se acomodavam ao fluxo floresciam e aqueles que iam contra o fluxo fracassavam, ou mesmo só mais um instrumento obsoleto na barbárie da modernidade, com quem ninguém se importaria. De todo modo, ela precisaria de muita paciência para aguardar uma oportunidade em um sistema hierárquico inchado, em que promoções eram baseadas no tempo de serviço. Três anos se passaram, e os planos frágeis que ela trazia junto ao peito foram aos poucos pisoteados pela realidade, até ficarem apagados e amarelados.

No outono de 2006, Lírio trouxe seu machucado coração para Londres. Eu a levei para ver muitos prédios, incluindo a mistura de construções modernas e góticas que se aglomeravam como vizinhos ao longo das margens do Tâmisa. Lírio ficou extasiada com o Royal Albert Hall, o Queen Elizabeth Hall, o National Theatre e o London Television Centre, com todas aquelas linhas geométricas e aquelas formas desordenadas. Contudo, ela ficou aturdida por vários prédios que não pareciam nem uma coisa, nem outra, em termos de continuidade histórica. "Como é que ninguém reparou que o design deste grupo de prédios danifica a paisagem artística de séculos acumulados em ambos os lados do Tâmisa?", ela perguntava, incrédula.

Nos três meses que Lírio passou explorando a Grã-Bretanha e a Europa, mais de metade do meu tempo foi gasta ouvindo suas opiniões rigorosas. "Usar uma luz assim tão forte na exposição vai arruinar a apreciação das pessoas e danificar o precioso artefato. Está errado. Por que ninguém corrigiu? Essa reforma estragou o estilo original do prédio, por que tantas gerações negligenciaram isso? A arte é como as quatro estações, com elementos de design que são como coisas vivas. Assim como o tigre é encontrado na Ásia, ou o leão na África, como é que podem simplesmente trocar coisas sem prestar atenção no entorno? Isso não é arte, é brincar com as técnicas!" E assim ela continuava, sem parar...

O conceito que Lírio tinha de bom e de mau era tão rígido quanto concreto armado. Muitas pessoas acham que essa mentalidade maniqueísta chinesa se deve aos últimos cem anos repletos de grandes turbulências. Durante esse período, tudo se reduzia a bom ou mau, preto ou branco, desprezando as nuances ou os tons de cinza encontráveis nas pinturas chinesas antigas. Mas acho que isso é só parte da questão. Também tem a ver com a maneira como as pessoas entendem cultura e civilização e como, na sociedade moderna, o limite entre esses dois mundos se tornou cada vez menos nítido. Na verdade, cultura e civilização são coisas distintas. Cada pedacinho de terra desenvolve sua própria cultura, mas a civilização só surge quando aprendemos a entender, respeitar e fazer uso da cultura. Porém, na China do século XXI, destruir a civilização tradicional por meio de novos modelos educacionais é uma tendência à qual nos acostumamos e que não mais percebemos como estranha.

A fim de testar algo de que eu ouvira falar na China, convidei Lírio e mais duas estudantes chinesas para tomar um chá da tarde. Uma era da Universidade de Beijing, e a outra, da Universidade Fudan de Shanghai. Contei-lhes sobre uma pesquisa feita pela Beijing Union University em 2002 que muito me havia surpreendido. Um grupo de alunas de segundo ano não fazia ideia de que parte do corpo nasciam os bebês. Algumas disseram que os bebês saíam pela axila, outras, do umbigo, e houve até quem dissesse que nasciam da cabeça! Perguntaram às estudantes de onde tiravam isso. Uma disse: "Bem, as mulheres não enfaixam a cabeça quando têm um bebê?". É verdade, pensei, as mulheres do interior acreditam que devem se enfaixar para se aquecer e evitar vento e água depois de dar à luz, para se prevenir contra artrite e dores de cabeça. Uma segunda estudante disse: "Você não ouviu falar do umbigo? As crianças nascem dele, e então o cordão umbilical é cortado". Outra disse: "Ouvi dizer que os bebês saem por aquele lugar onde as mulheres têm pelos, certo?".

Perguntei às três garotas à minha frente se elas acreditavam nisso.

A garota da Universidade de Beijing respondeu: "O que tem de tão estranho nisso? Quando estávamos na universidade, tudo o que sabíamos sobre sexo fora aprendido com colegas do interior que, por sua vez, se instruíram observando os animais da fazenda! As famílias da cidade tendem a ser mais pudicas, e nunca falavam sobre sexo em casa. Alunos de cidadezinhas pequenas fingiam entender, mas na verdade não sabiam nada. Mas tinham mais liberdade para falar sobre isso e tinham um pouco mais de experiência do que nós, garotas da cidade grande. Era diferente naquela época. Agora você pode assistir a tudo secretamente na internet, mas naquele tempo tínhamos que esperar até que as luzes se apagassem para falar sobre homens e mulheres".

A garota da Universidade Fudan disse: "Estávamos todos no

mesmo bote. Em casa não tínhamos irmãs para nos transmitir 'os achados da experiência'. Longe de casa, éramos doutrinados por outros membros da família e professores, e havia dez deles para cada um de nós. Além de lição de casa, tudo o que tínhamos eram aspirações diurnas e loucos devaneios noturnos. Ainda assim, acho que falar sobre essas coisas é tolice. Se você quer saber sobre homens e sobre ter bebês, deveria ir e experimentar você mesma!".

"Experimentar? Tem certeza de que é o tipo de coisa que se pode experimentar?", perguntou Lírio, os olhos enormes. "Xinran, você experimentou? O que você acha?"

"Eu? Ah, eu era espantosamente ignorante, desabrochei muito tarde", disse. "Na minha época, só de falar sobre sexo, uma pessoa podia acabar na prisão. Uma vez li um livro chamado *Faróis na pastagem*, que tinha uma passagem sobre o amor. 'Eles se sentaram de ombros unidos sob o luar, de mãos dadas... No ano seguinte, tiveram um bebê menino muito gorducho.' Quando eu tinha 22 anos, nosso instrutor político quis ficar de mãos dadas comigo ao lado da fogueira do acampamento. Fiquei muito assustada e brava e imediatamente recusei. Achei que ele estava me assediando sexualmente, querendo me engravidar de forma ilícita! Sou da geração mais velha e ainda tenho dificuldade de aceitar as ideias de 'experiência' de vocês. Mesmo depois de me casar, muitas vezes eu ainda não sabia o que fazer. Crescemos todos em um deserto sexual."

A garota da Universidade Fudan era oriunda de Shanghai, a cidade mais moderna da China, e isso ficava aparente em seu jeito direto. "Experimentar é passar a conhecer homens, ter contato com eles. Não há nada com que se preocupar; não se fica grávida de tocar e acariciar."

A estudante de Beijing foi igualmente direta. "Para as famílias modernas não é fundamental um homem e uma mulher para ter um bebê. Só o que você precisa é encontrar um rapaz bonito, ter um filho e viver sozinha. Não é melhor assim?"

De repente percebi que a expressão de Lírio mudara. Ela estava olhando para baixo e parecia estranhamente reservada. Seus olhos estavam fixos em suas mãos, as quais torcia de maneira nervosa. Eu queria enquadrar tudo em algum tipo de contexto histórico que ela pudesse entender, então falei: "Quando a sociedade era majoritariamente agrária, as regras chinesas quanto a sexo eram muito cruéis. De princesas e nobres a camponeses, se uma moça fosse tocada por um homem fora do casamento, isso significaria o fim da sua vida tal como ela a conhecia, e ela seria rotulada de 'mercadoria estragada'. Os prazeres do sexo eram reservados aos homens: imperador, reis, generais e ministros. Muitas mulheres nunca experimentaram um só momento de prazer com sexo na vida inteira, e viam a si mesmas como gado sacrifical...".

De súbito, Lírio se pôs em pé e saiu correndo para o quarto, arfando de raiva. As demais ficaram atônitas, sem entender o que acabara de acontecer. Nós a seguimos até o seu quarto, para encontrá-la em prantos. Quando me viu, ela disse, com o rosto vermelho e lágrimas correndo: "Xinran! Para começo de conversa, só vim visitá-la no Reino Unido porque minha mãe confiava demais em você e achávamos que era uma pessoa de moral. Agora aqui está você, falando comigo sobre essas coisas sujas, horríveis, indecentes!".

"Eu..." Por um momento não consegui encontrar palavras para lhe responder.

Eu estivera longe da China por quase dez anos. Nesse período, a cada vez que eu voltava para lá, procurava os velhos sentimentos de pertencimento naquelas ruas e multidões profundamente transformadas, mas eles pareciam ter se perdido em meio às mudanças das políticas de Reforma e Abertura. De tempos em tempos eu me sentia relegada a uma trilha secundária da história por minha enlouquecida e frenética mãe-pátria. Mas nunca pensei que teria uma jovem daquelas como companheira nessa via, e que uma Lírio de 25 anos apresentaria uma inocência tão pueril!

Ao ver minha estupefação, a garota de Beijing comentou: "Alunas das melhores universidades da China são sempre ingênuas, isso para não falar das alunas de universidades menores".

A garota de Shanghai disse: "Xinran, os fatos estão diante de você. Há mais alguma coisa que gostaria que confirmássemos?".

Depois de levar as duas garotas até a porta, perguntei a Lírio: "Você nunca teve mesmo nenhum namorado desde que saiu da universidade?".

Lírio ainda estava brava. "Não sou o tipo de pessoa que você está pensando!"

"E que tipo seria esse?" Eu de fato não estava entendendo.

"Eu nunca fui adiante desse jeito com um homem!", disse Lírio num tom peremptório.

"Você já teve amigos homens antes? Nunca saiu para comer ou apenas para conversar com eles?" Quando fiz essa pergunta, incontáveis meninas como Lírio desfilaram diante de meus olhos. Presas no conflito entre as tradições chinesas e a abertura ocidental, elas defendiam sua castidade e sua moral com uma dolorosa incerteza.

"Não, nunca. De dia vou para o trabalho e tenho um escritório só para mim. Quando o trabalho termina, às seis, volto pra casa, para a minha mãe, que me espera com uma refeição", disse Lírio, mais calma.

"Você ainda mora com os seus pais?"

"Claro, ainda não me casei. Como é que eu poderia viver com outra pessoa?"

"Hoje em dia, muitas jovens alugam apartamentos com amigas ou colegas. Por que você não poderia morar com outras pessoas?"

"Se fizesse isso, como eu poderia comprovar minha pureza?"

"Por que precisaria comprovar sua pureza?"

"Se não puder comprovar minha pureza, meus pais não serão desonrados? Não terei ido à universidade para nada? Xinran, estou vivendo a minha vida de acordo com o *Dizigui*!"

Ouvir as ideias tradicionais de Lírio sobre castidade me fez perceber quão desconectada ela estava da China moderna. Mais uma vez senti a força da tradição e da cultura no desenvolvimento da civilização humana. Era um poder que nem mesmo a política ou os programas de modernização chineses podiam confrontar, que dirá famílias com filhos únicos que tratavam suas "joias únicas" a pão de ló. Sob esse aspecto, os chineses antigos eram muito parecidos com outros povos. Eles acreditavam que o amor e a corte eram apenas uma parte pequena do processo reprodutivo, a serem respeitados, mas certamente não exigidos. Ceder a desejos humanos era um pecado, e reprimir a sexualidade dos jovens era um dever dos pais. Porém, será que tal visão rígida de castidade e moral, por mais pura e cristalina que seja, diminui a imunidade das pessoas para viver em uma sociedade diversa? Será que de fato as torna incapazes de se defender? Os acadêmicos chineses se preocupam muito com a maneira como essas ideias tradicionais poderiam arruinar ou até mesmo dividir as famílias se, no mundo moderno, que muda tão rápido, os jovens rejeitassem tudo isso e os seus pais, que os ensinaram.

Falei a Lírio sobre minha opinião de que uma mulher terá até três homens ao longo de sua vida. Um deles é como uma árvore enorme na qual você pode construir um ninho e formar uma família. Outro é como a própria luz, que tem pouca influência na sua vida cotidiana, mas aparece quando você está nas profundezas do desespero, movendo montanhas e cruzando oceanos por você. O terceiro é uma combinação dos dois; este é o homem dos seus sonhos. Talvez você nunca o encontre, mas ele planta na sua vida a esperança de encontrar um homem bom e as coisas que você quer dele.

"Lírio, seja corajosa por um momento e tente imaginar o homem de seus sonhos. Faça alguns amigos homens, você não precisa ter nenhum contato físico que poderia deixar sua família preocupada. Aprenda a vivenciar a atração mútua de um homem e uma mulher. Não há nada de vulgar nesse tipo de consciência, tampouco nada de impróprio. É uma dádiva da cultura e o deleite da civilização." Com essas palavras de incentivo, levei Lírio ao aeroporto para ela voltar para a China.

Encontrei-me de novo com Lírio na China em minha visita seguinte. "Xinran, fui muito corajosa, e não apenas em meus pensamentos, e também tive algumas experiências novas!", ela extravasou assim que nos encontramos. Sua linguagem corporal era controlada como sempre, mas seus olhos brilhavam de ânimo. Ela suavizara suas roupas circunspectas, de estilo militar, com um lenço fortemente colorido, dando ares de uma mulher das artes.

"Corajosa? Por que você diz 'corajosa'? Há algo de perigoso nos homens?", perguntei, confusa. Eu tinha me esquecido da fala peculiar de Lírio.

"Claro que sim! Senão, por que tantas pessoas arruinariam a vida ou abririam mão de sua família por amor? A arte da vida humana é de um nível de complexidade completamente diferente, se comparada com a arquitetura urbana. É quase a única arte que as pessoas são incapazes de alterar. Não acha, Xinran?" Lírio olhou para mim, aparentemente surpresa com a minha superficialidade. Era evidente que novas descobertas estavam lhe surgindo a todo vapor. "Sabe? Nunca achei que pudesse haver tanta paixão entre homens e mulheres, além daquilo que se faz para conceber bebês. Alguém pode estar a vários metros de distância, mas um só olhar pode levá-la para uma terra mágica que foge totalmente do seu controle e pode até mesmo fazer você perder a cabeça. É fascinante. Se uma pessoa nunca experimentou isso, não pensaria ser possível, mas uma vez que o experimenta, uau, que choque! Essas histórias tradicionais de amor não foram inventadas na verdade, elas são um registro de amor de verdade, digno de ser passado de uma geração para outra. Como é possível que a dos meus pais e a dos meus avós tenham de fato condenado como selvageria essas emoções poderosas? Sei que elas acontecem, mas ainda não as entendo. As pessoas sabem muito bem que um desastre pode estar à espreita, mas ainda assim atacam cegamente as linhas inimigas. O poder do amor é irresistível. Como é que se pode dizer que não é algo corajoso?"

Mais tarde descobri que Lírio não era tão corajosa na vida real quanto ela acreditava. Nos dois anos subsequentes, não tive notícias de seu "progresso material". Porém, suas roupas e maquiagem sugeriam um florescimento de emoções. Seu estilo estava sutilmente indicando certo calor feminino, com cores mudando todos os dias para combinar vestidos e acessórios. De vez em quando, eu via até joias espreitando timidamente por debaixo do seu novo penteado. Eu costumava brincar com ela: "Da próxima vez que nos visitar, vai vir acompanhada". Ao que ela respondia, envergonhada: "Antes de apresentar qualquer namorado à minha família, ele vai precisar passar no teste do tempo. Eu não ia querer que ele os matasse de susto!".

Toby nunca a entendeu direito. "Encontrar a felicidade juntos é um problema dos homens e das mulheres. Por que Lírio se importa tanto com o que a família pensa?"

Eu tentava explicar: "Na cultura chinesa tradicional, piedade filial vem em primeiro lugar; em seguida, o dever para com toda a família, então a educação dos filhos. Para uma menina, há também o dever de gerar um filho homem. Se você não dá um filho homem à família, você é menosprezada pela sociedade. Você precisa entender que Lírio cresceu de acordo com o *Dizigui*, o equivalente para jovens dos Dez Mandamentos de Moisés. É muito difícil apagar essas crenças com novas tendências ou política. Mas Lírio também é uma exceção, já que quase nenhuma família ensina o *Dizigui* aos filhos hoje em dia".

Porém, apesar da sua educação, aos 27 anos Lírio já passara da idade normal para se casar. Seria possível que ela permanecesse incólume enquanto seus contemporâneos arrulhavam em seus ninhos? Por que era tão cautelosa? Por que pensava que a paixão era como esquiar sobre gelo fino? Tinha medo dos seus pais? Faltava-lhe confiança? Ou será que ela havia se apaixonado por um homem que não lhe pertencia? Eu não tinha como responder às perguntas enxeridas de sua mãe. Às vezes ela chegava a suspeitar que estivéssemos em conluio para ludibriá-la, que estivéssemos "cruzando o mar sob o manto da escuridão".

Lírio finalmente me disse que os chineses creem que os homens não podem se enganar casando-se com a mulher errada. Ela queria olhar em volta e avaliar o terreno por um tempo, ter seu próprio julgamento dos homens pela experiência e se certificar de que estava preparada para o casamento. Temia aniquilar as esperanças e os sonhos que seus pais tinham para ela com um momento de paixão do qual, mais tarde, se arrependeria. Queria ter certeza de que o homem que escolhesse caminharia a estrada da vida com ela até o final. Precisava de mais do que promessas, mais do que romance: ela estava buscando sabedoria para planejar o resto de sua vida.

Quando ouvi suas palavras, não pude reprimir um profundo suspiro de emoção. Na China de hoje, onde coisas grandiosas e antigas estão em colapso e estamos sendo talhados numa sociedade que só sabe puxar tapetes e competir, quem pensaria que uma jovem como Lírio ainda existiria? Uma jovem mulher que, sem ânsia nem afobação, ainda olha em volta com calma. Eu me perguntei se sua aparência lógica e racional era produto de uma grande sabedoria ou de um grande medo. Muitas vezes sinto que uma educação privilegiada concede essas duas coisas: a sabedoria de ter consciência dos riscos aos quais os outros estão cegos, mas também o medo derivado da consciência e a oportunidade de adquirir um saber ainda maior enfrentando tal medo. Já vi esse padrão se desenrolar muitas vezes ao longo dos anos, em especial em famílias com filhos únicos e quando os sistemas de educação chinês e ocidental são arremessados um contra o outro sem nenhuma reflexão.

Talvez tenha sido com o propósito de explicar os perigos da precipitação que Lírio me apresentou a Lótus, uma amiga famosa na universidade por sua beleza. Lótus tinha um rosto lindo e um comportamento elegante, refinado. Uma artista consumada que, nas palavras de Lírio, era uma "obra de arte pública" aonde quer que fosse. Era um pedestal em torno do qual os rapazes gravitavam para tentar se colocar em evidência. Arrebanhavam-se ao seu redor, mas quase nenhum tinha coragem de tentar conquistá-la. Um só encontro com ela rendia várias semanas contando vantagem. As outras garotas tinham ciúmes da concorrência, e havia muita fofoca sobre que príncipe teria a boa sorte de se casar com esse modelo de beleza.

Depois de se formar na universidade, Lótus conheceu um crítico de arte alemão chamado Karl em um evento de arte internacional. Karl fora a Beijing pesquisar as raízes da arte performática chinesa. O que mais intrigava Karl era como podia haver tanta consciência transcendental na arte chinesa. O país fora estilhaçado por guerras e caos durante quase cem anos, mas ainda era capaz de produzir obras que causavam admiração no mundo, mesmo na cena da arte moderna, tão popular desde os anos 1960. Lótus se tornou assistente de Karl e sua intérprete na China, e as investigações deles os levaram até uma comunidade artística muito peculiar.

A comunidade era um grupo de pesquisa sobre a *Fang zhong shu* [Arte da alcova], um texto antigo sobre práticas sexuais taoistas. Cada grupo consistia em um diretor-treinador homem e três mulheres. Eles não apenas moravam sob o mesmo teto, como também dormiam numa mesma e única cama antiga de dossel. De acordo com os "requisitos da pesquisa", as três mulheres tinham de vir de diferentes formações culturais e educacionais, a fim de obter uma relação evidente entre cultura sexual e formação. A mulher com mais educação formal recebia o título de Elegante Senhora de Talento. Seu papel era fazer amor do jeito antigo, cálido e preguiçoso, e explorar o comportamento sexual chinês. A mulher mais bonita ou culturalmente diferente era chamada Bela Concubina ou Bela Concubina Internacional. Sua atribuição era explorar os sentidos no frenético sexo moderno. A terceira mulher era a Camponesa Rústica, cuja função era permitir ao artista masculino uma completa amplitude em termos de violência sexual, com base na ideia de que homens são superiores às mulheres.

À medida que passei a conhecer Lótus melhor, ela me contava mais sobre a pesquisa, na esperança de que eu apoiasse a liberdade artística do grupo. Ela dizia que o governo se recusava a aceitar que se tratava de arte performática, e que os artistas chineses não tinham liberdade de expressão. Lótus me disse que havia muitas evidências que sustentavam seu ponto de vista, já que ao longo dos últimos mil anos a arte pertencera a um dos "nove grupos baixos", e ficara banida por muito tempo. "Mas você acha realmente que é isso o que os homens do grupo estão pesquisando? Ou será que estão só...", perguntei a Lótus, pouco convencida.

"Xinran, sei o que você está pensando. Quando Karl e eu ouvimos falar disso, ficamos boquiabertos também. Vários dos diretores-treinadores homens nos explicaram que estavam 'escavando e pesquisando' as antigas artes chinesas da alcova, que são parte do âmago da cultura chinesa. Disseram que, para que essa arte seja compreendida e transmitida, é preciso mergulhar de cabeça na experiência. O chinês antigo está sendo poluído por lixo ocidental. Corre o risco de ser suplantado pela cultura americana do fast-food. Qualquer pessoa chinesa que tenha condições deveria tomar uma posição e fazer algo a respeito, e salvaguardar a continuação de mil anos de civilização. Quando percebi a paixão na voz dos artistas, um sentimento de grande responsabilidade surgiu em meu coração. Eu me dei conta de que tinha a responsabilidade de ajudá-los a aperfeiçoar seu conhecimento de cultura antiga, incluindo as artes da alcova."

"Então... você entrou?", perguntei a Lótus. Naquele momento senti meu corpo cair em dois mundos diferentes, congelando e ardendo ao mesmo tempo. Sem-vergonha? Degenerada? Ridícula? Tola? Selvagem? Dos 18 mil ideogramas que sobreviveram a 5 mil anos de civilização chinesa, não encontrei uma só palavra ou frase adequada para descrever esse tipo de mentira de confiança cultural!

"Ainda não assinei um contrato com eles, já que tenho que ajudar Karl a terminar seu projeto. Meu primeiro compromisso foi com ele, então não posso descumpri-lo", ela disse.

Que garota responsável, pensei! Todos os meus instintos me avisavam que se tratava de alguma espécie de armadilha cultural. Depois do encontro, averiguei entre a elite artística chinesa e descobri que pesquisas sobre a antiga arte da alcova realmente existiam. Eu ingenuamente tivera esperanças de que aquilo que Lótus descrevera fosse algo isolado. Conforme se revelou, os fatos eram chocantes. Há realmente um movimento secreto na sociedade chinesa, promovido por artistas homens para buscar a "arte da natureza humana", "a fôrma cultural primeva" e a "arte por meio da miscigenação sexual internacional". Trata-se, sobretudo, de grupos de golpistas vestidos em robes dourados de artista, passando a perna na moral tradicional e violando a ânsia de garotas jovens pela arte e pelos sentimentos humanos naturais.

Uma trabalhadora migrante que fora enganada e acabara por participar dessa "pesquisa sobre cultura sexual" me disse: "Um oficial do centro de empregos falou que havia um sujeito que queria ajuda de algumas de nós com uma espécie de trabalho cultural. Mas esses caras da cidade, cheios de cultura, são estranhos. Dizem e fazem coisas que a gente do interior não teria coragem nem mesmo de pensar. Não entendo como as mulheres da cidade podem viver com eles. Se eu não quisesse fazer um pé-de-meia, para não correr o risco de ser maltratada se algum dia me casar, eu jamais teria escondido isso da minha família e concordado com esse tipo de 'educação sexual', isso é certo. Se toda educação urbana é assim, eu faria melhor voltando para o interior e me casando com um homem completamente ignorante. Pelo menos viveria uma vida honesta".

Essa foi a última vez em que vi Lótus, mas meu breve contato com ela me deixou muitas perguntas não respondidas. Eu me perguntava o que fora feito dela depois disso.

Na primavera de 2009, Lírio me deu duas notícias, uma boa, a outra, trágica.

A notícia boa era um reflexo natural de sua crescente maturidade emocional. As correntes de interesses e personalidades parecidas haviam trazido um homem à sua vida. Depois de voarem juntos por um ano e meio, decidiram construir um ninho e ter um filho. Foi bem como a mãe de Lírio disse: "Como mãe, posso finalmente ver que o trabalho da minha vida está completo. Em uma família com filho único como a nossa, essa é uma oportunidade e uma tarefa única. Esperei quase trinta anos com o coração na boca!".

A notícia trágica dizia respeito a Lótus e sua busca pelas artes. Seu envolvimento com o grupo de pesquisa da arte da alcova a deixara com cicatrizes físicas e mentais. As realidades da pesquisa sobre sexo enfim a fizeram cair na real e perceber que ela havia se tornado uma escrava sexual. Seu coração elegante e refinado fora estilhaçado. Depois de toda a educação que recebera, ela mostrava-se incapaz de encarar a própria família e as próprias crenças. Mas o que tornava as lembranças daquela época mais insuportáveis era que seu velho pai fora resgatar a filha, outrora sua menina dos olhos. Ele encarou o diretor artístico que, percebendo que estava perdendo Lótus, começara a se comportar de forma escabrosa com ela. Porém, depois de voltar para casa, seu pai teve um ataque e nunca mais se recuperou. Lótus permaneceu em casa depois disso, cheia de tristeza, recusando-se a ver qualquer pessoa.

No verão de 2010 recebi um e-mail da Alemanha com notícias sobre Lótus. Ela disse que quando Karl, que sempre a admirara de longe, descobriu que ela havia desistido da pesquisa sobre cultura sexual, voltou correndo à China para pedi-la em casamento. Ele envolvera o coração ferido dela em todo o seu amor, e juntos se mudaram para a Alemanha. Aparentemente ela se julgava condizente com a seriedade alemã e a exatidão com que os alemães trabalhavam, e achava que sua arte chinesa estava sendo bem recebida no norte da Europa. Porém, de tempos em tempos, sua dor e sua vergonha secreta ainda afloravam e a dominavam.

Lótus me perguntou em seu e-mail: "Lírio e eu crescemos juntas, mas uma de nós está bebericando um doce néctar numa tranquilidade pacífica, enquanto a outra está digerindo lembranças amargas. Por quê? Será que toda beleza da minha vida foi corrompida pela lama suja e pelas águas imundas do meu passado?".

Respondi: "Por que não faz o mesmo que ela? Leia filosofia chinesa antiga, que vai ajudá-la a atingir a paz. Lembre-se de que seu nome é Lótus, uma flor que brota da lama, sem nenhuma mácula!".

Em 2012, Lírio, agora mãe, ainda estava pesquisando sobre a história da arte urbana que tanto amava. Já começara a ler o *Di-*

zigui para o filho, que não tinha idade nem mesmo para falar. Ela me disse: "No passado, o *Dizigui* só existiu concretamente em um livro velho, mas agora está me guiando na direção da felicidade e da tranquilidade em minha vida diária. Depois de ficar perdida durante um tempo na minha juventude, reler o *Dizigui* me ajudou a reavaliar as perdas e os ganhos da vida. A jornada da vida é como dirigir um carro ou comandar um barco; muitas pessoas perdem o rumo em meio à ignorância e à curiosidade. Porém, o pânico e os lamentos subsequentes fazem com que muitas pessoas desistam no meio do caminho, ou desistam de vez e vivam o resto de suas vidas em desespero. Para mim, o *Dizigui* é o compasso em minha jornada, ou um conjunto de regras para a arte de viver".

Lírio certa vez me perguntou: "Por que algo assim aconteceria com Lótus? O que a vida revelou e ensinou a gerações de pessoas como ela? Por que tantas jovens se sacrificam corajosamente pela ignorância desse jeito? Para destruir o coração e a vida dos pais com tal ignorância e destemor? Será que conseguirão paz de espírito de novo?".

Não soube responder às perguntas de Lírio. Não sei quantas "crianças emocionais" a China moderna criou em sua estufa, que colidem cegamente com as intempéries das relações sexuais. Ninguém ainda produziu uma maneira prática e eficaz de educar uma sociedade de filhos únicos, seja na China ou em outro lugar, em tempos idos ou no presente. A China ainda precisa desenvolver uma "vacina social" para resolver os problemas enfrentados por esta primeira geração de filhos únicos.

Como você vê o caso Yao Jiaxin? Por que a sociedade chinesa está debatendo sobre ele (um homem pós-anos 1980) de forma tão feroz?

Não conheço a história inteira, mas fazendo buscas no Google depois do acontecimento encontrei algumas coisas. Entre o primeiro e o segundo veredicto, havia uma insatisfação geral com os privilégios desfrutados pela segunda geração de novos-ricos e oficiais. O foco do incidente passou a ser a existência da equidade em um Estado de direito. Certa vez perguntei a um advogado o que ele aprendera ao estudar as leis. Ele disse, sorrindo, que o primeiro capítulo da primeira lição na faculdade de direito é que todo mundo é igual perante a lei. Essas palavras deixaram uma impressão profunda em mim. Pessoalmente acredito que os adultos devem ser responsáveis por suas ações, sem exceção, mesmo se forem "filhos únicos".

5. Lua

Bem quando eu estava terminando de editar a segunda versão deste livro, recebi um telefonema do escritório de notícias internacionais da BBC me pedindo que comentasse a seguinte história.

Um jovem casal chinês havia vendido três filhos para pagar por três anos de conexão à internet. Enquanto estavam na prisão esperando o julgamento no condado de Jiangyong, na província de Hunan, no sul da China, o par de amantes pós-anos 1990 não estava nem um pouco perturbado ao ser interrogado pela polícia. Na verdade eles perguntavam, rindo: "Quando vamos para casa?". No período de três anos haviam vendido três de seus próprios filhos dizendo: "Não queríamos criá-los, então os vendemos para conseguir dinheiro para entrar na internet".

O pai do homem havia morrido quando ele tinha um ano e meio. Aos treze, ele fora com a mãe para a província de Guangdong em busca de trabalho e, ao fazê-lo, perdeu o direito à educação fornecida pelo Estado, já que se mudara do lugar onde eram registrados. Como resultado, faltava-lhe até mesmo o mais básico conhecimento sobre a vida humana. Sua parceira estava no segundo ano do ensino médio quando se conheceram, e eles "provaram do fruto proibido" no primeiro encontro.

Os chineses têm um ditado que diz que "nossos filhos são ou a carne da nossa palma ou o dorso das nossas mãos; separar-se de qualquer um é uma agonia". Mas ao que parece esse casal desconstruiu os valores tradicionais em sua cabeça, ao vender os filhos sem nenhum remorso. Muitos sociólogos chineses acreditaram que, enquanto suas necessidades biológicas e psicológicas eram perfeitamente naturais, sua atitude quanto ao fruto do sexo era muito incomum. Era mais do que apenas ausência de educação sexual: mal haviam recebido qualquer educação sobre a natureza humana. Sua indiferença extrema para com o sangue do seu próprio sangue sugeria uma excepcional carência de educação sobre até mesmo a mais básica humanidade.

Fiquei chocada com essa história, mas também muito interessada em saber como essa total falta de consciência da própria natureza humana tivera origem.

A primeira geração de filhos únicos da China, que eu estivera acompanhando por dez anos, atingiu a idade de casar e de ter filhos em 2002. Agora, mais de 10 milhões de famílias dessa geração estão criando seus próprios filhos. Isso deu lugar a uma "idade de pais-filhos únicos" inédita na história chinesa. De acordo com as estatísticas, mais de 75% dos pais-filhos únicos são financeiramente independentes. São mais ou menos adaptáveis à sociedade, mas desinteressados quanto a ter filhos, aterrorizados com a possibilidade de um filho usurpar sua posição de sumidade na família. Muitos filhos únicos carecem de senso de responsabilidade depois que se tornam pais, e o fenômeno de progenitores que não estão dispostos a criar o próprio filho se tornou algo muito difundido; alguns até mesmo se ressentem contra o filho por causa do tempo e do espaço que tomam. Se o amor romântico e o materno, os dois maiores que há na vida, podem ser liquidados como meros subterfúgios em muitas famílias de filhos únicos, então, o que resta de sacrossanto na natureza humana? Porém, ao mesmo tempo que os julgam e culpam por sua falta de humanidade, quantas pessoas de fato compreendem o preço pago por esses pais-filhos únicos?

O escritor Lu Xun* disse que não são os mortos que sofrem a dor da morte, mas os vivos que ficam para trás. Em uma época em que o amor romântico e o amor maternal estão perecendo entre a indiferença e as visões distorcidas sobre a natureza humana de alguns filhos únicos, não seremos nós e nossos descendentes que sentirão a dor? Ficamos tristes e indignados ao ver as notícias sobre crianças sendo vendidas em troca de acesso à internet, e receosos de que tantos pais de filhos únicos não consigam encontrar alegria no amor romântico ou materno, e nossos corações se afligem com os filhos únicos que ficam marcados por suas solitárias lutas entre o bem e o mal.

De todos os heróis e heroínas deste livro, aquela com quem mais discuti essas questões foi Lua.

Conheci Lua em 1989, quando ela tinha apenas nove anos de idade. Seu pai era meu colega na Rádio China. Depois que saí da China, o pai de Lua foi transferido para um cargo do governo em Guangzhou, para supervisionar a veiculação de notícias. Não muito depois de assumir o trabalho, ele me telefonou pedindo ajuda. Disse que uma estação de TV sob sua jurisdição estava ten-

---

* Lu Xun: pseudônimo de Zhao Shuren (1881-1936), escritor chinês mais célebre do século XX. Nascido na cidade de Shaoxing, na província de Zhejiang, foi o líder do Movimento Nova Cultura e ferrenho apoiador do movimento da esquerda. (N. A.)

tando fazer um documentário estrangeiro como quem "prepara uma refeição sem arroz". Na época, mal havia conteúdo suficiente para um noticiário por dia. À exceção de canais experimentais e uns poucos vídeos sobre história natural da National Geographic, a China quase não tinha programas com material estrangeiro. Ele tinha esperanças de que meu marido, Toby, e eu pudéssemos exercer alguma influência e ajudá-lo a fazer contato com emissoras ocidentais. Nós, muito ingenuamente, pensamos que depois de quase trinta anos de Reforma e Abertura talvez fosse possível que a mídia chinesa cooperasse com companhias estrangeiras. Quando visitamos o pai de Lua, em 2003, Toby levou uma amostra de vários documentários sobre história europeia.

A China sempre foi muito restritiva quanto a publicações estrangeiras; até mesmo programas sobre a história da Segunda Guerra Mundial precisavam passar por três níveis de verificação de "confiabilidade política". O pai de Lua marcou uma reunião para avaliar os documentários de Toby.

Na reunião, vários oficiais chineses da área de notícias não entenderam nem a pertinência nem o conteúdo dos documentários. Por que planejávamos veiculá-los em horários de pico, depois do noticiário, intervalo que viam como uma oportunidade para fazer dinheiro com programas de entretenimento? Se a rede de TV não ganhasse dinheiro, como poderia se expandir? Além disso, não entendiam como podia não haver documentários sobre a China, no palco internacional. "Somos uma nação antiga, uma das Quatro Grandes Civilizações, um gigante no mundo, como é que podemos não ter um lugar importante na mídia ocidental?", perguntavam. Toby lhes disse com franqueza que praticamente não havia notícias sobre o nosso país na grande mídia global, e quase nenhuma menção aos 5 mil anos de civilização chinesa. Vários oficiais franziram o cenho ante as observações de Toby. "Isso é impossível", disseram. "Não pode ser verdade, pode?

Os jornais chineses têm quase mais notícias internacionais do que domésticas! Nós às vezes pensamos que todos no mundo decerto acordam de manhã se perguntando o que está acontecendo na China hoje."

Mais tarde, durante o jantar, o pai de Lua nos disse, baixinho: "Não se preocupem porque eles não acreditaram na apatia do mundo em relação à China. Embora, para lhes falar a verdade, eu também tenha as minhas dúvidas. Minha filha, Lua, está estudando no Reino Unido já faz um ano e meio, e nunca reclamou de o mundo não entender a China".

Toby respondeu em tom de brincadeira: "Se é assim, eu gostaria de conhecer sua filha. Talvez o mundo que ela vê seja diferente daquele em que vivemos".

Mais tarde essa piada se tornou uma realidade, já que fez com que Lua viesse morar conosco depois de concluir seu mestrado na Grã-Bretanha. Nessa época, a garota inexperiente de que eu me lembrava se transformara em uma jovem mulher vivaz, alegre e agradável, com uma beleza clássica chinesa. Um rosto com o formato de uma semente de melão, ombros oblíquos, cintura fina, estatura pequena, e muito gentil e calma.

Certa noite depois do jantar nos sentamos em volta da mesa conversando sobre a distância entre a China e o mundo. Toby disse que, se a própria China não abrisse a porta, seria muito difícil para os de fora entrar. Porém, também não era justo que a mídia ocidental fizesse comentários frívolos sobre a China, baseada em barulhos distantes entreouvidos pelo buraco da fechadura. Lua replicou que era antes uma questão de o mundo não querer saber mais sobre a China que de a China não querer se abrir. Os dois discutiram o assunto por um bom tempo. Toby, que normalmente vai para a cama às nove e meia, lá pelas tantas se levantou para ir deitar. Para nossa grande surpresa, Lua se pôs de pé num pulo e agarrou a lapela de Toby dizendo: "Você não pode ir, ainda não terminamos!". Toby, que tem um metro e noventa de altura, abaixou a cabeça e fitou aquela garota chinesa franzina pendurada nele. Por um momento ele pareceu realmente não saber como reagir. Suspeitei de que aquela fora a primeira vez em sua vida que alguém o agarrava pela lapela numa discussão. Lua, porém, não estava disposta a ceder, frenética sobre o que ela considerava ser a "verdade". Seu inglês tinha o ritmo rápido das pessoas do delta do Yangtzé, e me fez lembrar o que a minha avó costumava chamar de "Shanghai Yangjingbin".*

Toby disse, capitulando: "Estou de fato muito cansado, preciso dormir, conversaremos mais amanhã, está bem?".

Pude ver que Lua estava prestes a dizer que não estava nada bem, então fiz um gesto para ela liberá-lo.

Daí em diante, sempre que eu discutia com Toby e meu inglês não estava à altura da tarefa, eu me pegava desejando ser mais como Lua e poder agarrá-lo pela lapela, mas na verdade nunca consegui!

Comparados com outros pais de filhos únicos, os de Lua não se preocupavam tanto assim com a filha e quase nunca telefonavam para mim em busca de informações sobre a vida dela. Sua mãe uma vez me disse: "Os filhos só procuram os pais quando precisam de algo; quando não há nada errado, eles nem sequer pensam na família. Só quando crescem em corpo e em espírito é que a família passa a estar nos seus pensamentos diários. Se conseguem aprender a distinguir o certo do errado antes do casamento

---

* Yangjingbin (洋泾浜) era um distrito nos arredores das concessões estrangeiras de Shanghai antes de 1949, onde chineses e estrangeiros viviam lado a lado. Suas línguas se misturavam, com alguns chineses usando o vocabulário inglês com a estrutura frasal chinesa ao falar com ingleses e americanos. Esse inglês era satiricamente conhecido como "inglês Yangjingbin". O termo também era mais comumente usado para indicar formas não castiças de línguas estrangeiras. (N. A.)

e de terem uma carreira, é sorte dos pais, já que algumas pessoas chegam à velhice sem nunca ter amadurecido". Suas sábias palavras provaram-se verdadeiras ao longo dos anos em que observei muitos jovens crescerem ao meu redor, incluindo sua filha, Lua.

Durante o ano em que passou na Grã-Bretanha em função do seu mestrado, Lua só me procurou em busca de ajuda três vezes. Primeiro quando ela se sentiu sozinha, depois quando ficou dividida entre os estudos no Ocidente e na China, e por último quando teve de escolher entre ficar com os pais na China e desenvolver seu futuro no exterior.

Lua sempre entrava e saía apressada, e sempre desaparecia antes que eu tivesse uma chance de digerir suas perguntas, de forma que normalmente só era capaz de lhe dar algumas poucas e breves sugestões. Quanto a seus sentimentos de solidão e desamparo em um país longe de casa, sobretudo quando se apaixonou por uma pessoa que ela julgava inapropriada, eu só podia consolá-la dizendo que um dos testes da vida é conseguir ter prazer quando se está no exterior. Apenas aqueles que são verdadeiramente capazes de abraçar a arte de viver encontram pontos de comunhão quando cercados por uma cultura estrangeira. Já sexo, emoção e amor são três coisas diferentes, com graus de importância diversos. Uma pessoa pode ficar feliz ao ver outra pessoa, e triste quando ela não está ali, e também há a disposição de mudar a si mesmo por outra pessoa; apenas isso pode ser chamado de amor verdadeiro. O amor é eterno, mas precisa de uma base moral. Quanto a se sentir dividida entre a China e o Ocidente, eu lhe disse que era algo que requereria uma reflexão estilo "semáforo", para guiar o comportamento e prevenir colisões entre pessoas provenientes de culturas diferentes. Quanto a não querer deixar os pais desamparados ao permanecer no exterior, disse a ela que não era uma questão de localização geográfica, já que sua felicidade e seu sucesso seriam sempre os desejos mais fervorosos de seus pais.

Mas foi só depois que os estudos de Lua acabaram e ela veio passar um tempo conosco que me dei conta de que as suas perguntas não eram tão simples como eu pensara. Em vez disso, representavam o gargalo de muitos problemas encontrados por todos os filhos únicos que estudavam no exterior.

Lua me disse que, durante o tempo em que passara como estudante no exterior, sempre parecera ser uma das pessoas mais afetadas pelo embate entre Oriente e Ocidente. Ela se sentia assaltada por todos os lados por explicações em inglês, europeísmos e americanismos, modos ocidentais de pensar; das três refeições por dia até suas aulas, não havia onde uma estudante chinesa pudesse se esconder!

O que ela teve mais dificuldade de aceitar enquanto estudava era a razão por que os ocidentais menosprezavam os ricos da China e a abrupta ascensão do país rumo à prosperidade. Por que não acreditavam que os filhos únicos chineses também podiam ser independentes? Estudar não é aprender com o intelecto? Por que tinham que fazer tantas perguntas desafiadoras? Na China, provocar acadêmicos é considerado uma arrogância selvagem e um desrespeito grosseiro! Por que os professores elogiam os alunos e depois os reprovam nos exames? Não seria hipocrisia? Na China, os professores nunca elogiam os alunos, mas estes sempre colhem a recompensa, na hora das provas. Como diz o ditado, "professores rígidos produzem alunos superiores". Nessa época globalizada, por que apenas o sistema britânico-americano é usado, em vez de um sistema mais compatível com a China, a Índia ou os países de língua árabe? Afinal de contas, nossas populações e áreas, quando combinadas, ultrapassam em muito as do mundo de língua inglesa!

Certa vez, Lua conversou comigo sobre o assunto que estava estudando: multimídia. "Quando comecei, era um assunto de vanguarda global, mas meu orientador britânico achou que eu não deveria usar tantos elementos chineses. Ele receava que ocidentais da indústria ficassem assustados com as partes que não entendiam e, como resultado, rejeitassem meu trabalho. Um orientador chegou a me dizer: 'A cultura chinesa não é exatamente o sol no céu, entende?'. Quase perguntei a ele: 'Então, que cultura é? A britânica? A americana?'.

O trabalho de conclusão de curso de Lua era um provocativo anúncio digital. Ela organizou vários pedaços de notícias de todo o mundo numa tela, incluindo lendas antigas, linguagens diferentes, palestras de especialistas e vozes sussurrantes, que gradualmente se fundiam e formavam o rosto sorridente do presidente americano George W. Bush. O texto então se apresentava em três tópicos: democracia, liberdade e direitos humanos. Quando você clicava em cima de cada palavra, era exibida uma série de filmes curtos. A democracia levava a um filme de guerra, a liberdade se transformava numa cena de violência de rua e bebedeira, ao passo que os direitos humanos levavam a um clipe com mães derramando lágrimas e bebês chorosos. Quando se clicava no rosto de Bush, a imagem se fragmentava, e estilhaços voavam contra a democracia, a liberdade e os direitos humanos, que então explodiam. Enquanto a confusão na tela diminuía, a logomarca de uma empresa de petróleo gradualmente surgia ao som remanescente de tambores e gongos chineses.

Essa obra de três minutos de duração me deixou uma profunda impressão. Não apenas por causa de seu multiculturalismo e pelo emprego de métodos modernos e científicos para atacar a hipocrisia do poder político e a voracidade dos desejos materiais ao longo da história, mas também porque renovou minhas esperanças nos filhos únicos chineses. Eles estão atualmente observando da margem, mas um dia serão responsáveis por nosso futuro.

Seu projeto foi tão bem-sucedido que a universidade a escolheu para participar de uma conferência acadêmica internacional — a primeira estudante chinesa a ser convidada. Todos nós ficamos entusiasmados e orgulhosos por ela, e, no entanto, Lua não parecia satisfeita. Eu lhe perguntei por que não estava contente, e ela respondeu que já passara duas semanas tentando decorar seis páginas de inglês, mas simplesmente não conseguia absorver tudo.

"Por que você precisa decorar?", perguntei, intrigada.

"Se não decorar, como posso fazer o discurso?", respondeu Lua, igualmente confusa com minha pergunta.

Eu não sabia se ria ou se chorava. "Pense um pouco, Lua. Você está apresentando uma obra interativa, então seu discurso não precisa ser gravado na pedra. Você precisa ser capaz de improvisar no calor do momento, já que a plateia pode pedir para você clicar em imagens diferentes. Pode ser que interrompam seu discurso para pedir que você entre em detalhes. Se você só conseguir recitar um discurso de memória, não conseguirá responder às perguntas deles. Será que isso é realmente comunicação interativa? Além disso, este é um conceito seu, um trabalho que você mesma fez depois de muita reflexão; por que você iria querer apresentá-lo como um modelo fixo ou até mesmo como um dogma?"

"O.k.... você tem razão", disse Lua, refletindo. Porém, uma faísca de medo brilhou em seus olhos. "Mas... minha mãe e pai sempre dizem que, como sua filha única, sou a cara deles no mundo. Não posso fazê-los passar vergonha, de jeito nenhum!"

Quando ouvi essas palavras, tive vontade de gritar com a China inteira: "Não despejem mais essas pressões antiquadas sobre seus jovens. Como é que a ideia de reputação pode ser mais importante do que nossos filhos acabarem ficando com o coração vazio e temeroso?".

Não tive coragem de dizer isso diretamente a Lua, então falei: "Assim que você subir ao palco, eles vão saber, por causa do seu rosto chinês e da cor da sua pele, que o seu inglês provavelmente não será tão bom quanto o deles. Você não precisa se preocupar com a sua linguagem. Eles também darão um desconto por você ser muito jovem, certo? Lembre-se, apesar de todo o ostensivo poderio ocidental, nenhum deles sabe falar chinês. Então eles não esperam que uma moça como você seja perfeita sob todos os aspectos. Todos estarão lá para ouvi-la falar, conferir seu conhecimento e saber o que os chineses pensam sobre essas questões. Não estão indo lá para testar seu inglês, nem para julgar sua aparência ou modo de falar".

Depois da nossa conversa, Lua passou quase quatro dias praticando seu discurso diante de um espelho. Convidei vários amigos interessados em publicidade e computação para um chá da tarde e pedi que a ouvissem e lhe fizessem perguntas. Também convidei dois amigos da imprensa para comer e os fiz perguntar a Lua sobre sua apresentação. Depois dessa repisada "educação pelas massas", o evidente talento e a inteligência de Lua não pareciam mais trancados nas profundezas do seu coração, tampouco confinados ao seu computador. Até seu bloqueio psicológico de falar inglês não era mais tão forte quanto antes.

Quando voltou da conferência, me disse que estava um pouco nervosa ao subir no palco, mas que repetiu várias vezes para si mesma o que eu havia dito: *Quase ninguém no Ocidente sabe falar chinês, então por que eu teria de ser perfeita?* Depois disso ela logo começou a apreciar o sentimento de estar em pé num palco respondendo a perguntas. Ela se sentiu como um belo cisne batendo suas poderosas asas. Não era mais um patinho feio nervoso e assustado!

O pai de Lua era um oficial sênior do departamento de televisão do governo, enquanto sua mãe era uma das primeiras marchands de arte ocidental depois das reformas econômicas chinesas. Porém, o sucesso pessoal dos pais e a rigorosa educação a que submeteram Lua faziam-na com frequência se sentir presa entre dois modelos opostos, desesperadamente tentando se encontrar. Ela sempre exauria seu cérebro procurando maneiras de deixar seus pais orgulhosos e felizes, e de manifestar a inteligência da família na sua vida. Na qualidade de preciosa filha única, sentia que deveria ter tanto a habilidade paterna na esfera pública quanto o talento artístico da mãe. Contudo, ela cresceu na atmosfera rarefeita de uma família com filho único, sem contato com "as massas". Ela ingressara no típico mercado de trabalho chinês centrado na alta tecnologia — um deserto artístico — e sentia que não tinha oportunidade de mostrar a inteligência que lhe fora transmitida pelos pais. Ao mesmo tempo, ela própria ansiava pela vida rústica e idealizada descrita pela literatura, em que o homem ara e as mulheres tecem. Não era difícil perceber as distorções e as reviravoltas da vida que haviam levado Lua a escolher aquela profissão.

Lembro de certa vez ver Lua sentada à sua escrivaninha com o olhar perdido. Perguntei: "O que a deixa com tanto medo de optar por uma carreira?".

Ela respondeu com os olhos vermelhos de lágrimas não derramadas: "Meu maior temor é ver minha mãe acamada por alguma doença, sem poder se levantar, e que eu não consiga chegar lá a tempo. Não vou poder acariciar sua mão e dizer a ela que estarei lá para protegê-la".

Creio que o trabalho ideal aos olhos de Lua (criar uma plataforma digital para intercâmbio cultural) era muito distante daquilo que seu pai e sua mãe imaginaram para ela, senão ela não se sentiria tão triste. Perguntei: "Se sua mãe soubesse que você abriu mão de suas ambições e felicidade por ela, acha que ela ficaria reconfortada? Você deve pensar no fato de que você é tudo o que eles têm, a filha única deles!".

No final, Lua escolheu voltar à China para estar perto dos

pais. Ela me disse que nunca os deixaria saber do seu verdadeiro sonho, porque o primeiro dever de um filho chinês é pagar a dívida de gratidão com seus pais. Suas palavras me enterneceram muito. Na atual sociedade de filhos únicos, em que todo mundo está freneticamente correndo atrás da autossatisfação, quantas filhas tratariam da questão com tão pouco egoísmo quanto Lua?

Na véspera do dia em que Lua voltaria à China, estávamos preparando o jantar juntas quando ela de repente me perguntou: "Xinran, seja sincera: como uma boa filha deveria ser? Está claro que você vê isso de um jeito muito diferente do de muitas mães chinesas".

"Acha mesmo?", perguntei. "Acredito que todas as mulheres e todas as mães têm basicamente o mesmo sentimento. O fardo pesado carregado pelas mulheres chinesas é um fardo que todas nós carregamos, embora levemos a culpa por todos os problemas da juventude de hoje. Se eu penso diferente, é só porque tive experiências distintas, nada mais que isso. Na verdade, a maioria das pessoas de uma mesma geração é marcada pela mesma pincelada do tempo", respondi espontaneamente enquanto cortava os legumes.

"Você se engana quanto a isso", disse Lua de forma suave mas categórica. "Muitas mães chinesas vivem em uma jaula e então, mais tarde, aprisionam a própria filha ali, também!"

Fui tomada de sobressalto pelo seu comentário, e quase cortei a ponta do meu dedo com a faca. "Por que acha isso?", perguntei.

Fria, mas não calma, ela respondeu: "No início eu ia pedir a sua ajuda, mas você acabou me auxiliando, de todo modo, ao me ensinar a fazer a minha vida decolar. Depois disso, comecei a ter autoconfiança e coragem. Comecei a descarregar o peso do meu coração, e hoje vivo de fato em liberdade. Mesmo se meus pais nunca me perdoarem, não terei arrependimento algum. Como você diz, honestidade e franqueza são os céus em que a liberdade voa. Mas é que eu tenho uma amiga, Ping, que está trancada na jaula da mãe. Ela suspira e espia meu céu, e me manda e-mails de tempos em tempos, me perguntando como pode fugir da gaiola de seus pais".

Indaguei: "O que será que houve para ter colocado um peso tão terrível nas costas da sua amiga, a ponto de pensar que foi aprisionada pela própria família? Talvez ela esteja numa encruzilhada da vida, ou se debatendo entre o desejo de seus pais e suas próprias vontades". Meu cérebro zunia velozmente enquanto eu fazia uma varredura de todas as possíveis causas de tal angústia em uma moça.

Lua me fitou com um olhar franco, com dor e desamparo irradiando de seus belos e expressivos olhos. "Que tal se eu te mostrasse o e-mail dela agora? Já é muito tarde na China, mas ela ainda deve estar acordada esperando minha resposta. Eu realmente quero ajudá-la a desemaranhar o nó que há no seu coração, ou pelo menos fazê-la entender que ela não é uma moça má. Já tentei várias vezes, mas nunca consegui convencê-la. Você acha que poderia nos ajudar?"

Dava para ver pelo olhar expectante de Lua que o primeiro prato da noite seria mandar um e-mail à sua amiga.

A mensagem tinha um fundo rosa, sobre o qual flutuava linhas e mais linhas de elegantes ideogramas. As garotas chinesas muitas vezes personalizam seus e-mails desse jeito, enchendo-os com desejos e aspirações que ultrapassam o domínio de seus pais e seus estudos. Mas muitas das palavras que elas digitam no teclado estão encharcadas com lágrimas, como as da carta que li no computador de Lua.

    Olá, Lua,
    Para mim, a vida às vezes simplesmente parece perigosa

demais. Eu pensava que, contanto que estudasse com afinco, eu poderia evitar a solidão, mas nunca percebi como ela pode ser cruel. Você lembra que uma vez eu te procurei em Londres porque estava me sentindo só? Bem, no último semestre fiz amizade com outro estudante chinês na universidade. Ele tinha quarenta e poucos anos, estava estudando sozinho no Reino Unido, e nunca mencionou nada sobre ter uma família. Na primeira vez em que conversamos ele me disse que a vida que eu estava levando era muito solitária, insossa. Eu de fato estava me sentindo sozinha, e sentia que não tinha amigos, família, nem dominava bem a língua. Tudo o que eu queria era estudar bem para honrar os altos custos que meus pais pagavam para eu estar aqui. Todas as manhãs, assim que abria os olhos, era como se eu acordasse numa gaiola. Ele sempre dava alguns conselhos a mim e a outras moças chinesas, afirmando que solidão excessiva faz mal à saúde física e mental das mulheres. Ele nos contou como as mulheres ocidentais vivem e o que querem da vida. "Não tenham medo do sexo oposto", ele disse, "vocês devem aproveitar sua sexualidade, é um dos melhores sentimentos que há. Desde que você não se iluda nem iluda a outra pessoa, não há com que se preocupar." Para te dizer a verdade, nada do que ele dizia era realmente ruim. Nós supostamente somos uma nova geração de mulheres, não somos? Sei que não somos tão abertas quanto a sociedade ocidental, mas somos muito diferentes das gerações anteriores. Sabemos que sexo não é algo ruim e que o que homens e mulheres fazem juntos é perfeitamente natural, mas a maior parte da geração dos nossos pais ainda é influenciada pela força das tradições. Mais especificamente, jogam essas restrições e expectativas sobre os nossos ombros. Por alguma razão ainda acham que é honroso preservar a virgindade, e que perdê-la é uma vergonha.

A não ser por festas com colegas, eu nunca na verdade tinha estado sozinha com um homem e não sabia nada sobre os riscos de não ter qualquer experiência! Certa vez, depois de uma festa de final de semana com alguns colegas, alguns de nós voltaram a pé para o dormitório, sob o clarão de uma lua cheia. No final, sobramos apenas eu e esse cara. Quando estávamos nos despedindo, ele me abraçou e beijou minha testa, dizendo: "Deixe-me fazer você feliz, deixe-me ensiná-la sobre os prazeres de ser uma mulher!". Dá para acreditar? Não vou mentir para você, naquele momento meu corpo pareceu se fragmentar. Eu nunca tinha sentido nada do tipo. Era como se eu estivesse sob um feitiço, incapaz de resistir às suas carícias. Naquela noite me tornei uma mulher de verdade!

Aquele cara realmente sabia fazer amor! Era como se eu estivesse completamente bêbada ou algo do tipo. Eu mal conseguia ficar longe dele por um dia. Ele substituiu tudo na minha vida, até mesmo minha família. Mas quando nosso curso terminou, ele me disse que tinha uma família que ficara na China. Que ele amava muito a esposa e a filha, então precisava voltar para ficar com elas, e esperava que eu não o importunasse mais. No dia em que foi embora, ele me disse: "Fiz de você uma mulher, você se divertiu e eu a satisfiz como nunca em toda a sua vida". E então ele foi embora! Desse jeito ele me abandonou, me mandando de volta para o meu deserto de solidão! Assim que voltei, todos os ensinamentos e expectativas de meus pais de repente inundaram minha vida de novo. Foi só então que me dei conta de que, aos olhos deles, a culpa era minha. Eu não era mais a sua menininha querida. Eu não os merecia. Por mais que me amassem, jamais me perdoariam por ter feito sexo antes do casamento, e ainda por cima com um homem casado, ai, meu Deus!

Lua, me diga a verdade, sou realmente má? Meus pais vão mesmo ficar muito, muito decepcionados, não vão? E se meu futuro marido me odiar por causa disso? E se eu tiver destruído todo o meu amor-próprio e o direito a ter uma voz própria só por causa de alguns meses de paixão e romance? Se estivesse no meu lugar, você ainda estaria voando livremente? Ainda haveria céus nos quais voar? Você ainda seria capaz de olhar seus pais nos olhos? Nossa geração é acorrentada por elos que são, ao mesmo tempo, antigos e modernos, chineses e estrangeiros; alguns nos puxam para a frente, outros atam nossas mãos e nossos pés, e ainda outros nos conduzem aos açoites a alguma direção específica...

Lua, que todo esse tempo estivera me olhando fixamente, respirou fundo e então expirou devagar. "Ela diz que não ousa imaginar como será a reação da mãe, para não falar em como o pai vai baixar a cabeça, de vergonha. Pedi-lhe que confiasse em seus pais, lhes contasse a verdade. Ela não vai ter coragem de feri-los com a mentira. Além disso, não é possível ser livre enquanto se está cercada por seus próprios erros."

Eu a interrompi: "Mas mesmo nos dias de hoje? Os pais dela trabalham na cidade mais cosmopolita da China. Como poderiam reprová-la com essas ideias antiquadas de castidade?". Eu ficara muito surpresa ao saber que aquela moça chinesa, que passara por uma educação moderna e científica, podia ser tão conservadora. Suspeitei de que sua própria maquiagem psicológica fosse a verdadeira causa de sua tristeza.

Lua não entendeu absolutamente minha surpresa. "Oh, mas eles iriam criticá-la. Na verdade, os pais de filhos únicos que vivem nas cidades são muito mais conservadores do que os pais do interior. No que diz respeito aos meus, se eu quiser um dia fazer jus à bondade que tiveram em me criar, não posso ser apenas um jade imaculado, mas também o prestígio deles na sociedade, que não pode ser manchado por um só grão de poeira. Eles jamais aprovariam esse tipo de comportamento desonroso."

O que Lua disse era a realidade da situação, mas essa realidade também era um castelo de areia, suscetível de ser arruinada ou até mesmo varrida pela enorme onda da abertura da China.

A geração de Lua vivia em uma época de enormes arrebentações. Padrões de comportamento eram como a areia e as pedras da orla: algumas eram levadas para o fundo do mar, ao passo que outras eram arrastadas à praia. Acabamos não aproveitando o banquete que planejáramos para aquela noite. Depois que Lua respondeu ao e-mail, eu e ela ficamos preocupadas com o coração pesaroso de sua amiga, sentindo-lhe a amargura.

"Por que sua amiga acha que foi desonrada?", perguntei a Lua. "Cada cultura e cada época têm definições e padrões diferentes para a experiência sexual. Como ela poderia saber que os pais se casaram tão puros como neve recém-caída? Você diz que a mãe dela trabalha com arte, mas os artistas não são mais aptos do que os outros a entender os prazeres de homens e mulheres na sociedade moderna? Talvez sua amiga esteja apenas projetando as próprias preocupações nos pais. Se for esse o caso, não é justo. Não deveríamos viver com as ansiedades do passado, tampouco devemos nos antecipar e sair correndo ao encontro dos problemas no meio do caminho."

"É fácil falar, mas difícil pôr em prática." A felicidade e a vivacidade característica de Lua pareciam ofuscadas por nuvens de preocupação em seus olhos.

Depois de voltar a Guangzhou, Lua se tornou professora universitária. Tivemos poucas oportunidades de nos encontrar, mas nos falávamos muitas vezes ao telefone. Fui para lá em 2009 para uma reunião e finalmente consegui marcar uma refeição com ela e seus pais. Lua trouxe junto sua amiga Ping e o noivo, que, de acordo com Lua, havia sido escolhido pela mãe da moça. Durante a refeição discutimos o declínio da moral chinesa. A mãe de Lua disse: "Muitos homens chineses não têm absolutamente nenhuma vergonha na cara hoje em dia, maculando garotas que não têm defesa alguma contra eles e seus desejos egoístas, até mesmo proclamando que estão fazendo-as felizes! Tenho pena dessas pobres garotas, que se tornam objetos sacrificais desses vagabundos sem nem perceber. Elas diversas vezes permanecem emocionalmente ligadas a esse comportamento biológico nojento!". Seus olhos elegantes e refinados de marchand ardiam de nojo e ódio. Instintivamente olhei de relance para a amiga de Lua. Ela estava apanhando pedaços de comida com seus pauzinhos, com a cabeça baixa. Percebi que suas bochechas já estavam salientes, mas ela continuava enfiando mais comida na boca...

De uma série de telefonemas com Lua, fiquei sabendo que sua amiga se casara, engravidara e dera à luz uma filha, que logo, logo começou a caminhar por aí. Ela me disse: "Mas as amigas dela nunca a ouviram falar sobre a alegria de montar um lar, sobre ser uma mãe orgulhosa ou uma esposa feliz".

Seria possível que aquele cisne havia enfim aberto as asas, apenas para ser transformado num objeto sacrifical da castidade? Não tive coragem de pensar além.

Eu discuti com Lua sobre as alegrias e as tristezas de pais de filhos únicos desde que começara a montar a estrutura deste livro. Lua me disse que, dentre o grupo de trabalhadores colarinhos-brancos pais de filhos únicos que havia à sua volta, a maioria eram apenas mães e pais de fachada e não sentiam nenhuma das responsabilidades ou emoções da paternidade. Muitas mulheres achavam que a gravidez decretava o fim de seus encantos femininos e que a maternidade era uma "prisão perpétua". Alguns pais de filhos únicos largavam os filhos aos cuidados de seus próprios pais logo depois do nascimento, como quem empurra para longe os pauzinhos e a tigela ao fim de uma refeição, e então iam para casa, navegar na internet. Outros projetavam o ressentimento pela perda de sua posição de foco da atenção da família e se acreditavam usurpados pelo novo "tesouro". Era comum que pais de filhos únicos batessem ou xingassem os filhos com regularidade.

Quanto ao governo permitir que pais de filhos únicos tivessem um segundo filho, muitos pais jovens reclamavam. "Um já quase nos enlouqueceu de exaustão, outro vai nos matar!" Muitos viam o próprio filho como uma força que lhes roubava a felicidade — até mesmo como um inimigo.

As palavras de Lua me lembravam cenas parecidas que eu testemunhara em aeroportos por todos os Estados Unidos. Multidões de avós e avôs chineses carregando nos braços um bebê de um mês ou menos. Às vezes eram babás chinesas contratadas especialmente para cuidar deles em seus primeiros cem dias. Várias vezes perguntei à equipe do aeroporto, em busca de uma confirmação: "Isso é só uma coisa sazonal, não é? Na época de férias?". Mas não; independentemente da pessoa a quem eu perguntasse, a resposta era a mesma: "Nos últimos anos, vemos pelo menos dez bebês sendo enviados de volta à China a cada dia".

Perguntei a Lua: "A geração mais velha está ajudando os pais dos bebês a perambular pelo mundo e lutar por liberdade? É por isso que devolvem os filhos para serem criados na China?".

"Não, esses pais de filhos únicos estão apenas fugindo da responsabilidade. Muitos acreditam que, apesar de a separação ser dolorosa, criar o filho será ainda pior!", disse Lua, resoluta. "Em setembro do ano passado [2010] o *Jinghua Shibao* publicou um artigo sobre um casal que tinha um filho único e que estava se divorciando, e nenhum dos dois queria ficar com a guarda do filho de seis anos."

Lua também me contou o que os especialistas diziam a respeito. "Casamentos entre filhos únicos tendem a ter altos níveis de interferência familiar, sobretudo por causa da influência excepcional que a família e a sociedade já tiveram sobre a personalidade do casal. Matrimônios entre membros dessa primeira geração de filhos únicos já estão mostrando uma tendência de 'case-se correndo, divorcie-se voando'. Alguns casamentos duram apenas um ou dois anos, outros até menos. Muitos jovens acreditam que emoções intensas são sinônimo de amor e que, uma vez que a paixão desaparece, o casamento chega ao fim."

Lua também disse que uma pesquisa da Associação de Pesquisa de Educação Familiar de Tianjin mostrou que 32% dos filhos únicos brigam de maneira frequente depois do casamento e que são comparativamente mal preparados para lidar com relações familiares. As obrigações e as pressões sobre a primeira geração de filhos únicos da China diminuíram, junto com a interferência parental no casamento, e mais casais são escolhidos livremente pelos próprios jovens. Porém, muitos filhos únicos, depois de anos sendo mimados por pais corujas, acostumaram-se com uma vida em que lhes basta estender a mão para que recebam roupas e abram a boca para ganhar alimento. Tornaram-se teimosos, avessos ao trabalho duro, e continuamente se comparam aos outros. Esses e outros problemas psicológicos ainda são pronunciados de modo relativo no caso de pais de filhos únicos, que encontram mais dificuldade para enfrentar a vida do que a geração anterior. Quando trazem para o casamento o fato de poderem contar com os pais e dinheiro à vontade, qualquer desavença resulta em uma crise emocional. Quando casados, sua habilidade para lidar com problemas e resolver conflitos também é limitada, muitas vezes levando ao divórcio.

Lua me deu muita informação ao telefone, muitas vezes incluindo suas sábias e engenhosas opiniões, mas raramente mencionava sua vida pessoal. Será que ela planejava de fato passar o resto da vida com a mãe, sendo apenas uma filha respeitosa?

"Mas me diga uma coisa, Lua, alguém já conquistou você?", arrisquei-me a perguntar certa vez. Assim que as palavras saíram da minha boca, eu me arrependi. Fiquei com receio de não gostar da resposta.

Enfim, um dia, ouviu-se uma explosão de alegres gargalhadas ao telefone. "Arranjei um namorado, Xinran. Ainda estamos nos conhecendo, o que não é uma coisa fácil quando se trata de homens, especialmente por causa da diferença de geração. É impossível encontrar um denominador comum com homens das gerações mais velhas!"

Eles se casaram um ano depois, e dali em diante a maior parte do tempo que ela passaria comigo ao telefone foi tomada por sua pequena família. Quando enfim tiramos o atraso alguns meses depois, ela podia falar, mas estava obviamente cansada; havia se tornado mãe! Alimentar o bebê à noite e trabalhar de dia a deixava sem energia para tratar de assuntos da sociedade ou de outras pessoas. Foi só quando seu filho completou um ano de idade que Lua gradativamente voltou a conversar sobre a vida na China, período em que lhe perguntei: "Você é feliz como mãe? Eu queria saber se mães filhas únicas gozam dos prazeres simples e se orgulham de serem mães mais do que nós".

Fez-se um longo silêncio do outro lado da linha. Perguntei-me se Lua estava pensando na resposta. Quanto eu teria de esperar? Vários anos? Até que seu bebê dormisse a noite toda? Que seu filhinho fosse alegremente para a escola? Que tivesse crescido o suficiente para pensar em fazer uma massagem nas costas e nos ombros da mãe? Quando ele estivesse se banhando feliz no mar do amor? Ou quando ela se cansasse de esperar e percebesse que já era tarde demais? Pedi à Lua: "Faça o que fizer, não deixe isso acontecer, pois esse foi o destino de várias gerações de mulheres chinesas antes de nós".

Lua nunca respondeu à minha pergunta, e prosseguimos falando sobre outras pessoas.

"Na verdade, a minha geração é um pouco diferente das gerações pós-anos 1980 e 90", disse-me Lua. "Nossos pais não tinham tempo suficiente nem experiência para se adaptar à sociedade de filhos únicos. Minha geração serviu de cobaia para todo o país. Quando chegamos à puberdade, ficamos ofuscados pelo embate entre tradição e modernidade, Oriente e Ocidente. Chegada a época de casar, éramos incapazes de abrir mão, relaxar do trabalho e aproveitar a vida em família, pois muitas coisas haviam faltado em nossas próprias famílias. Mas há outro fator que não pode passar batido. Comparados aos pais de gerações mais velhas, os nossos experimentaram muito mais horrores e desastres políticos. O trem que trouxe medo e mudança já havia acionado os freios e parado, mas nossos pais ainda se sentiam impelidos à frente por sua força. Crescemos afetados por esse ímpeto. Xinran, me diga, ela ainda nos afeta? Ou será que finalmente encontramos a paz?"

Lua fizera uma boa pergunta. E, por extensão, o ímpeto de trinta anos de Reforma e Abertura da China ainda estaria em movimento ou teria entrado na inércia? Será que o passado podia ser substituído? Poderá o futuro nos levar aonde queremos ir? Nossos filhos únicos terão a oportunidade de vivenciar os prazeres normais da vida, desfrutar relações normais com os pais e saudáveis com os próprios filhos?

Como você vê o caso Yao Jiaxin? Por que a sociedade chinesa está debatendo sobre ele (um homem pós-anos 1980) de forma tão feroz?

Para lhe dizer a verdade, quando pela primeira vez ouvi falar sobre o caso Yao Jiaxin, meu cabelo ficou arrepiado de medo. Eu simplesmente não conseguia entender. Era muito difícil imaginar que esse era o comportamento de uma pessoa normal. A primeira reação natural ao ferir alguém é pensar em como reparar e compensar a dor causada. Mas esse cara de fato foi capaz de matar uma pessoa com oito golpes de uma faca de cortar fruta! Será que a vítima, ao tentar anotar a placa de Yao, o fez se sentir ameaçado, ou até mesmo violado, de forma que a ideia de matá-la se enraizou em sua mente? Essa lógica me parece muito forçada. O que é ainda mais assustador é que ele era um estudante de música na universidade, nota dez de piano também, e tudo isso aconteceu quando ele estava indo buscar a namorada! Era uma pessoa que tinha amor, educação e arte, então por que seu coração foi tão cruel, insensível e sangrento? Suas ações estavam mais para as de um serial killer. Seria uma deficiência da natureza humana ou falta de moral? O que causou tudo isso? Ou será que foi apenas um acidente do acaso?

Porém, se você se debruça sobre todas as coisas extraordinárias que acontecem na nossa sociedade, logo descobre que incidentes como esse não são raridade, em absoluto; o que varia é o grau de sordidez. Recentemente circulou na internet um vídeo de uma estudante da Universidade de Chengdu fazendo crueldades com um coelho. Uma mocinha aperta uma folha de vidro contra o bicho, então se senta sobre ela, matando-o esmagado. Inacreditavelmente, duas outras garotas olham para aquilo como se não houvesse nenhum problema.

Há ainda aqueles acidentes propositais "de encontro com a porcelana". Meus pais viveram isso em primeira mão. Uma grávida deliberadamente se agacha atrás do carro e espera. Assim que você dá a partida, ela finge que foi atropelada e cai no chão. Depois ela pede dinheiro para não ir à polícia e à Justiça. Dá para imaginar? De fato há mães assim no mundo, dispostas a usar aquela vida pura, sagrada, ainda não nascida, apenas para ganhar algum dinheiro?

Acredito que ratos não começam a roubar assim que nascem, mas se vivem imersos nisso e seus olhos e ouvidos se cansam de testemunhar esse tipo de coisa, então é claro que aprenderão. O caso Yao Jiaxin quase que certamente não é único; é uma criação da nossa sociedade moderna. Claro que se trata de uma manifestação extrema, porém deveria soar um alerta para todos nós.

6. Brilhante

Há na história da literatura chinesa as chamadas Quatro Grandes Obras: *Os três reinos, Jornada ao Oeste,** *As margens do rio* e *O sonho do pavilhão vermelho*. Essas antigas narrativas são os clássicos da literatura chinesa, assim como as obras de Homero, *A divina comédia*, *Hamlet* e *Fausto* o são da literatura europeia. Essas histórias, seus personagens e até mesmo os costumes e objetos nelas representados fazem parte da educação cultural chinesa e têm influenciado profundamente as atitudes e os valores das pessoas. É uma pena que, embora tenham sido traduzidas várias vezes para o inglês, o francês e outras línguas, nunca tenham sido adotadas na educação ocidental mainstream. Quando a coqueluche mundial de Harry Potter estava no auge, muitos pais chineses

---

* *Jornada ao Oeste (O rei macaco)* foi escrito por Wu Cheng'en, autor da dinastia Ming, em 1592. É um romance clássico de literatura fantástica. Ao longo dos últimos séculos, foi adaptado a inúmeras óperas regionais, histórias em quadrinhos, filmes e séries de televisão. Sua influência pode ser vista fora da China em vários livros japoneses e de outros países asiáticos que mostram Sun Wukong e o Filho Vermelho como personagens principais. (N. A.)

ralhavam com os filhos por entrarem numa corrida ensandecida para comprar os livros. "Temos *Jornada ao Oeste* há quatrocentos anos, e tudo o que é descrito no livro — os sonhos, as ilusões, os fantasmas, os espíritos e os feitiços — é tão incrível e mágico quanto Harry Potter, talvez até mais!"

O enredo de *Jornada ao Oeste* (ou *O rei macaco*) se origina na lenda do monge Xuanzang (pronuncia-se *shwhen dzang*), que partiu em busca das escrituras budistas. Começa com a história de um macaco mágico que causa furor no céu. Ele segue Xuanzang rumo ao oeste para coletar os textos, usando seus talentos únicos e algum auxílio dos poderes celestiais a fim de afastar demônios e derrotar monstros ao longo do caminho. Ele ajuda Xuanzang a reunir os manuscritos e levá-los de volta ao grande imperador da dinastia Tang, atingindo a condição de buda ao longo do trajeto por meio de várias provações e desenvolvimento pessoal. Os personagens principais do livro são Xuanzang, Sun Wukong (o nome budista do macaco), Zhu Wuneng e Sha Wujing. Todos são retratados de uma maneira vivaz, e o enredo bem estruturado é grandioso. É um dos mais românticos de todos os romances clássicos chineses.

Jornada ao Oeste é amado não apenas por leitores adultos; suas histórias também foram contadas a incontáveis crianças gerações a fio nos lares chineses. Até mesmo em regiões distantes ou desoladas todos usam personagens e episódios do enredo como figuras de linguagem para descrever pessoas, acontecimentos e objetos na sua vida cotidiana. Por exemplo, os glutões são chamados de Zhu Wuneng, enquanto as pessoas em geral decentes, mas ingênuas e com tendência à luxúria, são frequentemente chamadas de Xuanzang. Quem trabalha com afinco é chamado de Sha Wujing, enquanto as pessoas poderosas em posições de responsabilidade são chamadas de Sun Wukong. Os sortudos também são chamados de Sun, o Macaco. Mulheres sedutoras e malignas são chamadas de Demônios de Ossos Brancos, e homens arrogantes são chamados de demônios-búfalo. Arruaceiros de gangues são chamados de soldados-camarões e generais-caranguejos, enquanto aqueles que demonstram habilidades manuais são elogiados por ter uma "infindável cesta de tesouros".

Depois que surgiu a sociedade do filho único, muitos chineses disseram: "Agora não apenas temos sóis, imperadores e princesas além da conta, mas também criamos incontáveis pais Sun Wukong e filhos e filhas Xuanzang, que passam dias e noites em busca das escrituras budistas. Pais mobilizam todas as suas habilidades na busca da magia da vida, digladiando-se com os demônios da sociedade e defendendo seus filhos únicos, seus Xuanzangs. Esses pais nunca alcançarão a iluminação e a imortalidade até que tenham encontrado as escrituras — ou seja, até que seu filho tenha uma família própria e esteja encaminhado em uma profissão. Nosso medo mais profundo é de que o poderoso e vigilante Sun Wukong deixe Xuanzang sozinho por um momento. Este, abandonado para enfrentar fantasmas e monstros, será carregado para um caldeirão fervente e borbulhante, e devorado pelo Demônio de Ossos Brancos!".

Será que esses pais não querem que seus filhos cresçam para se tornar poderosos Sun Wukongs? Como poderiam não desejar isso? Certamente é isso o que qualquer pai ou mãe quer para o filho! Porém, muitas vezes não conseguimos ter a coragem de deixar nosso filho passar pelas provações que o Macaco tem que enfrentar a fim de se tornar Sun Wukong. Quantos anos de uma batalha dolorosa os filhos precisam enfrentar? Deveríamos permitir-lhes errar e criar uma confusão no céu, seguindo Xuanzang em jornadas árduas, escalando montanhas e cruzando rios, passando por mil desventuras? Não, não, impossível!

Não sou diferente, já que com frequência me vejo num estado de ansiedade por causa do meu filho único, Panpan. Entendo perfeitamente que a experiência de vida de que ele precisa é uma parte necessária de seu crescimento e que essa é uma opinião comum entre seus contemporâneos, mas pareço incapaz de me libertar do medo de ele ser meu "único e adorado". A fim de ensiná-lo como lidar de forma independente com o mundo que ele precisa enfrentar, cerrei os dentes e o incentivei a viajar pelo globo, mas cada vez que ele partia eu derramava lágrimas secretas à noite. Meu filho começou a sair de casa e a ver o mundo sozinho aos dezessete anos. Cada vez que eu o ouvia falando livre e alegremente sobre suas experiências em algum recanto longínquo do mundo, sempre me sentia dividida entre a alegria e a tristeza. Nos dias seguintes, quase todas as suas histórias reapareciam em meus sonhos, tão vívidas quanto a experiência dele em si, e com toda aquela ação e aquele movimento enternecendo meu coração. É como uma mãe chinesa certa vez me falou ao telefone: "Quando os filhos voam do ninho, as mães ficam enclausuradas em uma prisão de horror! E será que é quando eles crescem e se tornam Sun Wukongs, cavalgando como corcéis celestiais pelos céus, que enfim nos tornamos Xuanzangs, assaltados por demônios e espíritos maus?".

Usando essa analogia, poderíamos afirmar que enquanto Lótus, a colega de universidade de Lírio, era incapaz de se defender na estrada da vida que a levava até as escrituras, tal como Xuanzang, então Brilhante era uma das Sun Wukongs da sua geração: ninguém era páreo para ela.

O destino nos uniu em uma palestra que eu iria proferir numa livraria de Londres. Na sessão de perguntas e respostas que se seguiu, uma moça chinesa pôs-se de pé confiantemente entre a pequena multidão e indagou: "Por que os ocidentais sabem tão pouco sobre a China?". Suas roupas e seu penteado tinham ares de uma mulher oriental moderna, seu inglês era muito bom, e sua linguagem corporal era resoluta. A essa altura eu já tinha visitado mais de duzentas cidades em mais de vinte países, mas poucas vezes vira um jovem chinês se levantar e fazer uma pergunta em um salão lotado. Isso deixou uma profunda impressão em mim. Depois da palestra, percebi a mesma moça em pé, tranquila, ao fundo da pequena multidão. Parecia esperar uma oportunidade para falar comigo. Naquele dia nos conhecemos e aos poucos nos tornamos amigas. Essa jovem mulher era Brilhante.

Brilhante estava na Inglaterra estudando teoria crítica do teatro ocidental. Imaginei que na época ela provavelmente fosse a única chinesa pesquisando esse assunto no exterior. A maioria dos universitários chineses com que travei contato estudava direito, comércio, administração em finanças, contabilidade e outros cursos que "dão dinheiro". Nas próprias palavras de Brilhante, o estudo da crítica teatral era "uma teoria da arte puramente abstrata e um passaporte para a pobreza". Seu real conhecimento e sua experiência prática de arte vieram de suas primeiras pesquisas na Universidade de Beijing. Ela me contou tudo sobre a Sociedade Teatral da universidade, os saraus culturais e as performances das quais ela participava no Teatro de Arte Popular. Ao comentar a situação atual do teatro chinês, ela suspirava, enquanto avaliava a questão estando na Grã-Bretanha. "Embora a China não tenha a cena teatral confortável e despojada da Grã-Bretanha, e embora haja pouco apoio público às artes performáticas, há muitas pessoas que continuam a ter esperanças", ela disse. "Apesar de controles governamentais rígidos, da fiscalização política e da demanda por obras comerciais para o grande público, que reduzem o desenvolvimento artístico e até o enfraquecem tanto em qualidade quanto em quantidade, em todas as gerações sempre houve jovens apaixonados com uma lealdade fervorosa pelo teatro. Infelizmente, tal ardor e tal criatividade pioneira tendiam a ser ou engessados pela política e pelo poder, ou usados por poderosos do teatro como um estratagema para vender ingressos. A ânsia pelo sucesso instantâneo e pelo lucro rápido está seduzindo um número cada vez maior de pessoas do teatro a abandonar seu espírito artístico e o respeito pela arte dramática. Mas eu simplesmente não estou disposta a fazer isso. Não estou preparada para deixar uma história do teatro longa como a da China sair flutuando e se perder enquanto eu estiver viva."

Ao ouvir as palavras de Brilhante, lembrei como eu ficara chateada e frustrada trinta anos antes, quando as velhas casas e muralhas que delimitavam as cidades foram derrubadas por todo o país. Eu me senti como um louva-a-deus levantando as pernas para parar uma carruagem* em movimento que, abarrotada de slogans tipo "abaixo o velho, viva o novo", vinha veloz na direção do meu espírito e da minha paixão. Eu às vezes vejo no Ocidente cartões-postais dessas velhas construções, daquelas casas de pátios limpos, simples, elegantes, e sinto um aperto no coração. E me pergunto por que calhei de viver nesta época conturbada que destruiu 5 mil anos de civilização.

Brilhante vinha de uma longa linhagem de altos oficiais do governo. Seu avô era um dos fundadores da China moderna, um homem de fama considerável, e tanto seu pai como sua mãe se dedicaram ao Exército por mais de trinta anos. Brilhante cresceu num complexo militar e era cheia de um vigor, de uma mentalidade e de uma energia juvenis. Só de olhá-la à mesa do jantar percebia-se que ela "devorava tudo o que via pela frente". Porém, acho que sua força vinha antes de sua criação em uma grande família que de alguma qualidade pessoal inata. Tinha todas

---

* A carruagem do louva-a-deus é uma história clássica do filósofo Zhuangzi. O inseto vê uma carruagem vindo em sua direção pela estrada e ergue as patas dianteiras na tentativa de brecar-lhe o avanço. A história é usada como metáfora para situações em que uma pessoa superestima a própria força. (N. A.)

as marcas de uma pessoa treinada para lidar com a vida, que sabe aceitar a vida como ela é e obter o melhor de cada situação. Na China moderna, com seus empreendimentos velozes e sua rápida urbanização — talvez também se pudesse falar em desertificação da cultura —, histeria e arrogância têm sido consideradas por muitas pessoas incultas como "nobreza" e devidamente copiadas. Enquanto isso, a verdadeira nobreza de espírito e a força de caráter têm sido desprezadas ou até mesmo esquecidas. Ainda mais tragicamente, muitos filhos únicos que tiveram oportunidade de receber educação universitária não têm sequer vergonha de sua histeria e arrogância, e, ao contrário, as consideram gloriosas. Todos esses valores parecem vir com uma etiqueta de preço.

Em Brilhante, pude ver a sombra de três gerações de mulheres chinesas. Seus valores eram como os de suas avós, que haviam sobrevivido ao caos da guerra. De todos os filhos únicos que conheci, ela foi a menos mimada. Como suas avós diriam: "Sobreviver é um êxito por si só, ter boa saúde é felicidade, e a família é mais importante do que a nação".

A personalidade de Brilhante era, sob alguns aspectos, como a das mães chinesas que se erguem temerosamente entre gerações mais velhas e mais novas, com suas noções de certo e errado definidas rígida e dolorosamente. Têm medo de cometer erros, de passar vergonha, de que os maridos comecem a beber, de que os filhos se desencaminhem. Tanto quanto lhes diz respeito, o que é certo é certo e o que é errado é errado. De bom grado passariam sem comer ou dormir, mas discutirão com você até o fim, pois nas regras não permitem nenhuma ambiguidade.

E, no entanto, apesar de seu forte senso de correção, as paixões de Brilhante eram mais parecidas com as dessas outras filhas, que cresceram cercadas por um desenvolvimento rápido e vertiginoso da sociedade. São quase capazes de mandar nos deuses. Estão mais do que à altura de qualquer tarefa que lhes seja designada nas mudanças e novidades diárias de sua vida, a ponto de nos fazer questionar se mesmo o vento e a chuva respondem a seu sinal e seu chamado.

A chegada de Brilhante em minha vida veio como uma agradável surpresa e um desafio em minha pesquisa sobre a geração de filhos únicos a que ela pertencia. Foi um prazer conversar sobre fenômenos culturais chineses e ocidentais com ela. Viemos de gerações e ambientes diferentes, e essas disparidades acabaram nos aproximando ainda mais. Nossas diferenças de personalidade e de campo de atuação significavam que sempre acabávamos discutindo sobre a mesma questão sob pontos de vista divergentes e nunca concordávamos sem dedicar bastante reflexão ao assunto. Nossa maior discórdia era sobre os filhos únicos e suas relações com pessoas, acontecimentos e objetos.

Quanto a esse fenômeno, nossas opiniões eram quase que diametralmente opostas. Brilhante pensava que a questão dos filhos únicos não era um problema social, mas sim familiar. Dizia que a família era a menor célula no corpo da sociedade e, quando adoentada, grandes regiões do organismo morriam. Acreditava que a sociedade chinesa moderna havia efetivamente rejeitado os valores familiares. Pais empurravam os filhos para a escola, maridos e esposas transferiam a afeição conjugal para restaurantes e shoppings, e filhos eram entregues à concepção de que "lar" significava ou uma jaula ou um salão de jogos. Por outro lado, ela acreditava que o lar era a placa de Petri na qual os pais deveriam transmitir aos filhos as habilidades de sobrevivência e orientação moral, e quanto a isso eles tinham um dever ético. "Se os chineses continuarem assim, com a mulher fora de casa e filhos espalhados por aí ou sem um lar para chamar de seu, a China vai logo perecer como nação!", ela afirmava.

Eu admirava sua intuição, mas mantinha minha opinião de que a sociedade era a fonte de vida e o esteio da família, um sistema de amortecimento e também o céu que a protege — sobretudo agora que a China passa de sociedade agrícola a sociedade urbana, e a consciência da maior parte dos filhos e das filhas acerca das novidades e a sua habilidade de absorvê-las ultrapassam as de seus pais. Nesse momento histórico crucial, sistemas sociais lentos ou inconsistentes levarão a uma sobrecarga excessiva para as famílias. Os jovens que crescem nesses tempos de mudança se extraviarão e perderão o rumo. Desde que a política do filho único foi implementada, a China tem se arrastado atrás das tendências formadas por esses filhos únicos, e os pais têm se desgastado fazendo as necessidades sociais dos filhos, até ficarem exaustos e derrotados.

Brilhante era da opinião de que os acontecimentos globais têm influência em pessoas e objetos. Ao estabelecer um mercado ou um projeto, uma pessoa deve antes de tudo ter equipe e capital. Eu, por outro lado, acredito na filosofia de que algo pode ser criado do nada. Creio que os empreendimentos acontecem e que as pessoas acabam se envolvendo com eles. Novas coisas surgem, e uma ideia simples pode atrair equipe e dinheiro. Brilhante não me dava trégua em nossos infindáveis debates e de tempos em tempos apresentava todo tipo de detalhe para desafiar minhas opiniões. Celular, e-mail, jornais e livros se tornavam instrumentos para os debates eloquentes que ela infalivelmente começava em qualquer lugar, a qualquer hora. Eu muitas vezes mexia com ela: "Em você, vi novamente a força do comunismo. Sempre exigindo que as pessoas sigam uma voz, uma direção, uma linha política!".

Mas eu tinha de reconhecer sua tenacidade. Ela quebrou dois recordes no período que passou em Londres trabalhando na minha instituição de caridade, Mothers' Bridge of Love.

No verão de 2006, a fim de aumentar o contato entre famílias britânicas candidatas à adoção e crianças chinesas, a MBL fez uma parceria com a Little Angel Song and Dance Troupe, que estava de visita em turnê, para organizar uma apresentação beneficente de música e dança no Hyde Park. A locação ideal era um longo gramado ao lado do playground das crianças. Porém, a administração do parque nos disse que o Hyde Park era um espaço público para uso de todos os londrinos. Afora grandes shows aprovados pelo conselho municipal, não era permitido a nenhuma organização usar o espaço, e assim mandava a lei. Na reunião seguinte da MBL, decidimos mudar nossos planos. Enquanto discutíamos as mudanças, Brilhante, que estava encarregada do evento, pôs-se de pé num pulo, gritando: "Não vamos mudar! Só porque eles nunca fizeram isso antes não significa que também não podemos fazê-lo! Se tudo funcionasse assim, o mundo teria estagnado há muito tempo. Não, não, estou decidida a conseguir!".

Nós trocamos olhares confusos. "Ela ficou doida?", perguntamos umas às outras. "Não importa o quão teimosa seja, ela não pode controlar o regulamento de uma cidade inteira!"

Porém, uma semana depois, Brilhante, por meio de sabe-se lá que poderes mágicos, chegou com um documento oficial do Hyde Park. Era uma autorização para a apresentação! Até hoje, ainda não sei como ela conseguiu vencer as regras do conselho municipal.

Londres havia passado recentemente por uma sucessão de dias escuros e chuvosos, mas no dia do espetáculo o sol brilhou com força. A MBL demarcou uma área no espaço verde junto ao playground com várias centenas de balões em cores vívidas e bandeiras com o logo da instituição. A adorável apresentação das Little Angels, dezenas delas com suas fantasias e acessórios coloridos, atraiu mais de cem famílias. Durante o intervalo, convidamos crianças de ascendência chinesa a atravessar o anel de balões para dar uma olhada de perto, mas educadamente pedimos aos espectadores restantes que permanecessem de fora. Nossas voluntárias em meio à multidão ouviram algumas crianças dizendo às mães: "Mamãe, quero ser chinesa!". As mães respondiam: "Oh, filha querida, isso nós não temos como fazer!". Naquele momento, várias de nossas voluntárias foram tomadas por uma forte emoção. Tínhamos dado um tratamento VIP para crianças chinesas em solo ocidental! Mais do que isso, começáramos com vinte voluntárias nos ajudando a organizar e a garantir a segurança do evento, mas na hora da apresentação cinquenta ou sessenta transeuntes espontaneamente tinham se juntado a nós. Entre eles havia eletricistas, palestrantes, professores e arquitetos, todos ocidentais atraídos pelo espetáculo chinês, demonstrando seu amor pela cultura chinesa.

Brilhante fez o discurso de boas-vindas, contagiando a todos com seu fervor e sua determinação. Aquela garota era uma verdadeira vencedora por ter conseguido organizar um cortejo tão suntuoso para as crianças chinesas no Hyde Park — nada menos que um parque real!

Seguindo o sucesso desse evento, a MBL e o Chopstick Club de Londres se juntaram para organizar um festival beneficente em meados de outono no Shanghai Blues Restaurant. Levamos Brilhante para organizar o evento, que ambas as partes esperavam que pudesse atrair cem pessoas. Porém, graças às suas habilidades em publicidade e organização de eventos, mais de 180 pessoas apareceram. Mesmo assim, acabamos ficando sem dinheiro para doar, pois Brilhante se recusou a deixar os oitenta convidados extras pagarem, de forma que o dinheiro conseguido graças à caridade dos primeiros cem foi gasto com refeições para os excedentes. Brilhante explicou: "Não podemos fazer nada que manche a honra do povo chinês. Precisamos mostrar aos ocidentais que somos generosos, não fominhas!".

"Defender a honra chinesa", como Brilhante fez, é algo extremamente comum entre os chineses, até mesmo entre pequenos imperadores e pequenas princesas. Isso se deve àquilo que seus pais e a sociedade em geral chamam de uma boa educação.

Do mesmo modo, muitos ocidentais que trabalharam e estudaram na China me perguntaram: "Por que a consciência social na China ainda parece presa aos campos da cultura agrária enquanto o país se desenvolve tão célere e poderosamente, até mesmo de forma violenta?". Com frequência ouço ocidentais me dizerem que os chineses que eles conhecem pensam em geral que precisam ter boas qualificações para garantir um futuro próspero. Que sem um emprego excelente não é possível ter uma vida boa, e que sem um apartamento e um carro de luxo não pode haver uma família feliz. Privação de dinheiro significa falta de sucesso em qualquer aspecto da vida. Porém, a característica que causa a reação mais forte nos estrangeiros é o "peculiar conhecimento" que os chineses têm do resto do mundo. Por exemplo: para eles, a China é o líder global; os americanos são os mais cultos; os persas, os mais artísticos; os europeus, os mais mesquinhos; o Oriente Médio é o lugar mais pobre; os brancos são todos patrões; os negros são todos refugiados; a Coreia faz os melhores produtos de beleza; os prédios japoneses são os mais modernos etc.

Em algumas famílias sino-ocidentais, o lado chinês constantemente adverte seus familiares ocidentais: "Se não usar roupas de marca, você não tem status. Não é apropriado aparecer assim em público, você vai passar vergonha". Meus amigos ocidentais volta e meia me perguntam: "Por que os chineses dão tanta importância à reputação? Não seria isso uma maneira culta, porém sem refinamento nem civilidade, de interagir polidamente, ou seja, apenas uma máscara falsa?". O que eles alegam é bem verdade, mas não sei como responder a tais dúvidas. O fato é que "nunca manchar a reputação", nunca passar vergonha, é de longe o mais importante padrão de comportamento chinês. Deve-se a todo custo evitar manchar a reputação, por si mesmo, por seus pais, pela escola, pelo trabalho, até mesmo pelo país. Trata-se de uma advertência que sempre ouvimos, desde a tenra infância até a velhice. A reputação se tornou mais importante do que o corpo ou a alma na constituição do caráter cultural do povo chinês. Mesmo que na realidade não saibamos exatamente em que consiste a reputação ou se as vidas que vivemos são inadequadas para sustentar nosso conceito de honra, devemos, como chineses, beirar a falência e ir ainda além para nos vestir bem e conservar nossa imagem. Depois de sair da China, em 1997, joguei fora meu velho "eu" e me refiz inteiramente várias e várias vezes. A parte mais difícil disso tudo, e que até hoje ainda não consegui realizar, é me libertar dos "grilhões da reputação".

Embora Brilhante tenha sido exposta a mais coisas internacionais, e no geral tivesse mais formação e fosse mais viajada do que muitos chineses, o "gene da honra" era algo que fugia do seu controle. Influenciava terrivelmente a forma como ela lidava com situações e pessoas. Para ser honesta, eu sou idêntica nesse aspecto. A todo momento nós ficávamos furiosas com as críticas e com a condenação que a mídia ocidental fazia da noção de amor-próprio e da honra chinesa. Porém, quanto mais vivemos nesse espaço internacional, melhor entendemos por que as pessoas não respeitam nossa reputação. É porque um prestígio que não tenha alma ou espírito é, de fato, só uma máscara. Porém, essa é uma ideia que perturba muitos jovens chineses, que consideram a ideia de espírito e de alma apenas conceitos infantis, ou uma grande piada.

Brilhante era uma moça que ficava frustrada com a má interpretação que o Ocidente fazia de seu povo, e era comum debatermos essas questões até chegarmos às raias da indignação. "Precisamos fazer algo para ajudar os ocidentais a entender os valores e o espírito da China, sua cultura antiga, sua enorme população e seu imenso território. Deveríamos estar na vanguarda do pensamento mundial. Que impressão a China vai deixar no mundo: não mais do que alguns dados estatísticos políticos e econômicos, ou o espírito do povo chinês?", ela perguntava. Cada uma de minhas discussões com Brilhante me emocionava e me reconfortava. Eu via, na sua geração, a propensão inata do povo chinês a um contínuo autoaperfeiçoamento. Essa era uma fonte de energia e alento para os meus escritos e para o meu trabalho beneficente.

Dois anos mais tarde, quando Brilhante estava prestes a voltar para a China, nós saímos para dar um passeio no Hyde Park. Ela me contou que fora visitar um parente aposentado que trabalhava na embaixada chinesa. Ela achava que em poucos dias seu conhecimento sobre os Estados Unidos aumentara consideravelmente.

"Os Estados Unidos foram uma enorme decepção, Xinran." Brilhante se postou diante de mim, forçando-me a parar.

"Por quê?" Tentei passar por ela e continuar caminhando, mas ela me perseguia, passo a passo. Claramente ela queria que eu parasse onde estava e ouvisse o que ela tinha para dizer. Esse era o sinal de que Brilhante estava prestes a embarcar em um dos seus monólogos, um sinal que eu fora treinada a reconhecer em função do tempo que havíamos passado juntas.

"Agora sei de onde vêm todos os desagradáveis hábitos da sociedade chinesa. São os americanos espalhando o lixo da sua cultura pelo mundo. Danificando os sistemas fundamentais das outras civilizações, de forma que o resto do mundo se vê forçado a ansiar pelo crescimento da cultura deles!", disse Brilhante, furiosa.

"Que jeito extremo de ver as coisas! Mesmo se considerarmos que eles largaram seu lixo sobre nós, poderíamos tê-lo recusado. Comunicação e contaminação são vias de mão dupla." Eu esperava conseguir aplacá-la.

"Como poderia ser diferente? Eu pensava que os jogos de poder, a falsidade, a arrogância, o logro dos pobres e o preconceito racial vinham da China. Que eram apenas efeitos colaterais da

Reforma e da Abertura. Mas foi só depois de chegar aos Estados Unidos que percebi que isso é lugar-comum para os americanos. Digo até que essas são as características especiais da cultura deles." Brilhante começou a esticar o pescoço na minha direção; seu espírito contumaz voltara!

"É bom ter argumentos contundentes, mas eles também podem funcionar como uma entrada dupla. Ao se esconder atrás das portas da sua própria cultura, você se torna incapaz de absorver a novidade e a sabedoria das demais culturas." Deliberadamente desacelerei minha fala, a fim de evitar outro embate.

Brilhante não gostou da minha tática de tergiversação e disse, imperativa: "A sabedoria americana foi roubada de todas as partes do mundo!".

"Mas a habilidade de reconhecer sabedoria e então roubá-la não é também um tipo de sabedoria?" Agora eu não estava brincando, as palavras vinham diretamente do meu coração.

Os olhos de Brilhante faiscavam. "Sabe de uma coisa? Até mesmo as campanhas eleitorais deles são uma farsa. Eles distribuem sopa e pequenos favores para conseguir os votos daquelas pobres pessoas! Isso não é zombar da vontade do povo, ao mesmo tempo que se levanta a bandeira da democracia? Não significa que qualquer pessoa que tenha dinheiro pode jogar o jogo da política?"

"Mas com certeza é assim em todo lugar, não?" Eu sempre tentava contrabalançar um pouco suas visões extremistas.

Brilhante olhou para mim. "Pare de tentar defendê-los com esse papo diplomático! Grande parte da cultura americana é linguagem de máquinas; responde apenas a códigos de barras, não à cultura. Vários dos meus velhos colegas de universidade estão nos Estados Unidos, graças a alguma bolsa. Depois do mestrado, não têm tempo de ler livros, assistir ao noticiário ou ver os amigos, já que passam todo e qualquer minuto tentando fazer igual aos outros, ganhando dinheiro e consumindo. Nos finais de semana jogam video game ou então dormem até tarde. 'Atividades culturais? Pode esquecer', eles dizem. 'Isso é privilégio dos ricos; nós, chineses, ainda não ganhamos o suficiente para isso!' Assim que voltam para casa, porém, esses estudantes chineses — que avançam às cegas e são completamente analfabetos em história e civilização mundial — vomitam frases feitas 'a cultura ocidental isso e a cultura ocidental aquilo' como cartazes anunciando liquidação. Costumam induzir as pessoas que são novas nas cidades a gastar o dinheiro ganho graças ao suor e ao sangue de gerações em luxos e enfeites para nutrir sua 'nobreza e honra'. Veja os jovens chineses que nunca precisaram se sustentar sozinhos, com seu próprio esforço, na China e no exterior. São imprudentes e levianos; gabam-se, na maior cara de pau, de jogar dinheiro pela janela e consumir freneticamente, sem a menor noção de vergonha!

"Xinran, apenas imagine, por um momento, se você pegasse cosméticos de primeira linha e os passasse no rosto de vários cadáveres ambulantes, em uma cidade que foi criada pela civilização; que cena seria! Mas esse é precisamente o sucesso que nós, chineses, experimentamos sob as luzes brilhantes dos Estados Unidos. Hegemonia política, força econômica, fraqueza cultural, atitudes e comportamentos pouco civilizados. Mas me diga, isso não é um ferimento cruel imposto à nossa civilização pela cultura americana? Não é poluir nossa sociedade com lixo americano? Os filmes de terror americanos praticamente se tornaram o alimento espiritual das nossas crianças e nossos jovens. Será possível que ninguém veja de fato o terrível mal de tudo isso?"

Meu coração pulava de emoção, porque várias vezes me vejo tomada por uma raiva justificada em relação a esse tema. Os filmes de ação americanos estão realmente roubando a alma dos nossos filhos, e, diante de tamanha força, ninguém consegue lutar contra as tentações e a tirania do dólar americano.

Brilhante notou que não falei nada, mas, impaciente para

continuar ventilando sua insatisfação, continuou. "Por que os chineses ainda tratam os Estados Unidos como se fossem a personificação do imperador e do deus da fortuna? A fortuna de muitas famílias americanas foi conquistada graças à escravidão, e eles sustentam suas famílias com dinheiro roubado dos outros. Mais cedo ou mais tarde vão nos encurralar e nos fazer pagar por sua extravagância!", Brilhante declarou, o peito arfando de indignação.

Em 2010, quando ouvi que o governo chinês estava comprando títulos do governo americano em grande escala, lembrei do que Brilhante dissera em 2007: "Mais cedo ou mais tarde vão nos encurralar e nos fazer pagar por sua extravagância". Mas, nessa época, quantos chineses tinham a perspectiva ou a visão ampla de Brilhante? Para ser sincera, eu mesma não havia considerado essa questão.

Naquele dia, nossa caminhada durou três horas e meia. Conversamos sobre todas as nossas impressões dos Estados Unidos e da China, e Brilhante me deu mais uma lição, dessa vez a respeito dos diplomatas chineses. Em sua opinião, uma das razões pelas quais a China lutava para penetrar na sociedade ocidental era a baixa qualidade e a incompetência dos diplomatas chineses. Além da disciplina rígida e do sistema de supervisão que os fazia ter medo de mexer um músculo sem antes ponderar, muitos simplesmente não tinham nenhum talento ou consciência diplomática. Alguns viam cargos no exterior como um privilégio do trabalho que lhes permitia viajar para fora e se divertir, em sistema de rodízio. Um parente de Brilhante que trabalhava numa embaixada lhe disse que, além do embaixador, os adidos, o primeiro-secretário e o adido militar — todos os quais haviam subido degrau por degrau a cuidadosamente disposta escada da carreira do serviço diplomático —, muitos outros eram alocados devido a contatos de familiares ou por outras formas de nepotismo. Ela comparava isso com o Ministério das Relações Exteriores, no qual o pessoal só era promovido na base da hierarquia de tempo de serviço e era preciso esperar para receber um cargo no exterior. Além disso, ela observara que, uma vez que os trabalhadores da embaixada chegavam a um país estrangeiro, passavam todo o seu tempo nos próprios aposentos, falando chinês, cozinhando comida chinesa e vivendo como estudantes estrangeiros em um mesmo dormitório. Realmente desapontavam o país e seus conterrâneos.

"A área de relações exteriores é muito especial", falei. "As pessoas desse campo muitas vezes nem sequer conhecem todas as responsabilidades da pessoa que ocupa a sala ao lado. Como então você desejaria entender o funcionamento de uma embaixada em apenas alguns dias?" Muitas vezes senti que essa nova geração chinesa leva a ideia de "nós sabemos de tudo" a um novo patamar!

Brilhante me disse: "Sei que vocês, pais, têm certeza de que os filhos não pensam antes de agir, que não examinam as questões por todos os ângulos. Sei que muitas vezes vocês nos condenam por agir impulsivamente, mas vou lhe contar algumas coisas que lhe mostrarão que não estou agindo como uma criança.

"Talvez eu deixe alguns presentes caros para os meus amigos antes de voltar para a China. São todos 'presentes diplomáticos' que os amigos do meu parente diplomata baseados no exterior não distribuíram antes de deixar seus cargos. Eles os recebem de graça do Estado e supostamente devem usá-los para azeitar engrenagens e abrir certas portas, mas quase nunca o fazem. Tenho trinta camisetas dos jogos olímpicos, trinta gravatas de seda de mil iuanes (mais de 160 dólares), vinte blusas de seda, cinco quadros de brocado muito caros e dez pastas de couro com acabamento em prata. É assustadora a quantidade de coisas que eles têm, cada um tem pilhas de presentes. Embora alguns tenham ficado mais de quatro anos no cargo, eles nunca conseguem dar tudo, já que morrem de medo de participar das atividades culturais locais! Dizem que têm medo de falar inglês! Se é verdade, por que então inventaram de se tornar diplomatas? Não é a mesma coisa que sentar no vaso sem evacuar?" Quanto mais falava, mais furiosa Brilhante ficava. Caminhando a seu lado, eu quase podia sentir seu hálito mordaz. "Meu parente queria acabar com qualquer vontade que eu pudesse ter de entrar na diplomacia, então quis me mostrar uma coisa. Um dia, às nove horas da manhã, ele me levou a uma sala de leitura para funcionários da embaixada, onde dezenas de jornais estavam cuidadosamente dispostos sobre três mesas. Então me disse que me levaria de novo lá para verificá-los às quatro e meia. Voltamos à sala de leitura logo depois das quatro, para encontrar os jornais descansando organizadamente em suas pilhas, ainda em seus invólucros originais. Logo em seguida uma moça da limpeza veio e enfiou todos os jornais em uma lixeira, às dezenas! Aparentemente, isso acontecia todos os dias. É isso o que os nossos diplomatas entendem, é isso o que eles valem. 'Por que você ia querer desperdiçar o seu futuro nessa lixeira cultural?', ele me disse."

"Isso não é enlouquecedor, Xinran? Se é assim que os nossos diplomatas chineses se comunicam, então sabe Deus quantos anos teremos de esperar até alcançarmos o resto do mundo! E me diga, que outras esperanças nosso país tem?", Brilhante me perguntou, frustrada.

"Há esperança", falei a ela. "Onde há dor e raiva, sempre há esperança! A coisa só se torna realmente assustadora quando você não sente nada. Agora não há cada vez mais Jovens Furiosos?*

---

* Na Grã-Bretanha dos anos 1950, o termo "Angry Young Men" era usado para se referir a um grupo radical de escritores. Na Europa e nos Estados Unidos da década seguinte, designava grupos de jovens de esquerda revoltosos que pregavam a derrubada dos valores tradicionais sociais. Na Hong Kong dos anos 1970, fazia menção a jovens que estavam insatisfeitos com o estado da sociedade e ansiosos por mudanças. Nos anos 1990 o termo foi usado para

Essa é a esperança da China! A dor não é algo que um deus, um espírito ou o dinheiro possam dissolver." Na verdade, com frequência questiono: pelo que a China deveria ansiar? Quando ouvi essa história sobre nossos diplomatas, fiquei muito desanimada. Eu me perguntei se esses diplomatas percebiam que estavam desonrando o povo e o governo ao não falar uma língua estrangeira direito e ao ter medo de passar vergonha.

Lembro de conversarmos sobre o futuro de Brilhante aquele dia. Eu brinquei: "Ah, Brilhante, você sofre por causa da situação do país, indigna-se com a falta de entendimento entre a China e o Ocidente, é capaz de contornar as regras da prefeitura para o Hyde Park; como é que você ainda não tem um namorado?".

Quando ouviu isso, Brilhante caiu na gargalhada. "Você é impaciente como a minha mãe! Eu ainda nem tenho trinta anos, qual a pressa? Não é como se eu fosse uma camponesa, morrendo de pressa para casar, ter filhos e firmar meu status como a dona de casa da família. Em países desenvolvidos os jovens não esperam até os trinta ou até quarenta anos antes de começar a falar em casamento? Acho que é uma maneira muito sensata de lidar com a questão. Isso nos dá tempo para nos tornarmos economicamente independentes, bem como uma oportunidade de viver a vida a fundo e bastante tempo para aprender sobre os homens. Senão, somos como crianças brincando de casinha! E no entanto..."

Brilhante me lançou um olhar atrevido. "Para falar a verdade, todos os homens que conheci parecem fazer um drama tão grande das pequenas coisas, mas, quando se trata de conversar

---

descrever nacionalistas convictos e, particularmente, usuários de internet com ideias radicais. A expressão também se difundiu até denominar movimentos nacionalistas no Japão e em Taiwan, os quais a mídia chinesa chamou de Jovens Japoneses Furiosos e Jovens Taiwaneses Furiosos. (N. A.)

sobre as coisas importantes da vida, nenhum deles ganha de mim. Preciso encontrar um homem que me conquiste completamente, não apenas com palavras, mas que conquiste o meu coração. Talvez ele ainda não tenha nascido."

Depois de Brilhante voltar à China, só tivemos mais dois encontros rápidos. A primeira vez foi cerca de um ano depois de ela ter ido embora da Grã-Bretanha. Ela fez um esforço para comparecer a um evento para voluntários da MBL em Shanghai. Combinamos de nos encontrar naquela noite para conversar. Ela me disse que nos primeiros cem dias em que esteve em casa ela se sentiu como um peixe que finalmente encontrara água, com ideias originais e oportunidades batendo a seus pés. Três meses depois, porém, todas as suas esperanças, planos e projetos pareceram ruir um após o outro. Ela se deu conta de que não conseguia mais se adaptar ao sistema e ao estilo de administração chinês.

"É um sistema no qual o conhecimento é regido pela ignorância, em que dinheiro e poder intimidam a alma e a cultura", ela disse. Basicamente, as diferenças nos estilos de vida e no sempre mutante clima cultural da China não haviam vencido a determinação dessa moça de seguir seus objetivos. Como antes, Brilhante expressava suas habilidades de forma desenfreada. "Xinran, a China não apenas ultrapassou todas as normas em termos de desenvolvimento econômico, mas também em relação à maneira como as ideias e os valores das pessoas mudaram. Isso não pode mais ser medido classicamente em gerações, já que as coisas estão mudando tão rápido que jovens com apenas dois ou três anos de diferença parecem separados por uma geração, e em questão de cinco ou dez anos suas opiniões estão obsoletas! As diferenças entre a China e o Ocidente não têm mais apenas a ver com cultura, linguagem e tradições. Já começamos a perceber até mesmo as coisas mais fundamentais de maneiras completamente diferentes. Em países ocidentais desenvolvidos, as pessoas se divertem e exploram a vida antes de alcançar os trinta anos de idade, mas na China esse é o período em que passamos estudando e nos estabelecendo numa profissão. Antes dos trinta, os homens chineses estão lutando para comprar uma casa e um carro, e abrindo caminho até salários de seis dígitos. Se não o fazem, são considerados fracassados e inaptos para se casar e ter um filho.

"Já as mulheres, dedicam todo o seu tempo a não fazer feio em relação aos vizinhos. Elas nem sequer se comparam umas às outras, e sim aos homens com quem convivem! Todas as cidades grandes da China são assim, e agora outros municípios, aldeias e vilarejos também estão copiando. Xinran, você se dá conta de que os chineses agora estão adotando a extravagância para valer, e com grande barulho? Lojas, revistas, até mesmo escolas de luxo se tornaram parâmetros de ouro para a felicidade e o bem-estar. Sabe, desde os tempos antigos, o termo 'luxo' sempre foi considerado pejorativo, a ser dito com desprezo! Na China e no exterior, as famílias sempre advertiram os filhos contra o encanto da extravagância. Porém, até hoje nunca houve uma religião ou uma civilização capaz de barrar seu poder destruidor. Às vezes me pergunto se lutas e disputas de poder de fato ajudam a sociedade a progredir, enquanto a democracia e a tecnologia talvez nos atrasem. Não vou mentir para você, eu muitas vezes me sinto acuada. Todos os caminhos que quero trilhar estão envoltos em escuridão, enquanto aqueles que não me agradam parecem estar reluzindo, de tão iluminados!"

Esse desabafo emocional me fez temer pela vida futura de Brilhante na China, mas no final das contas aconteceu que eu me preocupara à toa. Sua personalidade indomável, sua articulação e seu domínio da língua inglesa muito rapidamente abriram-lhe portas para projetos culturais de capital estrangeiro. Por fim, depois de muita busca e análise cuidadosa, ela decidiu trabalhar no filme *O massacre de Nanjing*, sobre a carnificina perpetrada pelas tropas japonesas em 1937-8. Ela me disse que o diretor desse filme, um alemão, era grande fã dos meus livros *As boas mulheres da China* e *Testemunhas da China*, e que ficara profundamente emocionado com as minhas ideias. Ele dissera a Brilhante: "Por que o povo chinês não deu aos fracos uma voz potente? A maior parte da população chinesa, em algum momento da história, pertenceu a algum grupo desprivilegiado. Mas será que registrar somente a crônica dos sucessos e das vitórias resulta num relato fiel da história chinesa? Os dois livros de Xinran me forneceram muita informação sobre a cultura das mulheres chinesas e dos pormenores da vida delas, e uma compreensão das humilhações e pesados fardos sob os quais elas labutaram".

Respondi com meus botões: "E não apenas na China. Ao longo de todas as guerras e de todo o caos da raça humana, os homens sempre usaram da humilhação e de maus-tratos para com as mulheres para se vingar de seus inimigos. Mas essas mulheres, que suportam extremos de frio, fome, injustiça e humilhação, sempre se deixaram derreter em silêncio, passando a ser o fertilizante que nutre família após família, o pulso da história e a força de seus homens".

De repente, Brilhante disse: "Sabe, Xinran, eu desconfiava um pouco de que seus livros mostrassem a China sob uma luz negativa, e portanto fazendo as mulheres chinesas passarem vergonha. Só quando comecei a trabalhar com estrangeiros é que entendi completamente como seus livros, bem longe de fazer as mulheres chinesas perderem prestígio, na verdade conseguiram conquistar um tanto de respeito para elas e para o país. O cineasta disse que os alemães entendem seus livros melhor do que outros povos, porque, depois da Segunda Guerra Mundial, a Alemanha era uma nação derrotada. Pelo menos duas gerações de alemães lutaram para manter a cabeça erguida no mundo. Como alemão, ele disse que era necessário ter cuidado até mesmo ao fazer piadas, já que receavam tocar um nervo ou provocar raiva. Até mesmo ao discutir conceitos de justiça as pessoas não concedem aos países derrotados ou fracos uma parcela igual ou mesmo razoável no espaço histórico. Ele disse que apenas uma pequeníssima minoria de escritores, como Xinran, discute esses sentimentos em seus livros e sugere que os perdedores também deveriam ter respeito por si mesmos e direito a uma voz. Realmente espero que você possa conhecê-lo, Xinran. Graças a você, o diretor e eu nos tornamos bons amigos".

Falei a Brilhante: "Não é graças a mim. A qualquer lugar que você for, sempre encontrará o trabalho que deseja. Sempre encontrará amigos que apreciam pessoas de caráter, pois você já preparou o seu futuro. Embora goste de reclamar e sempre ache que precisa ter razão, você raciocina. Acho que se você puder estender olhos e ouvidos a outros lugares, e aprender a conviver com as coisas ambíguas que são ao mesmo tempo pretas e brancas — mesmo que sejam tão sombrias quanto uma pintura taoista *bagua* —, a tolerância lhe trará paz para acompanhar seu sucesso. O que me diz disso?".

Brilhante sorriu e não discutiu comigo. Talvez ela já estivesse começando a entender todas as implicações daqueles matizes de cinza que há entre o preto e o branco.

A segunda vez que vi Brilhante foi um ano e meio depois disso, quando nos encontramos no bar do hotel em que me hospedava.

Antes que eu pudesse dizer qualquer palavra, Brilhante explodiu: "Xinran, desculpe, mas há uma coisa que preciso lhe contar. Terminei de filmar *O massacre de Nanjing*, mas ainda estou presa a ele. Sinto como se tivesse perdido toda a paz de espírito!" Brilhante, que nunca chorara na minha frente, se desfazia em lágrimas.

Apressei-me em perguntar: "O que foi?".

"Esse projeto mexeu comigo terrivelmente. Quando o projeto terminou, nenhuma das pessoas envolvidas no filme pôde fugir dele. Foi algo devastador, tantas vidas dizimadas como num jogo. Essa matança de uma etnia por outra teria sido motivada por maldade e vingança? Mulheres e crianças, velhos e jovens, 300 mil pessoas. Se os flashbacks que temos do filme nos deixaram impossibilitados de viver uma vida normal, imagine então como é que os sobreviventes e as testemunhas reais conseguiram!"

Balancei a cabeça. "Sim, por que é que precisamos da guerra? Será a honradez dos poderosos a mesma que a dos fracos? A humanidade alcançou o século XXI, mas ainda conceituamos o certo e o errado usando métodos do passado distante e glorificamos heróis cujo passado está encharcado de sangue."

Dois ou três anos depois, bem tarde da noite, um e-mail de Brilhante com uma sequência de pontos de exclamação surgiu na minha caixa de entrada. *Estou apaixonada, profundamente apaixonada!!!!!!!!!!!!!!*

Ela não disse por quem. Imagino que qualquer homem capaz de conquistar Brilhante deveria ser muito maduro, e que ela decerto o admirava muito, tanto espiritual quanto profissionalmente. Eu acabara entendendo que muitas moças com a personalidade como a de Brilhante com frequência escolhem um homem bem mais velho como marido. Muitos pais de filhas únicas acham isso preocupante ao extremo, acreditando que elas, por se casarem tarde, se viram forçadas a isso por falta de escolha. Para eles é muito difícil entender que as necessidades espirituais de suas filhas são mais importantes do que os "pré-requisitos matrimoniais" que caracterizaram os valores de seus pais em sua época.

Escrevi a Brilhante uma resposta rápida perguntando quem era o felizardo; ela estava on-line no momento e respondeu na hora.

Xinran, ele tem vinte anos a mais do que eu, mas admiro seu

espírito, suas qualidades e suas ambições. Ele não apenas é um idealista, como usa sua sabedoria e seu espírito para pôr em prática seus desejos. Ele é cineasta, mas não de filmes sensacionalistas. Suas obras nos fazem pensar, nos pegamos saboreando-os vezes sem conta. Você disse uma vez que, na vida, devemos usar ambas as orelhas para ouvir, ambos os olhos para ver e associar coisas diferentes no cérebro para criar algo que seja verdadeiramente nosso. Ele também me disse algo assim: que muitas pessoas passam toda a sua vida sem nunca entender que é preciso duas orelhas para ouvir histórias. Elas só escutam com uma orelha e só veem o mundo com um olho. É só quando você consegue enxergar um aspecto das coisas mas também deliberadamente procurar outro e combinar todos eles que você pode fazer um filme seu. Essa é a verdadeira maneira de considerar e pensar sobre as coisas. Acredito que ele vai me dar a família feliz que eu quero. Você acredita em mim?

Acredito em você!!! Usei essas três palavras e três pontos de exclamação como resposta.

Isso simbolizava nosso entendimento tácito sobre os conceitos orientais e ocidentais de "conhecimento prévio ao entendimento" e "entendimento prévio ao conhecimento".

Um ano e meio depois, um novo membro chegou à feliz família de Brilhante, uma bela filha. Ela me disse que passara a gravidez sob a "direção e orientação" de doze parentas duas gerações mais velhas que ela. Estava agora preocupada com a filha, que estava aprendendo a caminhar, e com o que aconteceria quando a levasse para fazer reverências à família no Ano-Novo Chinês. Será que machucaria a cabeça de tanto tocá-la no chão?

De todas as mulheres chinesas que conheço, Brilhante é a que mais me proporciona conforto e felicidade. Ela é o orgulho da primeira geração de filhos únicos.

Sua mãe não oprimiu sua filha única; ao contrário, depositou nela toda a confiança. Não a forçou a adotar seu cinismo diante do mundo e seus costumes, e tampouco a obrigou a ser perfeita. Permitiu que a filha cometesse erros e tivesse crenças e ações que iam de encontro às da sociedade. Tudo isso deu a Brilhante a oportunidade de aprender o que era certo ou errado na própria vida, em vez de viver pelos critérios de outras pessoas ou pelos que a sociedade ou os manuais definem. Na China de hoje, muitas famílias não são plenas. Os pais estão ocupados com suas próprias batalhas e com a acumulação de objetos materiais domésticos. Apressados e sobrecarregados, eles apenas definem e corrigem com crueldade os conceitos de certo e errado de seus filhos em desenvolvimento, sem lhes dar chance de juntar os fragmentos da vida num enquadramento maior para que possam entender. Muitos são os pais que não permitem ao filho usar suas duas orelhas para ouvir histórias, nem seus dois olhos para ver o mundo.

As histórias que Brilhante me deixou são muitas, e toda lembrança é, para mim, uma coleção de felicidades. Até hoje guardo com carinho o único presente que ela me deu: o primeiro cartão de Natal que me mandou. Eram sete cartões, cada um de uma cor diferente.

Brilhante escrevera no primeiro cartão, vermelho: "Xinran, feliz Natal! Sou uma pobre estudante, sujeita a ganhar meu próprio pão, então não tenho nenhum presente para você. Estas são as sete cores de que eu mais gosto. Com elas quero lhe agradecer, porque você me fez entender o significado dessas outras seis cores na vida de uma pessoa. Cada uma representa um dos sentimentos de uma filha, e um agradecimento".

O cartão laranja era sua gratidão por eu ter guiado seus dois olhos e suas duas orelhas a perceberem o mundo.

O azul era pelas muitas intuições e ideias que eu lhe dera em nossas conversas sobre a China.

O roxo, por eu ter explorado com ela as diferenças e as semelhanças entre homens e mulheres no que diz respeito a sexo, emoções e amor.

O amarelo agradecia por eu tê-la desculpado quando quebrou um prato em minha casa.

O verde era o seu agradecimento por eu ter encarregado a ela o projeto da MBL.

O cinza era por eu a ter ajudado a entender a vida e as pessoas que há entre os dois polos do preto e do branco.

Todos estavam cobertos por escrita. Quando olho para esse arco-íris de cartões e leio sua bela e elegante caligrafia, sinto o coração dessa jovem bater. É possível que haja no mundo uma amizade mais enternecedora do que essa?

Algum tempo depois, examinei esse presente de novo e para minha surpresa descobri que no interior do envelope, em caracteres minúsculos, se lia: "Filhos únicos também aparecem em todas as cores do arco-íris!".

Como você vê o caso Yao Jiaxin? Por que a sociedade chinesa está debatendo sobre ele (um homem pós-anos 1980) de forma tão feroz?

Claramente não é possível entender Yao Jiaxin usando a lógica das pessoas comuns quanto ao que é certo ou errado, e acredito que tirar a vida de outra pessoa é, de qualquer jeito, desumano. Claro, ele nasceu num lar economicamente favorecido, e não houve nada de anormal em suas circunstâncias familiares. Sua natureza básica talvez não seja má, no fundo; atropelar alguém e depois assassinar a vítima ferida pode ter sido o impulso de um momento, mas ele não será o último. Antes dele tivemos o estudante da Universidade de Qinghua que desfigurou uma pessoa com ácido sulfúrico, e o mestrando da Faculdade de Direito da Universidade de Beijing que, não tendo conseguido encontrar trabalho, matou um menino inocente de dez anos de idade em uma tentativa de extorquir dinheiro de sua família. Essas ações foram talvez um grande erro em um momento de fraqueza, mas são o resultado de uma aberração na natureza humana. O resultado pode ser diferente no caso de Yao Jiaxin, mas com certeza haverá outros mil Ma Jiaxins ou Zhang Jiaxings lá fora, que cometeram crimes similares ou outros, até mesmo mais chocantes.

Não acho que esse seja um problema apenas de filhos únicos, é também um distúrbio da educação chinesa: a insistência contínua apenas na técnica e na ciência, e a ideia de que apenas os fortes florescem ao passo que os fracos vão para o paredão. Tudo isso inevitavelmente cria mais jovens e mais cidadãos desse tipo. Essa é a trágica inevitabilidade da educação chinesa. Não temos praticamente nenhum cidadão virtuoso, no sentido real da palavra, que esteja preparado para tomar para si responsabilidade pela sociedade. Temos apenas pessoas e multidões cegas e ignorantes. Os justos amam os outros, dizem os clássicos; mas nossa educação, perpassando família e escola, simplesmente falha em considerar o mundo interior dos educandos. Erradica seu amor e seu cuidado, criando um deserto emocional letárgico, em que tudo é visto com total indiferença.

O sr. Yu Jie* disse: "Nossa educação fracassa em fornecer aos beneficiados uma educação moral instruída em princípios legais, uma base moral com significado ético, um 'sentido moral' com uma mensagem cultural e uma habilidade de amar com relevância espiritual".

---

* Yu Jie (1973-): autor contemporâneo da província chinesa de Sichuan que escreve sobre assuntos culturais e políticos. Diretor do Independent Chinese PEN Centre de 2005 a 2007, teve papel ativo nos movimentos pelos direitos humanos na China e expressou abertamente suas opiniões. Em janeiro de 2012, mudou-se com sua família para os Estados Unidos, onde ele se concentra na publicação do livro *On Liu Xiaobo* [Sobre Liu Xiaobo]. (N. A.)

7. Lenha

De fato, filhos únicos vêm em todas as cores do arco-íris. Porém, excluindo uma divisão em personalidades monocromáticas, é muito difícil pintar esses jovens em cores de acordo com época de nascimento, ambiente familiar, classe social, educação ou habilidades. Nem mesmo os diferentes matizes encontrados na primeira geração de filhos únicos são facilmente detectáveis apenas pelas lentes das três cores primárias. São um grupo multicolorido, que perpassa todas as 256 cores da computação gráfica. Mas minha pesquisa mostra que as cores frias ultrapassam em muito as cores quentes. A partir do que ouço falar de amigos e parentes, da mídia e pela internet, de rumores e conversas entreouvidos na rua, há apenas um número limitado de exemplos que inspiram e revigoram, e incontáveis outros que nos fazem dar de ombros e suspirar. Eu costumava buscar conforto no ditado chinês: "As coisas boas nunca atravessam a porta da frente, enquanto as coisas ruins viajam centenas de quilômetros". Talvez eu só tivesse visto e ouvido sobre a escória da sociedade? Acabou que aquilo que eu estava procurando (valorização da família, conhecimento da sociedade civilizada e respeito pela qualidade de vida, tal como eu havia aprendido na minha juventude com minha família) não existia, ao passo que havia toda uma torrente de coisas que eu gostaria de não ter conhecido.

Em junho de 2011 uma amiga que sabia que eu estava escrevendo este livro me mandou por e-mail a seguinte história.

Um menino de nove anos, bonito e enérgico, detestava fazer seu dever de casa e tramava todo tipo de estratagema para fugir da tarefa. Certa vez ele enfiou seu livro de exercícios embaixo da torneira de água fria, então o levou para a professora dizendo que não podia fazê-los. Ele também detestava quando as outras pessoas faziam seus deveres. Certa vez ele pegou o livro de um colega e o jogou na privada. Quando seu colega chorou, ele agiu como se nada tivesse acontecido. Um dia, no almoço, não muito longe do início das férias de verão, ele esvaziou os pneus de todas as bicicletas e motocicletas enquanto ninguém estava vendo, então ficou de canto, apreciando os gritos de susto e alarme de todo mundo. As pessoas próximas dele finalmente ficaram de saco cheio e o arrastaram até a sala do diretor, quando então ele se sentou, calmamente e sem afobação, e esperou que alguém se dirigisse a ele.

"Por que fazer algo assim?", lhe perguntaram.

"Para me divertir. É fascinante observar os pneus murcharem, e também tem aquele som engraçado, piiiiiii...", respondeu o menino.

As pessoas comentaram: "Será que essa criança está sofrendo de algum tipo de problema psicológico? Por que é tão insensível?".

Sua mãe era dona e gerente de uma empresa, vivia ocupada dia e noite. Assim que pôde, colocou o filho em uma escolinha de período integral, a fim de poder se dedicar a seus negócios. Mas, quanto mais ela faturava, mais a solidão do garoto se aprofundava.

O tempo passou, e a cada dia o menino se distanciava mais dos pais. Ele se tornou como o macaco Sun Wukong, que, nascendo de repente de uma pedra, investe toda a sua energia e todos os seus sentimentos para deixar seus rastros em pequenas travessuras e fazendo mal às pessoas por diversão.

O pai do garoto falou com ele ao descobrir que seu querido filho andara tirando o ar dos pneus dos vizinhos. "Você não pode esvaziar os pneus dos outros; se você precisa fazer isso, então faça com o do seu pai". Ao ouvir isso, o filho ficou feliz da vida, e suas traquinagens aumentaram até que o pai não as aguentou mais. Ele tirou o cinto e espancou o garoto com selvageria. Mas não demorou até que o filho se acostumasse com isso e dissesse a seu professor: "Não tenho mais medo, o cinto do papai ficou mole depois de todas aquelas surras!".

Os psicólogos infantis chineses concluíram: "Como esse menino de nove anos não recebia cuidados suficientes, e por causa da influência permissiva da família, problemas surgiram tanto em suas emoções como no seu comportamento. Ele era incapaz de se aclimatar à vida normal e ficou absorto em seus interesses pessoais, preferências e ojerizas. À primeira vista, ele é uma criança fria e cruel, mas isso só mascara sua enorme necessidade de carinho e afeto. Porque não teve essa necessidade satisfeita, ele se desviou do caminho.

A história me fez lembrar de um amigo, Lenha, membro da primeira geração de filhos únicos da China, que uma vez me contara sobre sua infância rebelde. Encaminhei a história a ele, pedindo que me dissesse o que achava, e ele me respondeu bem rápido.

Você está descrevendo a minha infância, não é? Mas eu não tive tanta sorte quanto ele. Meus pais cresceram no interior, mas, a fim de conseguir para mim uma autorização de residência na cidade, venderam a casa e a terra, e se mudaram comigo. Meu pai trabalhava como carregador nas docas ganhando cinco iuanes por dia, embora mais tarde tenha passado a receber vinte. Minha mãe, que é completamente analfabeta, montava caixas de papelão numa linha de produção de alimento ganhando meio iuane por dia, e mais tarde, cinco. A família vivia sem comida e economizando roupas. Eu era o único que recebia um pouco de carne moída todos os dias. Todo o dinheiro suado deles ia para a minha educação, e eles tinham que pagar taxas extras de "patrocínio" porque eu não vivia na área de captação. Eu era muito levado e um pouco selvagem, mas meu pai não tinha uma bicicleta cujos pneus eu pudesse esvaziar, nem um cinto de couro com o qual me espancar. Quando batia em mim, ele usava a sola do seu sapato, recém-saído do pé! Em casa não havia nada com que eu pudesse fazer bagunça. Vivíamos em um velho armazém que a unidade de trabalho do meu pai alocara para nós quando chegamos à cidade, com um telhado esburacado e janelas sem vidraças. Quando o vento soprava ou a chuva caía, nosso lar ficava tão barulhento quanto uma sala de concertos. Eu não tinha nada com que brincar. Meus colegas de escola todos tinham Transformers e jogos de computador, mas eu não tinha nem mesmo uma bola de borracha. Eu não saía à procura de brincadeiras ou jogos — quem brincaria ou jogaria comigo? Eu não me metia em confusão, eu nem sequer tinha com quem conversar! Também sou filho único, mas eu não tinha nem mesmo o dinheiro para comprar os lanches e o material de papelaria que os outros jogavam fora. Fui me queixar a meus pais, mas eles se limitaram a suspirar e limpar algumas lágrimas, e de que adiantava? Se eu não me libertasse, quem iria me ajudar?

Lenha se libertou vindo para o Reino Unido. Ele agiu sem seus pais saberem e contatou parentes de ambos os lados da família, conseguindo pegar emprestados bem mais que 100 mil iuanes (cerca de 16 500 dólares). Ele então contatou uma agência que o mandou à Grã-Bretanha para estudar. Quando descobriram o que ele fizera, seus pais aprontaram o maior escarcéu, mas a essa altura ele já havia aterrissado no aeroporto de Heathrow.

Conheci Lenha em 2005, quando fazia um projeto de pesquisa com meu filho, Panpan. Nosso plano era "vivenciar" toda a rua de Queensway, onde vivíamos em Londres. Descobrimos que havia restaurantes de 27 países operando naquela rua extremamente internacional. Panpan estava prestes a fazer seus exames de conclusão do ensino médio, e eu queria aproveitar essa situação prática para ensiná-lo a observar e analisar o processo de globalização que estava acontecendo logo além da nossa porta. Parte do projeto era fazer uma refeição simples em um restaurante diferente uma vez por semana.

Na ocasião, Panpan e eu havíamos escolhido um restaurante japonês no shopping Whiteley. Sentados na frente da esteira de pratos, começamos a adivinhar a nacionalidade dos rostos asiáticos ao nosso redor. Seriam japoneses, coreanos ou chineses? Na verdade, raramente se encontram japoneses trabalhando em restaurantes japoneses. Naqueles dias, a maior parte dos japoneses em Londres eram relativamente ricos, e, a não ser por uma pequena minoria de patrões que talvez fossem japoneses, a maioria da equipe era coreana, vietnamita ou chinesa. Na época não havia tantos chineses novos-ricos da segunda geração como os que enchem as ruas hoje em dia, comprando e consumindo. Os estudantes chineses geralmente precisavam ganhar seu próprio dinheiro para gastar e viajar. Enquanto falávamos baixinho em chinês, um garçom nos cumprimentou calorosamente na mesma língua e nos perguntou o que gostaríamos de comer e beber. Panpan deu uma olhada no cardápio e viu que arroz frito com ovo era a única opção barata que o saciaria, então pediu a porção e sopa de missô.

Quase que imediatamente, o garçom trouxe uma tigela com arroz frito e ovo cheia até a boca. Panpan deu uma bocada. "Experimente um pouco disso, mamãe!", ele disse. Eu provei, e estava incrivelmente salgado! Mas Panpan ficou emocionado. "Aquele garçom chinês foi muito gentil, ele colocou um pouco mais de tudo no prato, até mesmo uma porção extra de sal!" Porém, se a gentileza é distribuída sem conhecimento ou proporção, uma boa ação pode rapidamente se tornar um desastre. Panpan e eu acabamos tendo que beber nove copos de água com a refeição, tudo para diluir o sal a ponto de poder engolir a comida.

Antes de irmos embora, o garçom veio e se apresentou. Ele nos disse que seu nome era Lenha e que ele viera da sua região natal, no nordeste da China, três meses antes, a fim de estudar inglês. Nós o convidamos a participar de um evento da MBL, para lhe dar uma oportunidade de conhecer mais estudantes chineses. Logo ele começou a aparecer no escritório da MBL e se tornou um dos nossos voluntários. Ele trabalhou em vários projetos e se tornou muito popular entre os colegas, por não ter medo de dar duro e por ser extrovertido e ambicioso.

A grande ambição de Lenha era tirar fotos de si mesmo com as cem maiores celebridades do mundo. Todo mundo lhe perguntava como iria conseguir isso. Ele dizia: "Com uma boa câmera e uma boa oportunidade! Se outros podem ser Super Boy ou Super Girl,* por que eu não posso ser o Famous Boy?".

Certo dia Lenha ouviu falar que uma empresa me pedira uma análise de mercado da China, então me perguntou: "Xinran,

---

* Super Girl, ou Super Voice Girl, era um concurso de talentos anual no canal de TV Hunan entre 2004 e 2006, no qual cantoras eram escolhidas pela plateia. Seu mote era "cante quanto quiser cantar" e pôs em xeque várias das regras tradicionais dos programas musicais. Tornou-se um grande favorito dos telespectadores e foi um dos programas de entretenimento mais populares da China continental. (N. A.)

será que posso dar uma palavrinha com você sobre o meu futuro? Você pode fazer uma análise de mercado para mim?". De bom grado confirmei. Ajudar voluntários a se analisarem e a firmar um direcionamento para seu futuro é uma atividade beneficente na qual me envolvo há anos. Muitos jovens chineses têm pouca oportunidade ou tempo de se misturar à sociedade e pensar no futuro. A maioria nunca tem a chance de conversar sobre sua vida com professores ou pais. Por causa disso, há frequentemente uma lacuna grande entre seus sonhos e a realidade.

Naquele dia, mal tínhamos nos sentado para conversar quando Lenha explodiu: "Não sei o que fazer. Será que eu deveria estar estudando agora, ou pagando minhas dívidas, ou lutando para realizar meus sonhos?".

"Pagando suas dívidas?", falei. Eu nunca antes ouvira um estudante chinês falar em pagar suas dívidas.

"Sou diferente dos outros estudantes chineses. Todos os outros vivem dos proventos extras dos pais enquanto estudam no exterior, e se divertem a valer. No meu caso, fui eu quem me libertei a mim mesmo, mas agora carrego o fardo de uma dívida maior do que eu!" A expressão no rosto de Lenha era uma bizarra mistura de orgulho e amargo ressentimento. Ele continuou me falando que sua família tinha fugido do interior para a cidade, que havia dado muito duro na vida urbana, que ele lutara para se estabelecer no mundo das crianças da cidade e me contou como saíra da China. "Preciso virar minha vida do avesso, tanto em termos de dinheiro como de status, senão minha família vai ter passado por todo esse sofrimento sem nenhum motivo! Seja como for, não terei me humilhado por nada!", disse Lenha, determinado.

Havia muito que eu não ouvia esse tom de voz. Essa voz me levou de volta à época em que eu trabalhava na China, onde com frequência eu testemunhava esse tipo de declarações grandiosas oriundas de pessoas ao meu redor e de cartas de ouvintes. Eram proferidas ardorosamente por jovens que haviam saído do interior, apenas para enfrentar a impiedosa cidade grande e o desprezo de seus habitantes. Mas lá estava Lenha, encarando não a diferença entre a cidade e o campo, mas um mundo tão diferente do seu quanto o fogo era distinto da água. Língua, cultura, costumes, conhecimento, geografia, tudo era empecilho — e havia obstáculos em todos os passos do caminho. Ser capaz de viver uma vida de tranquilidade já era difícil, mas dar uma reviravolta na própria vida e voltar para casa coroado de glórias? Era mais fácil falar do que fazer! Porém, eu não podia dizer isso na sua cara, porque eram suas origens que estavam em jogo: uma educação sem orientação, sem o cuidado e a proteção da família, até mesmo sem as alegrias mais básicas da vida. Ele precisava era de incentivo, empatia e certo grau de apoio e afeto familiar. Senão, acabaria perdendo por completo as esperanças no mundo e desistindo de si, devastando os outros ao mesmo tempo. Planejei seguir a árvore para chegar ao fruto, a fim de ajudá-lo a encontrar uma estrada que ele pudesse trilhar e uma luz que o guiasse. Ele precisava de uma meta, saber como era a sensação de sucesso, e aos poucos passar a entender a si mesmo e do que ele precisava fazer para ter êxito.

"O.k.", falei, "há três níveis em análise de metas. Você é um estudante com vinte e poucos anos, então vamos começar no nível mais básico. Simplificando, vamos analisar as *suas* metas, a viabilidade delas e as condições necessárias para atingi-las.

"As pessoas têm muitas ideias, mas não sabem claramente quais de seus sonhos são genuínos, quais são influenciados por outras pessoas e pelo meio, e quais são necessidades imediatas, e não objetivos de longo prazo. Os propósitos das pessoas podem ser divididos em três tipos: definitivos e vitalícios; intermediários; e práticos básicos. Todos são interligados e interdependentes, e o grande e o pequeno trabalham juntos", falei a Lenha.

"O que difere esses três tipos é a ocasião em que podem ou não ser atingidos. Sua execução depende das pessoas envolvidas, da hora e do lugar. O impossível pode de repente se tornar possível, e vice-versa. Mas primeiro você precisa confirmar as razões básicas por que algo é realizável e ao mesmo tempo prever de antemão qualquer obstáculo ao sucesso. Desse modo você pode tomar precauções para evitar problemas e manter o objetivo acessível.

"O fator essencial para se chegar a um objetivo é analisar sua vida diária e fazer escolhas baseando-se no tempo e na energia disponíveis. Isso revelará se esse propósito é realmente algo necessário que você deveria realizar, ou apenas algo que você gostaria de fazer. Então você pode dar duro para levar ao extremo os fatores que tornam exequível esse objetivo.

"É uma questão de delinear um caminho de trás para a frente, do futuro até o dia de hoje. Lenha, pense na sua situação por um momento. Entre pagar suas dívidas, seus estudos e tirar fotos com cem celebridades, qual o peso relativo e a urgência desses três objetivos?"

"Tirar fotos com cem celebridades vem primeiro. Uma vez que eu for famoso, então terei dinheiro. Quando tiver dinheiro, poderei entrar na universidade e pagar minhas dívidas", Lenha disse, com um ar de quem havia pensado no plano de forma meticulosa.

Achei que se tratava de um jeito bastante infantil e oportunista de pensar, mas queria que ele soubesse que eu aceitava e respeitava sua opinião. "Nesse caso, quem são essas cem celebridades? Onde estão?" Na verdade, eu estava bastante curiosa para saber quem suscitava seu interesse. Políticos, atores, especialistas ou acadêmicos?

"Ainda não fiz uma lista definitiva. Um de cada país, imagino. Não quero só fotos de celebridades europeias e americanas", disse Lenha, muito resoluto.

"Bem, isso me parece bom. Vamos pensar no que você vai precisar para tirar fotos com cem celebridades." Eu estava tentando fazê-lo amadurecer sua ideia.

"Vou precisar de uma câmera fotográfica, dinheiro e vistos", Lenha respondeu sem refletir.

"De onde virão a câmera e o dinheiro? E por que os países lhe dariam um visto?" Eu estava ficando interessada em saber como ele planejara levar a cabo essa sua fixação peculiar.

"Hum, quanto à câmera, posso conseguir patrocínio. O dinheiro eu posso ganhar trabalhando meio período. Mas e os vistos? Vou ter que pensar em maneiras de conhecer alguns jornalistas e conseguir informações com eles. Então posso escrever às celebridades, ou de algum jeito conseguir ser convidado às suas festas, ou ir atrás deles em suas férias. Ou talvez eu pudesse escrever a seus familiares e cavar alguma informação sobre eles..." Lenha estava ficando cada vez mais entusiasmado ao falar, enquanto eu me via cada vez mais sem saber se ria ou chorava.

"Mas e como você vai travar conhecimento com esses jornalistas?", perguntei. "Nenhum deles fala chinês! Como você vai escrever a esses homens e essas mulheres famosas? Acha que eles conseguirão entender o que você quer, se faz poucos meses que você estuda inglês? Você já consegue ler jornais? Se não sabe ler as notícias, como vai conseguir ir atrás das suas celebridades?" Eu não estava tentando demovê-lo da ideia, mas tentando fazê-lo encarar a viabilidade de seus objetivos.

"Realmente, eu não havia pensado nisso ainda. Meu inglês não é bom o suficiente para nada no momento, mas posso aprender", disse Lenha, mostrando ao menos um mínimo de consciência.

"Já que estamos falando disso, deixe-me perguntar, que modelos de câmera você sabe usar? E que tipo de câmera vai usar para fazer essas fotos?", perguntei, já bastante certa da resposta.

"Nunca tive uma câmera, nunca nem sequer toquei numa,

mas posso aprender!" — o tom de Lenha estava definitivamente ficando mais pragmático.

Dei meu próximo passo para lhe clarear as ideias. "Então você está dizendo que para atingir seu objetivo você primeiro precisa ter um domínio básico da língua inglesa, para poder seguir o rastro das suas celebridades. Depois, precisa aprender sobre câmeras fotográficas e adquirir um conhecimento básico sobre fotografia. E, finalmente, você precisa poupar dinheiro suficiente para comprar uma câmera e viajar, certo?"

"Acho que é isso, sim." Parecia que as engrenagens da mente de Lenha estavam começando a se mexer; ele não estava mais respondendo sem pensar.

"Nesse caso, Lenha, considerando as três condições, o que você tem de organizar para poder ir em busca do seu objetivo?"

"Domínio da língua, conhecimento, dinheiro." Os olhos de Lenha não eram mais tão vazios.

"O.k., então você agora sabe o que é uma necessidade e o que precisa fazer para atingir seu objetivo. Todos os dias nós fazemos escolhas sobre os detalhes de nossa vida baseados nessas necessidades, deveres e preferências. As coisas que preferimos tendem a dar lugar às coisas que devemos fazer, ao passo que as coisas que deveríamos fazer costumam dar lugar às necessidades. Desse jeito, nossa vida tem objetivos, cada etapa do nosso desenvolvimento tem uma direção e todos os dias da nossa vida têm ordem. Ter objetivos claros, um direcionamento e ordem na sua vida vai ajudá-lo a atingir tranquilidade, paz interior e saúde emocional.

"Também acho que há mais uma coisa que você deveria considerar na qualidade de filho único, na verdade como filho único de seus pais: você deveria viver uma vida saudável, de forma que eles não precisem se preocupar com você. Esse deveria ser o primeiro passo na reinvenção da sua vida e na sua autolibertação. Senão, você sempre estará cercado pela gaiola das preocupações deles! Estou certa?"

Lenha aquiesceu sem dizer palavra, aparentemente em profunda reflexão. Era uma típica reação de filhos únicos: assim que uma conversa se volta para seus pais, eles não encontram mais nada para dizer.

"Você realmente acredita que vai devolver o dinheiro que pegou emprestado, não acredita? Sabe, seus pais mal têm uma educação básica. Imagino que tudo o que eles sabem sobre a Grã-Bretanha é que aqui existe um relógio chamado Grande Relógio Idiota.* Eles abriram mão de tudo para se mudar para a cidade grande, para que você pudesse gozar do mesmo status dos citadinos. Porém, em vez de estudar duro, você, escondido deles, pegou dinheiro emprestado de seus tios e fugiu para um canto longínquo da Terra do qual eles mal ouviram falar. Como acha que eles devem estar se sentindo? Será que os parentes não irão atrás deles por causa do dinheiro que você pegou emprestado? Só porque você tem ambições deveria jogar seus pais num mundo de medo e ansiedade, até mesmo de culpa e de crime? Se esses jornalistas e essas celebridades soubessem como você agiu, acha que o considerariam digno de confiança ou mesmo responsável?"

Lenha baixou a cabeça. Parecia que seu coração também estava afundando, mas pelo menos ele estava começando a colocar os pés no chão no que dizia respeito às suas ambições. Naquele dia, ajudei-o a elaborar um plano. No seu primeiro ano na Grã-Bretanha, ele iria para a aula e estudaria com afinco durante a semana, e trabalharia nos finais de semana e feriados para conseguir algum dinheiro. No segundo ano, tentaria entrar em algum bom curso de fotografia e continuaria a trabalhar meio período para se sustentar. Usaria seu terceiro ano para tentar pagar suas dívidas com seus familiares.

Duas semanas depois da nossa conversa, Lenha me chamou

---

* Trocadilho com Big Ben. *Ben*, em chinês, significa "estúpido". (N. A.)

para dizer que havia finalmente criado coragem para ligar para seus pais e lhes dizer que não se preocupassem com ele. O velho casal soluçou tanto que mal conseguiu falar. Contaram a ele que os familiares passaram a hostilizá-los e não paravam de ir até a casa deles para pedir o dinheiro de volta e os amaldiçoar por criarem um filho vigarista. Lenha disse, com coração pesaroso: "Eu nunca me senti assim em relação a meus pais. Xinran, é bem como você disse: joguei meu pai e minha mãe num mundo de medo e desconforto, até mesmo de culpa pelos meus erros. Preciso pagar a dívida tão rápido quanto possível, para que meus pais possam enfim voltar a ter uma vida decente. Quero limpar meu nome com meus familiares, quero que saibam que não sou um traidor, que não sou um filho ingrato! Minha mãe e meu pai não tiveram um só dia de folga em sua existência. Preciso ajudá-los a mudar sua vida".

Lenha desapareceu depois do nosso telefonema. Ele não atendia o telefone nem respondia a e-mails, mas nos mandou saudações nas festas e no Ano-Novo, de modo que sabíamos que estava bem. Mas por que ele desapareceria daquele jeito? Eu não conseguia conceber uma razão.

Cerca de dezoito meses depois, uma mensagem de Lenha apareceu no meu telefone, indicando um número desconhecido. "Xinran, feliz aniversário! Você tem tempo para se encontrar comigo? Tenho três boas notícias para você."

Combinamos de nos encontrar no café que ficava embaixo do escritório da MBL. Lenha havia encorpado bastante, e sua linguagem corporal se tornara muito mais confiante. Sem dizer uma palavra, ele me deu um presente, uma echarpe chinesa de seda.

"Você sabe que não aceito presentes de voluntários", falei.

"Olhe de novo", ele respondeu, "é seu cartão de aniversário; escrevi uma mensagem nele!"

Olhei de novo; ele tinha razão, a echarpe estava coberta por palavras, todas elas versavam sobre ambições e pais. A linha final dizia: "Antes de eu partir para visitar os ricos e os famosos, permita-me ser um bom filho!". A maior e mais agradável surpresa era que em apenas um ano e meio ele pagara todas as suas dívidas, reembolsando todos os familiares dos quais tomara emprestado a uma alta taxa de juros.

Ele se reclinou casualmente contra a cadeira, dizendo: "Mudei de vida! Na verdade, autoestima é algo que você conquista sozinho, não há necessidade de depender de gente famosa para consegui-la para você".

"E as duas outras notícias que você tinha para mim?" Eu estava ansiosa para saber de todas as suas boas-novas.

"Levei um ano para conseguir um diploma de chef de cozinha japonesa. Depois disso, consegui um emprego como auxiliar no sushi bar da praça de alimentação da Harrods. É a loja mais cara do mundo, então meu salário é bem mais alto!" Seu rosto se iluminou de felicidade e entusiasmo.

Olhei para Lenha, imaginando aqueles dezoito meses de luta enquanto ele trabalhava noite e dia para começar uma nova profissão. Eu estava profundamente emocionada. Os chineses dizem que um pecador arrependido é mais precioso do que ouro, e eles têm toda razão! "Então, qual é o seu próximo passo? Sua ambição ainda não se exauriu, não é mesmo?", eu lhe perguntei.

"A minha ambição ainda existe, está perto de ser concretizada. Vivi como uma máquina todos os dias dos últimos dezoito meses. Estive no restaurante japonês todos os dias desde o meio-dia até uma ou duas da manhã, aprendendo a fazer serviços diversos e a cozinhar. Como eu era pau para toda obra, tinha que fazer qualquer trabalho manual que surgisse, e era sempre o último a ir embora. Quando chegava em casa, estava exausto e caía no sono assim que encostava a cabeça no travesseiro. Então vinha o dia seguinte, e o dia depois desse, todos iguais. Em quase todos os dias desses dezoito meses eu pensei: 'Por que preciso viver desse jeito? Estou mudando de vida! Já que não posso esperar que a sorte mude meu destino, vou simplesmente ter que sair sozinho dessa enrascada'. Mas, à noite, nos meus sonhos, eu ainda viajava para ver as minhas celebridades!" Lenha riu, divertindo-se às próprias custas.

"Você deveria descansar um pouco", falei a ele. "Vá conhecer um pouco da Europa. Sei que seus objetivos parecem distantes, mas você também precisa mergulhar um pouco em toda essa cultura. É uma parte importante do tempo que você vai passar na Europa." Eu realmente queria ajudá-lo a adquirir o melhor dessa oportunidade para descansar e se recuperar.

"Acha que eu conseguiria? Talvez eu possa ganhar um pouco de dinheiro e então sair viajando! Será que posso conhecer a Europa de bicicleta? Sairia muito mais barato. Xinran, acha que estou sonhando de novo?" Lenha achava que eu estava brincando com ele.

"Coisas que você pode fazer às custas do próprio suor não podem ser chamadas de devaneios. Conhecer a Europa de bicicleta é uma ótima ideia. Muitos chineses só arranham a superfície com uma excursão em grupo, mas se você for sozinho com sua bicicleta, verá e viverá muito mais do que os outros. Ouvi falar que excursões de bicicleta são muito comuns na Europa e que dá para contar com uma boa e ampla estrutura e serviços. Consiga o visto você mesmo e me traga um plano para visitar cinco países europeus, então poderemos conversar a respeito. Se parecer viável, te ajudo a financiar a viagem." Achei que essa experiência não apenas seria uma boa mudança da sua monótona vida de trabalho árduo dos últimos dezoito meses, mas também lhe daria oportunidade de aprender mais sobre a Europa e a sua própria capacidade.

Não demorou muito para Lenha conseguir os vistos. Dei-lhe

quinhentos euros para a viagem planejada e comprei para ele uma passagem de volta para a França e um saco de dormir adequado para qualquer clima.

Lenha voltou duas semanas depois, tendo gastado apenas pouco mais de trezentos euros andando de bicicleta entre dez cidades europeias em cinco países. Ele me mostrou muitas fotografias, feitas com uma câmera descartável barata. Em todos os pontos de parada ele havia feito um registro com fotografias e cartões-postais, e mantivera um pequeno diário. Disse que o sistema turístico na Europa era de Primeiro Mundo, já que se podia alugar uma bicicleta em Paris e devolvê-la em Lyon, e você podia fazer isso em toda a Europa ocidental. Não precisou de muito dinheiro, às vezes dormindo do lado de fora de bares, e assim não gastou tudo o que eu lhe dera. "Xinran, dê os cento e poucos euros que sobraram para outro estudante usar", ele me disse. Peguei o dinheiro, como se fosse o bastão de uma corrida de revezamento. Era mais uma criança chinesa que havia crescido.

Mais tarde, Lenha fez uma apresentação para os voluntários da MBL sobre a Europa e sua cultura rural, os costumes locais, os serviços públicos e sociais, as atividades estudantis, as conversas que travou com equipes de escritórios de turismo por todo o continente, e tudo o mais. Sua exposição deixou muitos voluntários estupefatos de admiração, mas também não faltaram céticos. "A Europa certamente não é mais rica que os Estados Unidos, então por que há tantos serviços públicos gratuitos? As pessoas não se preocupam que seu suado dinheiro seja dado a outros? Por que os pais vivem em casas grandes, enquanto os filhos nem sequer têm dinheiro para ficar num hotel decente? Por que as famílias poderosas se importam tão pouco com os filhos, forçando-os a dar duro?", eles perguntavam.

Ao ouvir a discussão, senti como se todo o conteúdo de uma prateleira de temperos tivesse caído sobre meu coração, com todos os seus sabores e sensações contrastantes. No espaço de tempo de apenas vinte anos, os valores chineses haviam sido derrubados e transformados. Pensei em algo que um professor de Harvard uma vez me dissera: "No Ocidente, os ricos passam a vida lutando por sua individualidade; isso é típico da civilização moderna. Porém, os ricos na China conduzem sua existência no medo e no parasitismo, característica clássica de sociedades agrárias. Os chineses, em sua ignorância, tomam anúncios baratos ocidentais como tendências reais do mundo e os copiam a fim de criar mercados próprios. Exatamente como fazendeiros americanos nos anos 1930, que achavam que aqueles que dirigiam carros grandes tinham mais dinheiro do que os que dirigiam carros pequenos. A China só deixará para trás seu passado agrário quando houver respeito pelas habilidades e responsabilidades dos indivíduos, e quando o consumo desenfreado e a extravagância forem ridicularizados".

Na época, sendo eu mesma um pouco agrária, não o entendi, e acabamos numa discussão sobre o assunto. Foi só após trabalhar como repórter, fazer pesquisa e começar a me tornar urbanizada nesses últimos anos que pude captar o que ele queria dizer. Porém, eu não sabia como começar a explicar isso aos jovens chineses à minha volta, e ao vê-los ridicularizados e desprezados pela civilização meu coração doeu, e eu senti vergonha por eles.

Certa noite, cerca de seis meses depois, Lenha apareceu na porta da minha casa bem depois das dez da noite e perguntou: "Xinran, você poderia me emprestar cinquenta libras?".

"Para que você precisa de cinquenta libras?", perguntei. Imaginei que ele decerto estava em algum tipo de enrascada para aparecer tão tarde.

"Fui expulso por meu senhorio, pois não consegui pagar o aluguel", ele disse, parecendo totalmente desolado.

Eu não podia acreditar no que estava escutando. "Como assim, você não tem nenhum dinheiro? Você acabou de pagar as dívidas com seus familiares, e havia sobrado um pouco. Para onde foi o resto do dinheiro?"

"Eu tinha mil libras no banco, então conheci uma garota. Ela disse que precisava urgentemente de dinheiro, então dei a ela as mil libras. Eu tinha esquecido que precisava pagar o aluguel hoje", Lenha disse, hesitante.

"Por que ela precisava tanto assim do dinheiro? Ela disse quando vai devolvê-lo?", perguntei, preocupada, enquanto procurava minha carteira.

"Ela queria comprar uma nova bolsa de marca que acabou de ser lançada. Estava com medo de chegar tarde demais e o modelo se esgotar", ele explicou, numa voz um pouco mais alta.

Minha mão congelou, agarrada à bolsa. "O quê? Você deu o dinheiro que você precisa para sobreviver para uma moça comprar uma bolsa de marca?"

"Fiquei com muita pena dela. Ela estava chorando", Lenha disse, constrangido.

Perdi a paciência. "Não tenho nem um pouco de pena dela. Ela conseguiu pegar emprestada uma grande quantia de dinheiro para comprar uma bolsa; por que a pena? Lenha, não se trata de uma boa ação, você apenas está ajudando uma pessoa má a fazer coisas más! E também é uma perda total do trabalho dos outros. Não posso emprestar cinquenta libras a você. Quando emprestou esse dinheiro a ela, você devia ter pensado em como ia fazer para se virar, devia ter resolvido isso por conta própria."

Lenha estava chocado em me ver tão brava. "Mas por quê? Xinran, você me deu quinhentos euros, por que não pode me emprestar cinquenta libras?"

Pronunciando minhas palavras lenta e cuidadosamente, respondi: "Essas duas somas de dinheiro significam coisas completamente diferentes! Os quinhentos euros serviram para mandar você, filho de um trabalhador de uma cidadezinha chinesa, em uma viagem a fim de experimentar o auge da cultura internacional, para permitir que você vivenciasse um mundo que sua mãe e seu pai nunca tiveram a chance de ver. As cinquenta libras que não vou lhe dar seriam para você subsidiar uma extravagância, desperdiçando seu próprio suor e sangue, tudo porque você não sabe como viver. Se eu lhe emprestar essas cinquenta libras, você vai cometer outros erros como esse no futuro! Não se trata de um desastre natural, é um desastre feito pelo homem, e foi você quem o fez!".

Nunca vou esquecer o jeito como Lenha disse, com lágrimas nos olhos, ao ir embora: "Xinran, realmente nunca pensei que você tivesse um coração tão duro".

Acompanhei-o até a escada e falei: "Lenha, acho que preciso ser dura com você nesta situação. Mas se estou agindo assim é porque acho que você pode superar isso. Acredito que você pode resolver as coisas sozinho e, mais importante, que você precisa aprender essa lição na sua vida".

No dia seguinte telefonei a Lenha para saber onde ele havia passado a noite. Ele disse que não ousara ir para casa e ficara na casa de um amigo, pois a mulher do seu senhorio era muito brava. Na manhã seguinte ele conseguiu dinheiro emprestado de dois amigos para pagar o aluguel. Eu disse: "Lenha, lembre-se, você acabou de pagar as dívidas com seus familiares, começou a se libertar tanto em seu coração como em sua vida cotidiana. Você já conseguiu ajudar seus pais a mudar de vida. Porém, antes que caia em tentação por produtos de luxo, você precisa ser independente, manter-se por si mesmo e ser capaz de sustentar sua própria família".

Não muito depois disso, Lenha me disse que a mesma garota havia tomado emprestado dinheiro de uma série de outras pessoas e então desaparecera. Ela até chegara a abordar a família de Lenha na China, sem ele saber, e dera o golpe no velho casal, fazendo-os perder 30 mil iuanes de sua aposentadoria. "Como foi que ela conseguiu o endereço deles? Como é que ela podia ter tão pouca vergonha na cara? Como pôde descer tão baixo e fazer essas coisas terríveis?", ele perguntava, incrédulo.

No seu terceiro ano no Reino Unido, Lenha conheceu uma garota de Cingapura e eles se apaixonaram perdidamente à primeira vista. Curiosamente, Lenha, que sempre tivera uma queda por modismos, agora se tornara bem mais calmo e me ligava bem menos. Por essa época eu já havia visto muitos jovens amadurecendo e aprendera que, se eles não telefonam, é porque está tudo bem.

Cerca de um ano e meio depois, por volta do final de 2009, Lenha voltou a me procurar. "Xinran, será que podemos conversar? Minha namorada de Cingapura é muito boa para mim. Ela nunca me pede dinheiro, na verdade o mais das vezes é ela quem dá e compra coisas para mim. Quero levá-la à China para conhecer meus pais, mas receio que, quando a vir, meu pai me dará uma enorme bronca. Ele é um homem de poucas palavras, mas quando abre a boca só saem palavrões, e todos dirigidos a mim. Minha mãe é totalmente ignorante, não tem nada a dizer. Tenho medo de que eles assustem minha namorada. Ela não entende, e fica achando que eu simplesmente não quero que ela conheça meus pais. Não tenho ninguém com quem conversar a respeito e não tenho irmãos nem irmãs lá em casa para me defender. Xinran, você pode me ajudar a explicar a situação para ela? Oh, e você também poderia ligar para os meus pais e conversar com eles? Acho que eles dariam ouvidos a você."

Combinei com Lenha que eu telefonaria para seus pais naquele final de semana e que conheceria a garota na semana seguinte. Porém, Lenha me ligou de novo dois dias depois completamente em pânico. "Xinran, ontem ela simplesmente foi embora, sem nem dizer adeus. Não dormi a noite toda. Está claro para mim que não posso viver sem ela. Preciso ir a Cingapura para encontrá-la. Pedi demissão do meu emprego hoje e estou a caminho do aeroporto neste momento. Ligarei de novo para você quando chegar lá, obrigado." Ele desligou sem esperar pela minha resposta e quando liguei de novo seu telefone já estava fora do ar.

As notícias seguintes que tive de Lenha vieram três ou quatro meses depois, no início de 2010, na forma de uma mensagem de texto. "Olá, Xinran, Cingapura é muito pequena para nós e no momento estamos cogitando nos mudar para a Austrália, para podermos crescer profissionalmente. Vamos à China em breve, para ver meus pais e fazer planos para o nosso casamento. Se por qualquer razão eu precisar de sua ajuda de novo, por favor, me desculpe antecipadamente pelo incômodo."

Não precisei esperar muito para receber outra mensagem de texto dele. "Por favor, me ligue assim que possível. Lenha."

Como os sistemas telefônicos da China e do Ocidente são diferentes, é muito barato ligar para a China do exterior, mas custa cerca de vinte vezes mais ligar de lá. Rapidamente disquei o número. Lenha respondeu de imediato, parecendo tão entusiasmado que mal reconheci sua voz. "Xinran, minha mãe e meu pai gostaram muito da minha namorada. Nunca vi meu pai tão feliz, e minha mãe se deu muito bem com ela! Meu pai disse que desta vez eu realmente salvei a honra deles diante de seus amigos e familiares. Todos os dias um montão de parentes vem conhecer minha namorada. Minha mãe disse que assim que tivermos consultado a astrologia e escolhido uma data de bom agouro para o casamento, você também será convidada!"

Fiquei de fato feliz por Lenha. Ele havia dado a volta por cima, encontrara liberdade, e dava orgulho e certa sensação de honradez a seus pais. Eu podia imaginar quão felizes eles deviam estar depois das incontáveis provações pelas quais haviam passado.

Ao voltar para Cingapura, Lenha me mandou um e-mail. A data do casamento fora marcada para a primavera de 2011, com bastante antecedência para dar tempo de resolverem toda a documentação da emigração. Eles planejavam se mudar para a Austrália logo depois do casamento.

Porém, à medida que a data se aproximava, recebi outra mensagem de texto de Lenha. "Meu pai está gravemente doente. Estou no aeroporto, voltando para a China."

Liguei para ele assim que pude. No outro lado do telefone, Lenha me disse, numa voz rouca de tanto chorar: "Papai acaba de falecer, não cheguei a tempo de vê-lo no final. Ele nunca nos disse que tinha câncer, só quando estava se retorcendo no chão de dor ele contou para a minha mãe. Como ela nunca foi à escola, ele tinha medo de que a notícia a deixasse aterrorizada, então ele simplesmente ficou sofrendo em silêncio. Quando o levaram ao hospital, o médico disse que pacientes com câncer de fígado sempre morrem com muita dor. Há tantas coisas pelas quais me arrependo, Xinran.

"No ano passado, quando vim para casa, ele me disse: 'Ouvi dizer que o futebol da Inglaterra é bom, mas fica muito longe, então vamos assistir a uma partida aqui mesmo; assim seremos uma família feliz de verdade'. Desde que eu era pequeno, ele dizia que seu desejo era que eu estudasse com afinco e então, uma vez que eu tivesse crescido, assistir futebol comigo. Depois que fui para o Reino Unido, ele perguntou se eu fora a alguma partida. Ele me disse para ir por ele, mas não tive coragem de lhe dizer que eu não tinha dinheiro para comprar um ingresso. Meu pai quase nunca saiu de onde morávamos; a única vez que foi a algum lugar foi para visitar meu avô e minha tia, a uma hora de ônibus. Nunca tínhamos dinheiro, e tudo o que ele poupou durante toda a sua vida, eu gastei. Eu me arrependo de tanta coisa! Eu realmente queria que ele tivesse conseguido ver uma partida de futebol, mas falhei. Ele se foi antes que eu pudesse vê-lo uma última vez. Ele só tinha 52 anos, nem chegou a me ver casado... Como é que ele simplesmente se foi?" Lenha soluçava descontroladamente.

Eu podia sentir a dor de Lenha e mais ainda seu arrependimento; essa era a pior memória do mundo para ele. Mas ele não teve nem a oportunidade de compensá-la, nem alguém com quem dividir o fardo. Talvez fosse passar o resto da sua vida vagando, confuso e aturdido, preso entre a amargura da lamentação e a bondade de seu próprio coração.

Um dia, não muito depois, recebi uma carta sua. Ele dizia que se sentia muito sozinho desde a morte do pai, já que a namorada de Cingapura o deixara quando descobrira que a família dele não podia bancar o casamento. Além disso, ele não sabia como iria sustentar a mãe analfabeta e ajudá-la a passar o resto de seus dias. "Esse negócio de família de filho único é um mundo muito solitário. Se você não tem dinheiro, poder, cultura e não tem mais seus pais, isso ainda se configura como uma família?"

Respondi com o seguinte poema chinês.

O dinheiro compra uma casa cara, mas não uma família feliz.
O dinheiro compra uma cama confortável, mas não um sono profundo.
O dinheiro compra um relógio, mas não o tempo.
O dinheiro compra livros, mas não conhecimento.
O dinheiro compra remédios, mas não saúde.
O dinheiro compra status, mas não respeito.
O dinheiro compra sangue, mas não a vida.
O dinheiro compra empregados, mas não amigos.
O dinheiro compra o trabalho de outras pessoas, mas não seu verdadeiro afeto.

Como você vê o caso Yao Jiaxin? Por que a sociedade chinesa está debatendo sobre ele (um homem pós-anos 1980) de forma tão feroz?

* * *

Xinran, você perguntou o que eu penso sobre Yao Jiaxin. Sei que muitas pessoas estão discutindo esse caso hoje em dia, mas não quero falar sobre ele. Posso ser um filho único também, mas aí terminam as semelhanças! Nasci na cidade, na classe mais baixa possível, numa família de trabalhadores migrantes camponeses. Nós três éramos honestos, simples. Quando meus pais eram maltratados ou as coisas não os favoreciam, eles sempre eram benevolentes e conciliatórios, sempre trabalhando duro e em paz com o resto do mundo. Mas agora meu pai — que era quem colocava pão na mesa e quem sabia ler e escrever — se foi, deixando minha mãe, que nunca sequer tocou numa nota de cem iuanes e agora tem mais de sessenta anos. Quando eu era pequeno, a cada vez que eu era indolente na escola ou demonstrava algum capricho, minha mãe sempre suspirava, sem que suas mãos jamais largassem o trabalho, e dizia: "Se não estudar com afinco, você não vai entrar na universidade e não vai ter uma boa vida. Vai acabar fazendo trabalho pesado todos os dias da sua vida e quando chegar a hora não vai nem ser capaz de conseguir uma esposa!". Tenho 31 anos agora, mas quando vejo minha mãe forçando os olhos enquanto suas mãos trabalham incessantemente para ganhar seu sustento, sua boca ainda falando sobre o meu futuro, como posso não sentir tristeza e arrependimento? Se tivesse tido pais como os meus, Yao Jiaxin nunca teria saído por aí e matado alguém.

Foi só na semana passada que ouvi falar das regras sobre planejamento familiar e aposentadorias. "Se os pais de um filho único são funcionários de uma empresa estatal, ao se aposentarem sua unidade de trabalho deverá fornecer um pagamento de aposentadoria único igual a 30% de seu salário anual médio. A quantia variará de acordo com a cidade em que residirem..."

Mas nunca recebemos nada. A unidade de trabalho do meu pai nunca nos disse nada. Minha mãe não sabe ler, e também nunca ninguém lhe contou sobre o subsídio do Estado. Em nossa cidade natal, não há como se safar de pagar uma multa pesada caso você desrespeite a política de planejamento familiar. No interior, se você tem um segundo filho e não pode pagar a multa, vai sendo penalizado até que sua família seja arruinada. Vimos isso acontecer tantas vezes que ninguém mais se surpreende. Os comitês de planejamento familiar, os tribunais e os governos locais levam tudo muito a sério e se juntam para dividir o dinheiro das multas. Mas por que não há um escritório do governo responsável por se certificar de que as gratificações sejam pagas?

Minha mãe e meu pai obedeceram à risca a política do filho único, mas meu pai nunca recebeu sua pensão básica, e depois que ele morreu minha mãe foi esquecida pela sociedade. Como é que poderíamos não estar amargamente desapontados? Há pouco, as mãos de mamãe incharam tanto que ficaram completamente vermelhas e lustrosas. O médico disse que ela precisava de uma cirurgia, mas não podemos pagar porque ela não tem seguro de saúde. E não tenho família nenhuma que possa me ajudar a dividir o fardo das contas médicas.

Quando ouço sobre os lares dos nossos vizinhos que desobedeceram à política, cheios de filhos e netos, alegres risadas e brincadeiras, e comparo essa situação com a luta triste e solitária de minha mãe contra a doença e a dor, fica difícil de aceitar. Nós obedecemos à lei da minha terra, meu pai trabalhou duro a vida inteira para cumprir a política nacional, e, no entanto, ele não recebeu nenhuma ajuda ou apoio. Por quê? Yao Jiaxin usou suas mãos de pianista para matar, e contudo eu não consigo usar as minhas de sushiman para encontrar uma esposa na China que ajude a cuidar e apoiar minha mãe. Tudo porque sou um filho único do estrato mais baixo da sociedade.

Os filhos únicos da China não são divididos por década, mas por classe, poder e dinheiro. A maioria das vozes da internet vem apenas de jovens com dinheiro à vontade e tempo para desperdiçar. Apenas jovens como eu não têm tempo para perder na web! Quando as pessoas ouvem as vozes dos filhos únicos da China, ouvem apenas os sóis e os imperadores; ninguém pensa em ouvir as formigas trabalhadoras como nós.

8. Cintilante

Jamais me esquecerei da primeira vez em que meu destino me levou a Cintilante, que não poderia ser mais diferente do que de Lenha, sob todos os aspectos. Eu a conheci por intermédio de uns amigos da família. Ela tinha um enorme par de olhos que pareciam dominar a metade superior do seu rosto rosado e redondo, reluzente como uma maçã pronta para ser colhida. Ela sempre fora o assunto de conversa preferido de sua avó e a menina dos seus olhos. Tanto que sua mãe às vezes tinha que morder a língua para manter a paz na família, dando à avó carta branca para criar seu "anjinho" como achasse melhor.

Cintilante nasceu em meio à aristocracia comunista chinesa. Seu avô tem laços de parentesco com Mao Tsé-tung e vinha da mesma aldeia. É o único membro fundador do Partido Comunista ainda vivo, e um velho que não mede as palavras e, nos últimos trinta anos, tem refletido sobre o curso da história. Ele de tempos em tempos alerta os chineses: "Disputas nos altos escalões da política não podem destruir a amizade entre as pessoas... A orientação técnica e a ajuda generosa da União Soviética são boas ações que nunca deveriam ser esquecidas. O mesmo vale para o apoio do Exército americano na Guerra Antijaponesa. Os Tigres Voadores* não estavam apoiando Chiang Kai-shek [que estava combatendo os comunistas pelo controle da China], mas todo o povo chinês. Na Guerra Civil, dois partidos políticos lutaram um contra o outro, tratando compatriotas com crueldade. As vitórias e as derrotas da história são todas um desperdício de vida. A China não pode sobreviver apenas com palavras grandiosas, e desenvolver o futuro não significa a destruição da tradição". Eu me pergunto quantos legisladores chineses absorveram as palavras sábias desse homem.

As duas gerações anteriores à de Cintilante são vistas como tesouros do arquivo nacional da China. Ela cresceu sob o esplendor dessas gerações e sob a inveja de incontáveis pessoas. Sua vida mimada incluía um carro especial para levá-la e trazê-la da escola todos os dias, desde o jardim da infância até a universidade. Sua família era tratada como realeza, constantemente cercada por cozinheiros, motoristas, guardas e secretárias, porta-vozes e toda uma equipe. Do jardim de infância ao fim do ensino fundamental, seus amigos eram os netos de líderes do partido central, todos os quais viviam em um mundo que os chineses comuns chamam de Grande Casa Murada. Desde tenra idade Cintilante acreditava que todas as crianças da China viviam nesse reino. Foi só quando se formou na universidade e viajou aos Estados Unidos para se especializar que ela deparou com uma cozinha sem uma

---

* Os Tigres Voadores eram um grupo de soldados voluntários da Aeronáutica americana baseados em Burma durante a Segunda Guerra Mundial e que lutaram contra os japoneses na China. Por causa da situação política na época, trabalharam com o governo nacionalista, o Kuomintang, liderado por Chiang Kai-shek, e não para os comunistas. Uma vez que os comunistas tomaram o poder, os Tigres receberam pouco crédito por seus esforços porque haviam se aliado com as forças não comunistas. (N. T.)

equipe para servi-la e um ambiente em que ninguém iria ajudá-la a sobreviver.

Quando chegou aos Estados Unidos pela primeira vez, Cintilante foi morar com um dos irmãos de sua avó. Vivia no país havia mais de sessenta anos e não estava disposto a correr para satisfazer qualquer pequeno desejo de uma filha única que tinha sido criada por três gerações de criados. Cintilante achou seu tio-avô muito cruel, já que não havia ninguém para preparar seu desjejum nem trazer seu leite quente de manhã. Quando voltava para casa à noite, tinha que encontrar a própria comida. Porém, ela acabou por descobrir que a comida podia ser achada numa caixa branca chamada geladeira! Apenas depois de ter sobrevivido sozinha por vários dias é que ela se deu conta de como sua vida até então havia sido diferente do mundo cotidiano das pessoas comuns. As três refeições diárias, as regras básicas de comer e beber, a ignorância quanto à própria história e o conhecimento superficial da vida no exterior tornaram-se obstáculos que ela batalhou para superar em sua nova vida nos Estados Unidos. Ela inicialmente consumia qualquer refeição pronta de supermercado que julgasse comível, mas depois de algumas semanas ela não aguentava mais pratos americanos de micro-ondas. Sentia falta dos bolinhos da mãe feitos em casa e dos extravagantes quitutes vindos "do topo da montanha e até do fundo do mar" preparados pelo chefe de cozinha da avó.

Cintilante me disse que os dois anos que passou vivendo de forma autônoma nos Estados Unidos a obrigaram a crescer. Sua verdadeira educação sobre a vida não viera das universidades de elite da China, nem do complexo de casas muradas cheias de oficiais. Na verdade, seu aprendizado nem viera da China, apesar da economia florescente do país, mas sim daqueles dois anos no exterior em que ela primeiro precisou aprender a engatinhar e então caminhar! O que outras pessoas talvez enxergassem como realidade cotidiana, até mesmo como uma vida abundante com boas comidas e roupas, parecia a Cintilante uma exaustiva provação diária. "Desde que eu era pequena, eu nunca, por um centésimo de segundo, precisei pensar em como eu viveria aquele dia. Não se tratava apenas das minhas três refeições diárias; sempre que eu saía de casa, só me cumpria pensar no que eu gostaria de fazer naquele dia. Mas até mesmo em festas com colegas eu tinha necessidade de observar o rosto deles cuidadosamente para avaliar o seu estado de espírito, porque eu nunca entendia o jeito como conversavam ou as coisas sobre as quais falavam; todos pareciam compreender, menos eu. Lá na China, minha família e meus professores conformavam seus estados de espírito ao meu. Mas na minha universidade americana tive que aprender a agradar às outras pessoas para cair nas suas graças. As coisas das quais tomei consciência nesses dois anos contradisseram por completo tudo o que eu havia aprendido nos vinte anos anteriores!"

Diferentemente da maioria dos outros estudantes chineses, Cintilante não ficou nos Estados Unidos para dar continuidade à sua carreira, mas voltou para a China assim que se formou. Terá sido saudade de casa o que a deixou tão ansiosa para voltar? Estaria se sentindo solitária demais para continuar? Ou será que era o fato de que nos Estados Unidos ela não tinha família alguma disposta a invocar as nuvens e fazer chover a mando dela? Seus amigos e parentes debateram a questão sem parar, já que lhe teria sido muito fácil ficar nos Estados Unidos. Porém, ela afirmou que não regressava porque ansiasse pela vida confortável de um alto oficial, nem porque sentisse falta da influência da família, mas porque queria construir seu futuro onde estavam fincadas as suas raízes. Queria que seus pais tivessem um lar onde todos pudessem estar juntos em família, já que eles não podiam deixar a China.

Não sei se foi devido à natureza desembaraçada de Cintilante, ou porque seus estudos de inglês se mostraram úteis, mas, seja como for, assim que voltou à China, ela recebeu ofertas de emprego de várias empresas estrangeiras de mídia. Na época, estudantes que voltavam do exterior eram conhecidos como "algas", *haidai*, por causa da dificuldade de encontrar trabalho.* Também eram chamados de tartarugas marinhas, significando que estavam esperando que algo aparecesse ou que sua procura por um emprego estava andando a passo de tartaruga! Não foi o caso de Cintilante, e no início de 2011, depois de seis anos na China e uma série de empregos, ela foi enviada para o escritório londrino de sua companhia. Isso deu mais oportunidades de nos conhecermos, e descobri que aqueles olhos enormes escondiam um turbilhão de pensamentos e sentimentos profundos.

A maioria de nossas conversas acontecia à noite. Éramos capazes de conversar das dez da noite até a manhã do dia seguinte, sem parar, só duas mulheres juntas. Embora fôssemos de gerações diferentes, partilhávamos as mesmas atitudes para com sentimentos e emoções. Ela não notava na época, mas a maior parte de suas conversas girava em torno da avó, assim como esta não conseguia parar de falar na neta. Porém, sempre que sua avó surgia na conversa, os olhos de Cintilante se enchiam de lágrimas. Independentemente de como eu expressasse minha opinião, ou das razões que eu encontrasse para explicá-la, Cintilante sempre perguntava: "Por que a vovó é tão incapaz de respeitar o fato de que eu cresci?".

Se eu fosse fazer uma colagem das reclamações da avó e da neta, o resultado seria uma sequência de diálogos assim:

> AVÓ: Você é tudo o que temos na família, um só broto para duas gerações. Não importa o quanto cresça, sempre será uma criança aos olhos dos outros e uma fonte constante de preocupação no nosso coração. Você sempre responderá pela família em suas

---

* Alga marinha, *haidai*, é um trocadilho. *Hai* significa "mar" ou "além-mar", ao passo que *dai* pode significar "alga" ou "esperar por trabalho".

239

relações com outras pessoas, senão, como sua família pode ficar tranquila?

CINTILANTE: Sou filha única, não uma vítima a ser aterrorizada. Passei pela educação que vocês queriam para mim, e me saí bem. Tenho minha própria carreira, que me deixa orgulhosa de mim mesma. Eu me tornei adulta e deveria poder ser capaz de fazer minhas próprias escolhas. Por que eu deveria me reportar à minha avó todos os dias?

AVÓ: Há um monte de razões pelas quais você não é independente, aos nossos olhos. A comprovação de que você ainda não cresceu é justamente quando acha que entendeu tudo. Sua independência é egoísta, porque você não considerou a família. É um sinal de ingenuidade você não sentir nenhuma responsabilidade perante sua família; trata-se de uma mentalidade muito infantil. Você não consegue nem mesmo organizar seu espaço, às vezes precisa de ajuda da empregada para encontrar as coisas; com muita frequência, na verdade. Então, como é que você pode assumir responsabilidade por nós?

CINTILANTE: Os princípios e o modo de viver da minha geração são bem diferentes dos da sua. Por que você insiste em me exigir coisas baseadas em seus próprios padrões? Nós pensamos e trabalhamos entre duas linguagens diferentes, você pode entender o intenso esforço mental que é necessário para circular entre uma e outra? A velocidade da nossa vida é cem vezes mais rápida do que a da sua, como você pode usar a sua régua para medir as nossas vidas? Você não respeita meu espaço pessoal e muitas vezes faz esse empregado adolescente limpar meu quarto, fuçando em todas as minhas coisas secretas de garota com suas enormes mãos de rapaz. Isso é tirania de uma matriarca feudal!

AVÓ: Se uma moça não entende o conceito de limpeza e de respeito, ou ela não tem senso de responsabilidade, ou então não foi criada adequadamente.

CINTILANTE: Limpeza é algo que se aprende com o crescimento.

Terei uma casa limpa e um lar confortável quando tiver marido e um filho. Antes disso, qual o problema de fazer o que eu quero? Responsabilidade também é escolha minha, ninguém na empresa me chama de irresponsável, nem meus colegas, nem meu chefe.

AVÓ: Se você não aprender a valorizar a limpeza agora, como poderá ser asseada no futuro? Quando arrumamos suas coisas, não é porque não a respeitamos, é porque você fez uma bagunça enorme na casa, e isso lá é me respeitar? Se você é capaz de ser responsável com as pessoas à sua volta que não têm nenhum laço de parentesco com você, por que não sente nenhuma responsabilidade para com a família que a criou?

CINTILANTE: Há quem diga que a família "de longe exala perfume, de perto cheira mal", mas nunca vi verdade nisso. Toda a minha família mora no meu coração dia e noite, vocês são o ar que respiro, como seria possível eu não pensar em vocês? Mas por que devo ficar falando nisso a toda hora? Vivemos em uma época multimídia; mando textos para você, que nunca os lê, mas isso significa que nós não nos amamos? Além disso, no caso de filhos únicos como eu, nós crescemos com tantas restrições, sempre vivendo para outras pessoas... Tudo o que quero é viver do jeito que eu quiser, só um pouco, você não pode me conceder nem mesmo isso?

AVÓ: Você está pensando na sua família? Se você não o diz, se não o expressa, como é que vamos saber? Não sei usar um celular, como é que vou ficar sabendo das suas mensagens? Se entendesse a época de que viemos, desprovida de qualquer tipo de comunicação eletrônica, será que ainda olharia com desprezo achando-nos estúpidos? Quantas pessoas há na China que gozam do nosso padrão de vida? Não obtivemos tudo isso graças a nossos próprios esforços? Você nasceu em uma família como a nossa, e mesmo assim acha que não pode fazer o que bem entender? Se agir de maneira inconsequente, sua família não vai estar sempre aflita com você?

Se eu fosse registrar todas as discussões entre essas duas das quais tive notícia nos últimos dez anos, elas encheriam uma "Antologia de discussões entre avó e neta" de 100 mil palavras.

Não sei se elas tiveram exatamente essas conversas, mas sei que seus conflitos às vezes chegaram a extremos, com as duas vivendo sob o mesmo teto, mas sem se falar! No final, Cintilante não aguentou mais e alugou um apartamento para morar sozinha.

Rememorando agora essas disputas amargas, Cintilante disse que se sentia muito perturbada. Como funcionária administrativa cujo trabalho a colocava em contato com o mundo fora da China, de dia ela encontrava incentivo e aceitação no aberto ambiente de trabalho ocidental. Regressar para casa à noite, contudo, era como estar de novo no poço profundo da cultura chinesa de antigamente, escuro e isolado do resto do mundo — de volta às regras tradicionais da geração de sua avó e ao campo militar com os certos e os errados da geração de seu pai claramente definidos. Cintilante achou muito difícil viver 24 horas por dia com um pé em cada cultura. De um lado ficava sua vida pública, com línguas, trabalho e amigos ocidentais; do outro, as tradições rígidas, as hierarquias e as regras chinesas, controladas com mão tão firme que influenciavam até mesmo seu jeito de se vestir. Ela não podia usar roupas que deixassem seus ombros descobertos. "Essa alternância diária entre culturas está se tornando impossível!", ela me disse um dia.

Lembro de ter lhe perguntado certa vez: "Você cresceu por 22 anos na China antes de ir para os Estados Unidos, como é possível que tenha mudado completamente sua matriz cultural depois de apenas dois anos de educação ocidental?".

Cintilante me fitou nos olhos, aparentemente perdida em profundos pensamentos. "Como posso explicar? Gosto do incentivo da cultura ocidental, do otimismo, da transigência; é uma cultura solar. Boa parte da cultura chinesa é pessimista, resumindo-se a cuidar da vida dos outros e a reclamar. É uma cultura escura e úmida. No Ocidente há confiança e respeito entre as pessoas, que têm a oportunidade de pensar de forma independente e princípios que regem o seu tratamento entre si. O jeito como se comunicam e cooperam é um pouco como um quebra-cabeça *tangram*, no qual cada pessoa contribui com seu próprio estilo e com suas próprias habilidades para completar uma imagem que todos pensaram juntos. Esse modo de trabalhar é uma verdadeira libertação, e de fato permite que você sinta prazer em ser você mesma. Os gerentes das empresas ocidentais nunca desprezaram minhas ideias por eu ser jovem, e nenhum dos meus colegas jamais achou que só porque eu era nova eu deveria entrar na fila para qualquer oportunidade que aparecesse. Muitas vezes cometi erros, mas ninguém saiu me culpando. Um chefe na verdade chegou a vir com desculpas que eu nunca nem cogitara. Fiquei enternecida com a bondade e a tolerância deles, e isso me fez querer extrair minhas últimas forças para compensar sua compreensão e sua confiança.

"Mas no mundo cultural chinês, fosse na escola, na família ou no trabalho, o que mais testemunhei foram queixas, incriminações e inveja. A todo momento esperavam que eu avaliasse se o que eu fizera era certo ou errado, para não aborrecer as pessoas. A geração mais velha, os gerentes, até mesmo as pessoas nas ruas usando braçadeiras ou uniformes oficiais agem como se fossem mensageiros dos deuses. Gesticulam para mim, condenam minhas palavras e ações, mas não há nenhuma ideia de respeito ou responsabilidade entre as pessoas. Ficou impossível respirar livremente na cultura em que tenho raízes. Será que tudo isso é resultado dos meus dois anos de estudos nos Estados Unidos? Não sei dizer ao certo. Lembro do dia em que voltei à China, eu quase pude sentir isso no primeiro passo que dei no solo da minha mãe-pátria. À medida que a minha carreira em empresas estrangeiras progredia, a coisa toda se tornava ainda mais patente. Parece um rasgo na minha própria cultura, separando todo santo dia a vida e os sentimentos que tenho; é muito doloroso."

Ao conversar sobre os planos que tinha para sua futura família, Cintilante sempre delineava sua vida amorosa. Suas ansiosas amigas e seus familiares às vezes questionavam se ela era gay. Afinal, isso não era mais algo que gerasse manchetes na mídia chinesa.

No início dos anos 1980, a economia chinesa estava progredindo como uma grande onda. Toda a população estava com trabalho até as orelhas, nas aldeias e nas cidades. Parecia que, a não ser os bebês de colo, ninguém tinha um momento livre. As crianças estavam ocupadas com lições de casa, conquistas acadêmicas e qualificações. Os homens corriam para as cidades, "pulando de cocho",* entrando para o mundo dos negócios e ganhando dinheiro. As mulheres atarefavam-se com a vida dentro e fora de casa, isso para não falar no rosto, que tinha de ser "atualizado ao mais novo estilo" por meio de cirurgia, se pudessem pagar. As pessoas não estavam apenas buscando uma segunda chance de estabelecer uma carreira nesse primeiro período de liberdade, mas também um renascimento em uma época de disputa por oportunidades. Renascimento da carreira, renascimento da família e renascimento de si mesmo. Parece inacreditável, mas, para muitos, aquele período de atividade frenética não deixava tempo para criar os filhos!

Surgiu na sociedade um modismo tão alastrado que foi aceito sem qualquer questionamento. Muitos homens e mulheres de negócios mandavam os filhos para serem criados no interior, ou

---

* *Tiaocao*, literalmente "pular de cocho", significa mudar de trabalho ou transferir-se para uma nova unidade de trabalho. A frase se tornou popular na China por causa de sua novidade e insolência.

em casas de citadinos pobres. Porém, a fim de criá-los sem gastar ainda mais com comida, roupa e acomodação, essas famílias postiças muitas vezes os tratavam como se fossem do mesmo sexo que seu próprio filho ou sua própria filha, alegando uma "padronização da vida diária". Essas crianças passaram sua primeira infância sem os pais e em um ambiente no qual eram forçadas a agir de acordo com um gênero que nem sempre era o seu. Não surpreende que isso lhes tenha ocasionado muita desorientação de gêneros quando ficaram mais velhos.

Ninguém percebeu que, enquanto a China estava "planejando uma nova era" com grande alvoroço, criava também a época mais aberta à homossexualidade na história do país. Embora tenha existido na China desde o início dos tempos, nunca fora discutida sem ao menos algumas reservas, ou considerada algo tão familiar a ponto de ser corriqueira como é hoje. Quando eu apresentava meu programa de rádio para mulheres, se as pessoas ouvissem a palavra "homossexualidade", era como se o inimigo estivesse nos nossos portões! A maioria das pessoas sentia uma aversão profundamente enraizada, e o governo, é claro, não permitia clubes noturnos gays. Mas hoje, clubes, restaurantes ou excursões gays podem se encontrados em toda parte, tanto que parece ser quase uma moda entre os filhos únicos.

Cintilante era parte dessa tendência? Eu achava que não, mas ela ainda assim fazia parte da comunidade gay. Uma vez ela me contou que para pôr um ponto final em uma experiência romântica dolorosa, buscou refúgio na comunidade gay. E acabou por conhecer os clubes gays de Beijing.

"Para mim, não é um lugar onde posso liberar meus sentimentos, mas mais um espaço para permitir que eles se assentem. São clubes gays para homens. Quando eu os vejo, os olhares que trocam, o jeito como agem, como tratam uns aos outros, e a determinação com que se agarram a seu amor, eu me pergunto: 'Sou hétero, então por que não tenho sentimentos profundos assim por homens?'. Todo mundo lá é bacana comigo, e, embora eu não seja a seus olhos uma amante em potencial, o cuidado afetuoso que me dispensam é exatamente do que preciso. Sei que nunca poderei ganhar o amor de um homem dessa comunidade, mas graças a eles encontrei amizade e uma rede de apoio — muito agradável, aliás.

"E ajudar aqueles homossexuais a lidar com dificuldades que têm com as famílias faz com que eu me sinta realizada. Não sei quantas pessoas se sentem como eu ou partilham do mesmo anseio de ajudar filhos únicos gays a encarar famílias impacientes pela perpetuação da linhagem familiar. Como amiga mulher de muitos homens gays, a cada Festival de Primavera, Festival de Meio de Outono e outros feriados tradicionais chineses, virou rotina eu visitar seus pais em casa, para mostrar a seus amigos, sua família e seus vizinhos que pelo menos há uma namorada na parada. O.k., seus filhos ainda não são casados, mas pelo menos voltam todo ano para ficar com a família. Com o passar dos anos, vi mais e mais pessoas cujo trabalho de período integral é se 'fingir de namorada'. Algumas pessoas dizem que os chineses foram os pioneiros nesse tipo de trabalho, criando mais uma novidade na história do mundo, mas não tenho certeza disso."

"As famílias suspeitam de algo?", perguntei a ela. Era difícil imaginar que aquelas mães e aqueles pais chineses pudessem aceitar filhos gays, já que a maioria deles acreditava piamente que "de todos os pecados do mundo, não ter descendentes é o pior". Além disso, graças à política do filho único, eles também não tinham direito à adoção. Para eles, não havia alternativa para manter os incensos acesos!

"Oh, acho que a maior parte dos pais e das mães sabe. Uns sabem, mas não dizem. Alguns... bem, agem com liberdade em casa, mas em público ainda escondem. Apenas uma minúscula minoria de famílias anuncia para todo mundo alegre e abertamente. Senão, nós, falsas namoradas, não seríamos tão bem tratadas!"

"Como é que esses pais tratam moças como você?" Para mim, parecia algo saído das *Mil e uma noites*. Eu não fazia ideia do que pensar.

"Bem, tudo depende da educação e do nível cultural da família. Pelo que sei, no geral os pais e as mães tratam muito bem as namoradas falsas do filho. Os lares mais esclarecidos nos agradecem por poupá-los de uma fonte de ansiedade (de que seus filhos possam estar solitários), ao passo que os lares mais medievais ainda acham que encorajamos o mal. Porém, também receiam que possamos revelar o segredo, então é bastante difícil saber se gostam de nós ou não. A família do rapaz que ajudo sabe que estou interpretando um papel, e também sabe que há mais de dez anos seu filho vive com outro homem, mas as pessoas de fora ainda acham que se trata de um colega. A família está desesperada para que o filho encontre uma esposa. A cada vez que os visito, me dão anéis, pulseiras, brincos e coisas do tipo, e ficam muito magoados se não aceito. Também costumamos trocar cartas, exatamente como uma família de verdade... Não acredita em mim? Nos dois últimos anos, só tive amigos rapazes, e 99% eram gays. Então o Festival de Meio de Outono e o Festival da Primavera se tornaram as épocas mais ocupadas do meu ano. Às vezes tenho que fazer o papel de namorada de dois ou três rapazes!"

"Mas você não tem medo de que as pessoas entendam errado?", perguntei. "De que isso possa influenciar seu futuro marido? De que sua avó descubra e conte para todo mundo?" Ao ver o semblante tranquilo de Cintilante, meu cérebro turbilhonava com as perguntas de várias gerações.

"Para falar a verdade, não pensei muito no assunto. Qualquer pessoa que me ame tem de saber como eu sou e como lido com o mundo. Pela minha experiência, não há na sociedade atual mais nenhum segredo ou história vergonhosa demais. Quanto à minha avó, não posso deixar que descubra; seria seu fim, isso é certo! Nunca tive uma oportunidade de deixá-la orgulhosa, então, o que aconteceria se eu permitisse que morresse de raiva? Depois que passasse para o outro mundo, ela não ficaria no meu pé noite e dia? Ela acharia que eu jamais conseguiria amadurecer, por toda a eternidade, e isso não pode acontecer! A cada vez que não volto para casa no Ano-Novo ou em um festival, digo a ela que estou indo viajar para fazer algum trabalho de caridade, e não há nada que ela possa dizer contra isso, já que me ensinou desde muito cedo a nunca fazer nada por mim, mas a trabalhar em primeiro lugar pelo benefício de outros. Sabe, mesmo quando o assunto é tentar encontrar um namorado, ela me diz que é mais importante levar em consideração a família dele. *Aiya*, Xinran, me diga, que espécie de lógica é essa? Se para ela eu sou a menina dos seus olhos, então, o que a família dos outros é?"

Eu já ouvira a avó de Cintilante mencionar um rapaz de quem a moça gostava, um colega da universidade. Porém, oito anos haviam se passado e nada tinha acontecido entre eles, embora nem um nem outro tivessem se casado. A velhinha continuava atormentando Cintilante: "O que esse rapaz tem de errado?". Ela chegou ao cúmulo de envolver amigos e parentes, dizendo-lhes: "Se alguém for capaz de convencer Cintilante, vou reverenciar essa pessoa como a um deus!". Mas até mesmo ela sabe que hoje em dia o casamento é um contrato de vida entre um homem e uma mulher, que ninguém pode impor aos outros. Eu mesma nunca tive a coragem de tentar.

Certa vez, Cintilante e eu visitamos um dos pubs mais antigos e famosos de Londres, o Dove. Para evitarmos multidões e podermos conversar sossegadas, chegamos logo depois da hora de abertura, ao meio-dia. Quando os principais fregueses do dia chegaram, nós já tínhamos liquidado uma garrafa de vinho tinto e estávamos, sem dúvida, meio altas. Reuni coragem para perguntar a Cintilante sobre sua vida amorosa, e ela, encorajada pelo álcool, deixou de lado suas defesas usuais e me contou seus verdadeiros sentimentos.

"Xinran, tenho quase trinta anos e ainda não sou casada. Na China já estão começando a me chamar de titia, ou de freira. Você diz que eu não tenho pressa, mas será verdade? Ao mesmo tempo, não se trata de algo que possa ser apressado. Lembro de quando eu estava no colégio; os meninos corriam atrás de mim e me compravam sorvetes. Quando cheguei à universidade, eu fazia parte do grêmio estudantil, e os rapazes pavoneavam-se à minha volta, arrulhando! Mas não dei a menor bola para eles. Eles não tinham um pingo da sabedoria do meu pai, muito menos seu ânimo e sua energia. Todos eles achavam que podiam me paquerar porque eram bonitos ou porque tinham algum novo aparelho eletrônico, mas que sentido há nisso? Ainda assim, teve um rapaz que ficou muito íntimo meu; fazia tudo o que eu queria e prestava atenção em tudo o que eu dizia. Nossos pais se conheciam, e lá pelas tantas eles estavam quase programando o nosso casamento, mas em vez disso fui para os Estados Unidos, o que deixou tudo em compasso de espera. Depois que voltei para a China, comecei a me dar conta de que éramos pessoas muito diferentes. Eu queria encontrar um marido que eu pudesse respeitar, não um garotinho bonitinho, bonzinho e subserviente. Mas ele não me levou a sério, dizendo que, se não se casasse comigo, não se casaria com ninguém. Faz oito anos agora, e ele ainda está esperando por mim.

"O homem que realmente me fez mulher foi meu professor da escola noturna, mais de dez anos mais velho que eu. Ele me apresentava a todo tipo de ideia nova, e passávamos horas discutindo atualidades. Com ele eu permiti que minhas fantasias voassem soltas, sem temer a Deus nem aos homens, e achei que tinha encontrado o homem dos meus sonhos. Debatíamos sobre a verdade e a falsidade, o certo e o errado. Eu era capaz de gritar com ele até ficar rouca, mas ele nunca me deixava vencer por conta do meu temperamento. Aos poucos, estar com esse homem fez eu me sentir bastante segura e relaxada. Será que é a isso que se referem quando falam de felicidade? Quem sabe o ciúme também seja um efeito colateral do amor? Quando descobri que ele também agia assim com outras moças, fiquei muito magoada. A fim de mostrar que eu era diferente das outras, decidi ir viver com ele. Mas, depois que passamos a viver juntos, descobri que ele ainda saía com outras mulheres. Fiquei arrasada, mas segundo ele, antes de termos uma família, que direito eu tinha de proibi-lo de passar tempo com outras pessoas? Falei a ele que éramos feitos um para o outro, mas ele respondeu que isso não significava poder limitar a liberdade do outro! Começamos a discutir furiosamente, então inventei um plano mirabolante para ver quantos dias eu era capaz de sobreviver sem ele e para testar seu amor por mim. Voltei para minha casa. Nunca imaginei que, apenas dois meses depois do nosso rompimento, ele estaria casado com uma de minhas colegas!"

O rosto de Cintilante estava banhado em lágrimas, que se misturavam ao seu vinho tinto. Pensei comigo mesma que a arte da vida é formada assim, numa mistura de prazer, raiva, tristeza e alegria, se misturando e se separando, indistintamente, e que sua lógica e seus princípios são tão turvos e confusos...

Cintilante não dava qualquer atenção ao vinho à sua frente. "Eu simplesmente não entendo como um homem capaz de fazer aquelas declarações solenes para mim, com tanta emoção e tanto amor, poderia, no espaço de apenas algumas semanas, apagar tudo, num estalar de dedos. E não foi só isso: minhas amigas o ouviram anunciar na cerimônia de seu casamento que o que sua casa precisava era de uma esposa, não uma amante! Para ele, uma amante era apenas um tempero para a vida. Para ser honesta com você, certa época passei mais noites do que eu gostaria de lembrar

andando de um lado para o outro sob a janela da nova casa dele, espiando ele e sua mulher. Quanto mais eu os observava, mais eu me convencia de que não havia amor entre eles. Nem uma única vez os vi se jogarem um nos braços do outro, ou se beijarem com paixão. Pareciam um casal muito tranquilo, muito calmo. Uma vez os vigiei por duas semanas a fio, até que ele me mandou uma mensagem de texto: 'Sei que você está espionando nossa nova vida de casal!'"
Cintilante engoliu o resto do seu vinho num gole só. "Quando vi aquela mensagem, senti uma mistura de ódio e arrependimento. Ele me amava, afinal das contas, mas estava usando outra mulher para se vingar de mim! Sem amor, como é possível que haja ódio? Se ele me odiava tanto assim, decerto eu tinha ferido um amor muito profundo, para ele chegar ao ponto de magoar a si mesmo a fim de se vingar de mim! Já faz dois anos que ele está casado, mas a cada vez que faço aniversário ou que alguma data festiva se aproxima, ele me visita e me traz um grande presente. Já me deu um anel, como de noivado, e às vezes me cede uma noite. Já aconteceu muitas vezes agora, e não há sinal algum de que vá arrefecer. O que eu deveria fazer, Xinran? Não tenho coragem nem vontade de rejeitá-lo, e isso impossibilita que eu tenha qualquer sentimento por outros homens. Por sorte tenho esses amigos gays, que me deram espaço para eu me esconder por um tempo. Mas, mas..." Cintilante fez uma pausa. Parecia que ela não estava bêbada, afinal de contas, pois bêbados não titubeiam.

"Sabe, eu me sinto muito dividida. Ele sempre me telefona dizendo que quer vir me ver em Londres. Uma parte de mim quer dizer: 'Então venha, a vida é curta demais, não precisamos desses escrúpulos'. Mas outra parte de mim diz: 'Não, um caso amoroso sem nenhum senso de ética só vai trazer dor e arrependimento'."
Os olhos de Cintilante ardiam de ânsia e desamparo.

"Ele está vindo a Londres para ver você? Quanto tempo ele

vai ficar? Ele ainda está casado?" Senti um gosto amargo tomar conta da minha boca.

Cintilante fez que sim, acrescentando: "Ele acaba de ter uma filha".

"Você realmente acredita que esse homem ama você?", perguntei. "Que ele se casou para se vingar de você? Se fosse esse o caso, por que então ele não se divorciou? E agora ele tem uma filha! Você tentou descobrir algo sobre ele? Talvez ele tenha mais de uma namorada, além da mulher! Além disso, vocês dois não estão enganando a mulher dele, magoando-a? E você não teme que um dia a filhinha dele vá atrás de você, para vingar a mãe?"

A essa altura eu já estava sóbria novamente, mas ainda não fazia ideia do que dizer. Mais um sacrifício feito a um homem desses! Mais uma moça se oferecendo de bom grado para ser danificada. E o mais ultrajante de tudo é que eles usam o sexo para esmagar esse amor jovem sob seus pés. As moças são deixadas afogadas nas próprias lágrimas, incapazes de se distanciar, enquanto eles, homens, realizam suas fantasias no corpo de outra, dirigindo cenas e mais cenas de uma "tragédia de amor". A real catástrofe nesse drama é que essas moças acham que de fato se trata de amor verdadeiro.

Cintilante pediu um copo de água e bebeu tudo de uma só vez. "Você acha que estou tendo tanta dificuldade para agir com sensatez porque esse foi o meu primeiro amor? Ouvi dizer que o primeiro amor fica gravado no nosso coração, e o acompanha até a morte. Mas minha avó diz que seu primeiro amor foi meu avô, no que não acredito. Minha mãe diz que nunca teve um, mas então o que é o meu pai? Ela nunca se apaixonou por ninguém, nunca? Eu simplesmente não entendo, a vida é mesmo difícil!"

O que eu deveria dizer? Em vez disso, quando tomamos um chá da tarde britânico naquele dia, contei a ela sobre *Primeiro amor*, de Turguêniev, uma história sobre amor apaixonado, mas infrutífero.

No caminho para casa, Cintilante disse, muito lentamente, como se estivesse testando um a um os fios da sua ideia: "Eu... acho que tenho duas personalidades em conflito. Uma quer ser uma boa filha e uma boa neta. A outra diz: por que eu deveria me aborrecer optando por uma dessas duas coisas? Você viveu o amor como eles o vivem na minha família, Xinran? Em um espaço em que não há um só canto sem alguém com uniforme do Exército... dá para chamar isso de lar? Meu avô está sempre cercado por grupos de criados, dentro e fora de casa. Não se pode nem mesmo dar uma caminhada a sós com ele. E não se passa um só dia sem que minha avó não dê um sermão em cada um de nós. É como se aquilo no que ela acredita fosse adequado para o mundo inteiro. Papai parece trabalhar pelo menos cinquenta horas todos os dias; até durante as refeições ele fala ao telefone.

"Minha mãe vive à sombra do poder dos meus avós, sempre se adequando com o que quer que esteja acontecendo. Ninguém parece perceber, nem mesmo os empregados, que ela também vem de uma família importante. Ela é filha de um dos nossos líderes nacionais, pelo amor de Deus! Às vezes quero defendê-la, mas ela sempre me detém. Ela diz: que tipo de família teremos se todo mundo tentar fazer as coisas do seu jeito, buscando independência e liberdade? Ela acha que a família não é um lugar onde se libertar, mas um lugar onde as pessoas não deveriam ter preocupações. Ela diz que nossos parentes têm personalidade tão forte que acabam abarrotando a casa, então ela procura não ocupar muito espaço nem tantos holofotes. Ela se encolhe, até mesmo se perde dentro de casa. Quando volta do trabalho no museu, fica sentada em silêncio lendo um livro ou sozinha diante da TV. Nos finais de semana ela prepara sua receita de macarrão especial para toda a família, os velhos e os jovens. Tem sido assim por mais de vinte anos, desde que consigo me lembrar, sem nenhuma alteração! Frequentemente me pergunto se ela alguma vez percebeu que os tempos mudaram."

"Talvez seja precisamente a imutabilidade de sua mãe que traz estabilidade a milhares de outras mudanças que acontecem na família!" Eu verdadeiramente acreditava nisso.

"Talvez", disse Cintilante, sem muita convicção.

"Se você pudesse traçar um plano para seus anos de velhice, qual seria?", perguntei a ela, de fato querendo conhecer sua ambição derradeira.

"Já pensei nisso", ela disse, como que acordando de um sono profundo. "Acredite ou não, realmente pensei. Nesses dias meu avô não tem se sentido bem. Às vezes não reconhece as pessoas, e uma vez até perguntou quem eu era. Chorei de montão depois disso, pois pensava que eu era a menina dos olhos dele. Os médicos e as enfermeiras me disseram que ele nunca deixou de reconhecer minha avó. Não importa quão mal ele esteja, ela só precisa se aproximar e pegar sua mão e ele a chama por um apelido carinhoso. Seus olhos brilham de felicidade e às vezes ele até derrama uma lágrima. Às vezes tenta acariciar o cabelo dela, como se ela ainda fosse a mocinha que ele conheceu há mais de sessenta anos. Xinran, eles passaram sessenta anos da vida juntos, e ainda são tão próximos, tão amorosos. Acho que essa é a imagem que eu quero para os últimos anos da minha vida."

Como você vê o caso Yao Jiaxin? Por que a sociedade chinesa está debatendo sobre ele (um homem pós-anos 1980) de forma tão feroz?

O caso Yao Jiaxin se tornou um assunto tão polêmico na China não porque haja algo de representativo ou típico nele. Para falar de outra maneira, é porque as mídias sociais de hoje e porque o poder de divulgação da internet ultrapassaram em muito nossa imaginação. Acredito que nos últimos anos houve muitos acidentes similares em toda a China, só que desta vez um monte de figuras conhecidas na sociedade se envolveu, além de sites de mídias sociais, como o Weibo, e foi isso o que suscitou os debates. Quanto ao motivo por que todo mundo está discutindo esse caso, primeiro é porque as pessoas nascidas nos anos 1970 e 1980 agora compõem a maior fatia da sociedade. São provavelmente as pessoas que, em todo tipo de mídia, mais contrastam com as gerações pós-anos 1980 e pós-anos 1990. Não são tão diferentes em termos de idade, mas foram educadas em circunstâncias muito distintas, o que originou uma diferença muito forte entre elas. Em segundo lugar, à medida que as mídias sociais se propagam, as pessoas se dão conta de que a sociedade não é tão pacífica e tranquila quanto achavam, e isso deu voz a muito medo e questionamento. Ao longo dos últimos anos, muitas pessoas têm insistido em que os jovens de hoje não têm fé nem convicção, mas na verdade são eles que sofrem atormentados. Eles suspeitam e questionam, e, no entanto, não conseguem achar uma resposta ou uma solução. Claro, também é impossível desconsiderar a atual velocidade com que a China está se desenvolvendo. Uma vez que se abriu a caixa de Pandora, todos os tipos de valores surgem. Além disso, agora temos um poder econômico cada vez maior, independentemente de ser uma bolha ou progresso verdadeiro. Seja como for, as pessoas nascidas nos anos 1970, 1980 e 1990 estão todas sendo atacadas conjuntamente.

9. Peixe-Voador

Deixei a China em 1997 depois de uma carreira de vinte anos e fui uma das pessoas daquela geração que ajudaram a empurrar a pesada porta da história chinesa. Nos anos 1980, nós, os jovens, éramos cheios de entusiasmo. Quando descobrimos que estávamos tendo a oportunidade de reconstruir a mídia chinesa, acreditamos que o partido estava começando a permitir que usássemos o cérebro, que pensássemos e dialogássemos. Porém, logo o chão ficou tomado pelos cadáveres de muitos dos meus intrépidos e radicais amigos, que se tornaram vítimas da própria ignorância e ousadia política. Alguns deles ensejaram a própria prisão, alguns misteriosamente se viram desempregados, ao passo que outros nunca se recuperaram dos reveses e depois disso se mantiveram bem afastados da política.

Já que reuniões privadas podiam ser vistas como ilegais, nós, os sobreviventes, frequentemente "jogávamos cartas" em pequenos grupos. Nunca havia vencedores nem perdedores. Em vez disso, cada carta representava uma frase de reclamação, e cada partida, um tema. Antes de nos separarmos, memorizávamos que carteado supostamente estivéramos jogando, para não nos entregarmos, caso interrogados. Rememorando agora, suspeito que tenha havido duas razões para nosso grupo ter sobrevivido. Uma estava relacionada ao nosso trabalho, ao exército com suas punições impiedosas, à polícia, que era a própria lei, e ao sempre cambiante sistema de governo; eram como o amuleto mágico que o macaco Sun Wukong usava na cabeça e podia ser comprimido dolorosamente a um simples comando de seu mestre. Todos nós usávamos amuletos assim, que de contínuo vociferavam um alerta a nossos cérebros hiperaquecidos: "Não entre no campo minado. Não apenas você explodirá em mil pedacinhos como também arrastará uma série de amigos e familiares". Todos nós tínhamos muita consciência desse campo minado. A segunda razão pela qual sobrevivemos era o "defeito" comum que nos unia. A fim de manter um elemento de liberdade individual, nenhum de nós era membro do Partido Comunista. Naqueles dias, não importava quão bem você trabalhasse, quão populares fossem os seus programas ou quão enternecedores fossem os seus roteiros: quem não era filiado ao partido sempre era tratado como "elemento retrógrado". Os chineses costumam atirar primeiro e perguntar depois, e ninguém tinha consideração pela opinião popular que cultiváramos a tanto custo.

Havia quatro lugares na nossa mesa de carteado. Três de nós conseguiram escapar do campo minado com a vida intacta, mas um homem muito talentoso ficou para trás. Era o único que ainda perseverava, depois que todos os heróis da mídia haviam caído. Na verdade, ele foi designado a limpar o campo de batalha quando a fumaça de pólvora baixou. Ele surgiu nos flancos como se fosse uma bandeira da Cruz Vermelha, mostrando aos feridos que ainda havia esperança. Esse homem era o pai de Peixe-Voador.

Quando deixei a China, nosso pequeno quarteto já havia se dissolvido. Um se aposentara precocemente por razões médicas, outro "pulara o cocho" e passara para o mundo dos negócios, e eu havia caído na real e ido nadar em mares mais amplos. Apenas o pai de Peixe-Voador mantinha a fé. "Nada é impossível; o problema são as pessoas, que não têm força de vontade!", ele nos dizia. "Vou pavimentar uma nova estrada de prosperidade para o rádio na China e dar às pessoas algo de que gostem, em vez dessa ferramenta política cega e ignorante!" Logo depois disso, graças a seus impressionantes êxitos profissionais, ele foi transferido para o nordeste do país e encabeçou uma organização controlada pelo governo da província.

A cada vez que voltava para a China, eu sempre ouvia suas opiniões com respeito e admiração. "Você precisa acreditar que há solução para a imprensa chinesa. Se a política não nos fornece uma porta, então podemos pegar a estrada da cultura e da economia. A longa e antiga Rota da Seda nunca foi interrompida pela miríade de diferentes religiões ao longo de sua extensão, nem bloqueada pela diversidade de línguas. Por que não tiramos lições disso? Nos dez anos em que você esteve fora, Xinran, nós não apenas entramos na vida das pessoas comuns como também ganhamos presença nos sistemas de transporte público. Precisamos dar seguimento a isso, usando a necessidade econômica para fazer uma lavagem cerebral nesses legisladores. Precisamos fazê-los enxergar o que o povo necessita para levar adiante sua vida, e o que a China precisa para crescer culturalmente."

Para dizer a verdade, posso contar nos dedos o número de pessoas que, depois de completar vinte anos, ainda estão lutando cheias de brio, palavras grandiosas e ardor duradouro. A idade geralmente é a desculpa para desistir no meio do caminho. Os pais muitas vezes temem que seus filhos não deem em nada, mas é raro que percebam com clareza o motivo por que suas próprias habilidades não estiveram à altura de suas ambições de juventude. O pai de Peixe-Voador agia conforme seu discurso. Era mesmo admirável, e eu me sentia envergonhada. Por que eu não acreditara que a mídia chinesa poderia fugir das garras da política? Por que eu não ficara e não me jogara na luta a seu lado? Será que eu era mesmo uma dessas pessoas que apenas gostavam de surfar na primeira onda de uma nova tendência, cheias de altos ideais, mas com pouca consistência? Depois que me dei conta disso, passei a sonhar em ser capaz de fazer algo por ele e por meus amigos que ainda restavam na mídia, e ansiava por uma oportunidade de provar meu respeito por eles. Mas o que uma pobre escritora vivendo uma existência errante no exterior poderia fazer para ajudar o crescimento meteórico de sua carreira? A cada vez que voltava à China para visitar amigos e família, eu sempre era tomada pelo infindável desfile de presentes, grandes e pequenos, de pessoas preocupadas com o fato de eu estar penando em terras estrangeiras. Temiam que eu estivesse com saudades de casa, sem comida caseira ou roupas familiares para me lembrar da minha cidade natal, e morando num lugar sem os confortos de um lar chinês. De minha parte, acho que sempre pareci um pouco perdida e acabrunhada. Meus presentes eram sempre selos postais, cartões ou marcadores de páginas, ou lembrancinhas coletadas em turnês de lançamento de livros no mundo inteiro. "Uma pena de ganso mandada de mil *li* de distância. O presente é leve; o sentimento, sincero." Eu frequentemente usava esses dizeres antigos para aliviar minha sensação de desmazelo e, de certa forma, de penitência.

No final de 2007, houve uma repentina mudança no clima político chinês. Até mesmo pessoas comuns que passavam a vida "escondida dentro de um tambor de ignorância" eram capazes de farejar pólvora no ar. Durante um tempo, debates acirrados questionavam se os chamados "principelhos"* e a Jovem Liga Co-

---

* Oficiais que obtinham importantes cargos no governo graças às suas relações

munista* haviam finalmente deixado suas diferenças de lado e vencido a Camarilha de Shanghai.** Será que, enfim, o país acabaria com velhos tabus e começaria a prender oficiais corruptos e os subordinados inescrupulosos que haviam esvaziado os armazéns da nação e enviado o butim para o exterior? A Revolução Cultural terminara havia trinta anos; era chegada a hora de acertar os pontos? Será que os estrangeiros fecharão as fábricas e voltarão para casa assim que tiverem obtido todo o dinheiro que desejam? A tocha olímpica chinesa deveria trazer muita glória, mas foi apagada várias vezes por protestantes antichineses. Teríamos sido enganados por nossa própria mídia? Será que o mundo estava prestando alguma atenção na China, afinal de contas? Será que ainda precisamos nos aninhar aos ocidentais, lambendo-lhes o rosto como se fôssemos cachorros?

Ao longo da história chinesa — em Hong Kong, em Taiwan, na China continental ou em Cingapura —, quando o vento político muda, a cultura e a mídia são sempre os primeiros a sofrer o impacto. Por causa disso, nos tornamos muito sensíveis a humores políticos, e nossos ouvidos se eriçam muito antes dos de nossos pares nos países ocidentais. De acordo com informações de bastidores dos meus colegas da mídia, o governo chinês realizou uma operação de limpeza "rotineira" no período anterior aos Jogos Olímpicos de Beijing, em 2008. Mais de 220 estações de rádio locais foram fechadas para "retificação" depois de serem con-

---

com a elite governante. Na China pós-1949, esse termo se aplicava mais comumente aos descendentes daqueles que detinham poder na esfera militar. Hoje, é usado para se referir aos filhos ou dependentes de oficiais de altos escalões e representados pelo presidente Xi Jinping.
* A Jovem Liga Comunista é a maior facção dentro do Partido Comunista a se opor aos "principelhos" e é liderada pelo ex-presidente, Hu Jintao.
** A Camarilha de Shanghai tinha o apoio do ex-presidente Jiang Zemin, mas seu poder agora está enfraquecendo.

sideradas "baixas e vulgares" e terem "perdido o apoio do povo"; 84 delas ainda estão indefinidamente no limbo. Das principais emissoras nacionais, a Estrela do Norte foi forçada a passar por uma completa auditoria sob a alegação de que "a bandeira do individualismo está muito destacada, e demonstra tendência a desviar dos princípios do partido". A auditoria concluiu: "Esse foi o maior caso de corrupção na mídia desde a fundação da República Popular". Porém, nenhum jornal oficial relatou o caso, e até mesmo publicações menores que com frequência ousam questionar o governo permaneceram caladas. Mas, já que se tratava de uma campanha de retificação midiática de nível nacional, atacando corruptos e criminosos, por que não era relatada às claras? O segredo, que estava evidente para qualquer chinês, era que decerto havia uma agenda política por trás. O principal criminoso nesse grande caso se mostrou ser ninguém mais, ninguém menos que o pai de Peixe-Voador, que foi sentenciado a vinte anos de prisão quando estava prestes a se aposentar.

Discuti o caso com vários amigos, mas ninguém que o conhecesse acreditava nas acusações. "Ele embolsou mais de 10 milhões de iuanes do orçamento da emissora, é?", diziam. "Mesmo se esse fosse o caso, como não teria aparecido em auditorias financeiras anteriores? Não existe ser humano perfeito, e ele provavelmente cometeu alguns erros, é impossível evitar, mas sem provas não há crime. Eu me pergunto de onde vieram todas as evidências." Na China de hoje, que ainda carece de um sistema judicial independente, e em que o poder político se vira contra um cidadão comum, "nunca falta um pretexto quando precisam de um bode expiatório". Mas, como profissionais da mídia, não teríamos um olfato político apurado e canais de informação confiáveis? Se pessoas comuns podiam farejar uma lufada de pólvora política, como poderia ele, o presidente de uma rede de rádio e TV de província, não ter percebido? Talvez ele não fosse experiente o bastante em política e tivesse ingenuamente imaginado que poderia salvar a própria pele apenas graças a seu talento! Ou será que recebera alguma garantia de segurança e assim fora alegre e desavisado de encontro à tempestade política iminente? Teria sido condenado por suas crenças e seu zelo?

Porém, acho que ele sabia muito bem o que estava para acontecer, bem antes de a tempestade desabar com tudo.

Num dia de verão de 2007 recebi, do nada, um telefonema do pai de Peixe-Voador. "Xinran, acho que você estava certa, eu devia mandar minha filha para o exterior, para estudar e ver o mundo."

"Como foi que você finalmente entendeu isso?", perguntei. Eu estava um pouco surpresa e reticente, já que muitos pais só mandavam os filhos para longe quando a água começava a lhes bater no pescoço.

"Quando você volta para a China? Logo, espero?" Sua voz parecia ansiosa.

"Você é mesmo um líder, não? Assim que uma ideia se forma na sua cabeça, você espera que seus subalternos a transformem em realidade. Tenho uma família também, sabe, e a China fica a muitos fusos horários daqui", falei, provocando-o de propósito.

"Para falar a verdade, eu gostaria que você levasse Peixe-Voador consigo, e o quanto antes, melhor. Ela acaba de terminar a universidade, é o momento perfeito."

Quando me recordo disso agora, fica claro que ele não estava me revelando a real situação das coisas.

Na vez seguinte que voltei à China, perguntei a ele: "Vários anos atrás tentei convencê-lo a deixar Peixe-Voador estudar no exterior, mas você disse que ela era jovem e frágil demais. Como é que de repente você passa a admitir a ideia? Você queimou suas pontes?". Imaginei que ele pudesse estar na mesma situação que o pai de Du Zhuang, com o governo dificultando as coisas para ele.

"São muitas as razões", ele disse, claramente relutando em me contar o que fosse.

"Melhor estar preparado, para o caso de algo dar errado, não é?", tentei adivinhar.

"Xinran, por que você está dizendo isso? O que poderia dar errado? Minha coluna é reta; não tenho medo de que minha sombra esteja torta. Talvez você tenha se ocidentalizado demais...", ele disse, condescendente.

"Mas e se o sol estiver torto?" Meus instintos de vinte anos de trabalho na China estavam reaparecendo.

"De que importa? Mesmo se eu for arrastado para a prisão por alguma acusação inventada, acabarei fazendo uma lavagem cerebral nas pessoas na prisão e no sistema judicial e os convencerei do meu jeito de pensar. Eles não podem bloquear o céu só com uma mão como faziam antes; não hoje em dia", ele disse, confiante.

"Então por que está com tanta pressa de tirar sua filha daí?", perguntei.

"Não vou tentar te enganar; não temo por mim, caso as coisas fiquem difíceis, mas pela minha filha, pois ela não é forte o bastante para aguentar. Desde pequena Peixe-Voador é o que chamamos de 'autista'. Ela fez algumas coisas que realmente deixaram a família em pânico. Uma vez se trancou dentro de casa e não abria a porta para ninguém, nem mesmo para sua mãe ou para mim. Gritávamos para ela abrir, então olhamos pela janela. Lá estava ela, encolhida sob a mesa, tremendo. Parece que ela tem amnésia, também, sempre esquece onde colocou a mochila. Às vezes não consegue encontrar suas chaves; é como se de fato ela não estivesse presente. Por isso não estávamos dispostos a deixá-la viajar, temíamos pela sua segurança. Mas agora temos de colocar nossa filha única sob seus cuidados, então, por favor, cuide dela. Primeira condição: ela precisa voltar. Aconteça o que acontecer, você não pode deixar que ela se case com um estrangeiro. Em segundo lugar, deve tratá-la com o mesmo carinho como trataria um filho seu. Em terceiro, ela é muito frágil, então não deve deixá-la se agitar muito."

Quando ouvi essas três condições, minha mente fraquejou. Quanto a cuidar de Peixe-Voador como se fosse minha própria filha, eu me esforçaria ao máximo para isso. Mas como eu poderia dar qualquer tipo de garantia de que uma moça de 23 anos com ensino superior completo recusaria o amor de um ocidental? E o que ele queria dizer com não deixá-la ficar muito agitada? "Se eu tiver que tratá-la como uma deficiente, nada feito. Caso contrário, vou ajudá-la a ter as mesmas experiências de outros estudantes estrangeiros."

Pelo bem do meu acalentado otimismo e para retribuir um pouco do que eu devia ao meu amigo, levei Peixe-Voador à Grã-Bretanha para fazer um curso de mestrado. A mãe e o pai de Peixe-Voador a trouxeram para Beijing para que viajássemos juntas. Quando estávamos prestes a embarcar no avião, a mãe de Peixe-Voador me disse que sua filha passara três meses fazendo as malas, até a véspera. No final, seus pais tiveram de fazer as malas por ela, no hotel. Quando ouvi essas palavras, uma dúvida surgiu na minha cabeça. Será que eu havia aceitado outro Du Zhuang? Outra Andorinha Dourada? Outro Lenha? Estremeci só de pensar!

Ao fim do voo de doze horas, minhas preocupações e inquietações haviam se tornado realidade. Peixe-Voador não tinha quase nenhum domínio de inglês, não sabia lavar suas roupas nem cozinhar, e lhe faltavam habilidades de sobrevivência. Aonde quer que fosse, "enchia o horizonte" espalhando seus pertences. Diz-se que esse talento de transformar as próprias posses em pilhas de lixo é um traço comum aos filhos únicos! Porém, ela também era muito bondosa e agradável, e capaz de um bom nível de entendimento, se interessada. Recebera do pai o dom do pensamento independente e uma série de crenças rígidas inabaláveis. Uma vez que tomava uma decisão, ninguém conseguia demovê-la. A diversão de Peixe-Voador se restringia a fazer compras, ouvir música e navegar na internet. Ela dizia que seu lar na China fora um ninho vazio, muitas vezes sem a presença da mãe e do pai. Seu mundo consistia em um cachorrinho de estimação e uma velha senhora que a tratava a pão de ló. Foi só quando ingressou na universidade que começou a passar mais tempo com os pais. Viviam finais de semana em família, passeavam a pé e comiam em restaurantes, conversando sobre as vicissitudes da vida humana. Peixe-Voador sempre tomava o partido do pai, e eles tinham discussões longas e tortuosas sobre o futuro. Mas sua mãe, que trabalhava na política, sempre tomava posições extremas ao discutir a realidade.

Sempre acreditei que o maior erro que a China cometeu com a educação moderna foi priorizar freneticamente a memorização de informação, em detrimento das habilidades básicas de sobrevivência e da capacidade de fruição cultural. A educação se tornou um sistema de canalização fechado. Uma criança passa doze anos rastejando por ele e quando finalmente emerge, tudo diante de seus olhos é obscuro. Ela não tem qualquer senso de direção ou conhecimento da vida baseado nos próprios sentidos e nas próprias vivências. Não sabe como desfrutar das dádivas da natureza e não tem ideia de como se faz para viver, além de tomar três refeições diárias. Sempre incentivo qualquer garota que fique hospedada na minha casa a coletar folhas das quatro estações e fazer pequenos artesanatos. Eu as incentivo a fritar, refogar, cozinhar no vapor e ferver todo tipo de comida, depois a arranjá-las com cuidado em pratos e tigelas para compor uma bela imagem. Eu as incentivo a arrumar e limpar tudo o que deixam em seu rastro e a manter seus quartos limpos. Toda garota que queira ser mãe deveria começar a se exercitar em habilidades maternas desde cedo, e essa habilidade organizacional é um dos esteios do amor materno.

Peixe-Voador se adaptou de pronto aos pequenos prazeres da

nossa vida e não tardou até que as folhas de outono se tornassem sua paixão. Ela desenvolveu um incansável gosto por cozinhar, e limpar a cozinha lhe dava uma sensação de trabalho bem-feito. Porém, seu inglês ainda era um pesado bloqueio mental e físico que ela lutava para superar. Como a maioria dos chineses, ela não dava crédito à importância de adquirir sensibilidade linguística e acreditava que não podia abrir a boca antes de memorizar um número suficiente de palavras. Seu "inglês manchu" com forte sotaque impossibilitava que as pessoas entendessem o que dizia, o que, por sua vez, a deixava nervosa e temerosa.

Inusitadamente, a personalidade introvertida de Peixe-Voador a fez perder tempo ficando conosco. Nos lares britânicos, ela não dava um pio, passando o dia inteiro em sites chineses conversando com amigos. Ela dizia que não sabia como estudar sozinha em casa, que só conseguia estudar na sala de aula, de forma que a matriculamos em um curso de inglês na escola do London International Palace. Depois de algumas semanas ela se mudou para um dormitório de estudantes, voltando para ficar conosco nos finais de semana e feriados. Porém, logo descobri que todos os amigos que ela fazia eram garotas japonesas ou coreanas, cujo sotaque em inglês era igualmente incompreensível. Todos os dias elas iam olhar vitrines de lojas famosas e almoçavam em restaurantes. Suas roupas, bolsas, até mesmo os chapéus que elas usavam pareciam mudar todos os dias. Quando expressei minha preocupação, Peixe-Voador disse que o inglês delas era o único que conseguia entender, já que o inglês dos outros estudantes europeus, fora de padrão, dificultava a comunicação. Na verdade, muitos alunos chineses usam esse argumento como desculpa para se esconder, já que os universitários da Europa são em sua maioria independentes, orgulham-se de seu conhecimento e baseiam sua visão de mundo em experiências práticas, ao passo que os asiáticos tendem a vir de ambientes ricos e suas conversas tendem a girar em torno de compras e consumo.

Um dia, Peixe-Voador me disse em chinês que as garotas japonesas e coreanas a haviam levado a um lugar onde todas as luzes eram cor-de-rosa ou azul-claras, com desenhos de garotas nuas nos banheiros. Todas as salas de karaokê tinham uma cama, nas quais eram colocados alguns objetos peculiares. Quando traduzi o que ouvira para Toby, seu rosto se ensombreceu. "Elas devem ter visitado um sex club. Por que ela iria lá? Para fazer o quê? Peixe-Voador entende sobre sexo seguro?"

Ao ouvir as perguntas de Toby, senti o sangue gelar. Eu nada sabia sobre sex clubs. O que os distinguia dos lugares que vendiam serviços sexuais? Eram bordéis? Por que ela fora lá? O que fizera? Eu já podia ver o olhar de reprovação dos seus pais e a dor nos seus olhos.

Toby disse: "E então, Peixe-Voador entende sobre sexo seguro, ou não? É muito mais importante ter conhecimento sobre isso do que sobre idiomas. Ela é uma filha única chinesa, e deduzo que os pais dela não são *baofahu* [novos-ricos]. Pelo que sabemos, na família dela a honra pode ser mais importante do que a própria vida. Ela sabe usar contraceptivos?".

"Como é... como é que eu vou saber?" Meu rosto se ruborizara, mas parecia que essa era uma pergunta que eu deveria ser capaz de responder.

Mais tarde naquele dia, encontrei um pretexto para levar Peixe-Voador para comprar comida. Quando mencionei o sex club, ela disse, surpresa: "Mas não fizemos nada! As garotas japonesas e coreanas ficaram até tarde, mas eu fui embora bem antes".

"Toby me perguntou se você tem conhecimento básico sobre sexo e sexo seguro. Sabe onde conseguir as coisas que precisa para fazer sexo?"

Peixe-Voador explodiu em gargalhadas. "Oh, Xinran, e existe alguma coisa sobre a qual não se possa descobrir na internet? Eu sei *tudo* sobre isso."

"O que se vê na internet são só coisas materiais, físicas. Sensações sexuais nem sempre equivalem apenas à parte física. Além disso, há pessoas que poderiam lhe oferecer um refrigerante batizado com alguma droga e fazer suas certezas se transformarem rapidinho em incertezas!"

Peixe-Voador me lançou um de seus olhares. "Por que você está falando que nem a minha mãe? Na verdade, as japonesas e as coreanas têm muito dinheiro, e essa riqueza lhes dá muito refinamento cultural."

"Há uma relação direta entre ser rico e refinamento cultural?", repliquei. "Acho que não. Pense em todos aqueles chineses ricos, vestidos da cabeça aos pés com roupas de marca, que você vê gritando e urrando uns com os outros na rua, ou destratando vendedores de lojas. Quanta gente de outros países nos olha com desprezo por causa deles? Desde quando gastar dinheiro feito água, sendo ainda tão jovem, usando a riqueza dos pais para satisfazer a própria extravagância, pode ser considerado refinamento?"

"Você tem preconceito contra a Coreia? Todo mundo lá na China sabe que a Coreia e o Japão são o centro mundial da cultura", disse Peixe-Voador, em tom de reprovação.

Fiquei quieta. Eu não tinha mais vontade alguma de discutir com jovens chineses sobre isso. A publicidade coreana e o entretenimento japonês estão corroendo a crença dos próprios chineses em seus 5 mil anos de civilização, com a noção infantil de que as coisas dos outros são melhores do que as nossas. É como se uma minúscula folha diante dos nossos olhos tivesse bloqueado quase tudo que encontramos pela frente, limitando nossa habilidade de ver que uma cultura estrangeira invadiu nosso espaço cultural e nos deixando ainda menos capazes de ter consciência da nossa ignorância da cultura global.

O pai de Peixe-Voador me ligava umas duas vezes por semana para acompanhar o desenvolvimento de sua filha. Quando eu indiretamente ventilei minhas preocupações sobre seus estudos e seu círculo de amigas, ele disse, para minha surpresa: "Xinran, não a pressione. Uma moça não pode fazer muita coisa na vida, basta que ela se case bem. Desde que ela fique feliz e saudável, tudo bem. Nossa família tem bastante dinheiro e apenas uma filha; se não dermos para ela gastá-lo, quem vai fazê-lo? E quanto a seu inglês, se ela passar três anos na Inglaterra, vai pegar o jeito, mesmo se não estudar".

Já que o pai de Peixe-Voador tinha tanta fé na filha, achando que ela poderia dominar o inglês sem estudar, quem era eu para arranjar problema? Bem quando eu estava começando a deixar Peixe-Voador se virar sozinha em seus estudos, sua mãe me ligou numa noite de abril de 2008, com a voz trêmula. "O pai de Peixe-Voador está em maus lençóis. Por favor, faça o que fizer, não conte nada à minha filha."

Eu imediatamente dei alguns telefonemas para a China, onde era de manhã cedo. Uma amiga me disse: "Ninguém sabe de nada. Uma pessoa da emissora me telefonou bem quando eu estava de saída para dizer que o pai de Peixe-Voador havia sido preso, mas ninguém sabe por quem".

Desliguei e acordei outro colega da imprensa que acabara de ir dormir depois de trabalhar à noite. "Não pode ser nada sério, não é?", ele disse. "Ouvi dizer que quando o prenderam ontem à tarde estavam apenas verificando a contabilidade. Acho que dificilmente vai dar em algo graúdo, não é? Além disso, mesmo se quiserem pegá-lo, não podem levar a coisa longe demais. Não estamos mais na Revolução Cultural, não seja tão neurótica. Vou perguntar a respeito amanhã no trabalho."

No dia seguinte levei Peixe-Voador para casa comigo, na tentativa de garantir que ela não ouvisse nada do que estava acontecendo. Todas as manhãs, eu telefonava para a China enquanto ela ainda dormia. Porém, ninguém da rádio sabia dizer com alguma certeza quem o prendera. Apenas o guarda de plantão e o pai de Peixe-Voador viram a credencial da pessoa, e aquele não estava disposto a falar nada. Imaginavam que o pai de Peixe-Voador tivesse sido levado sob acusação de corrupção. Sua mãe me mandava uma contínua enxurrada de mensagens de texto, dizendo que várias levas de pessoas, todas de uniforme, haviam vasculhado a casa deles. Ela não sabia dizer de onde eram, já que estava muito alarmada e perturbada, e não pedira para ver identificação alguma. Ela trabalhava na prefeitura, organizando a hierarquia do partido, e se ela não era capaz de identificar seus uniformes, então outras pessoas não teriam a menor chance.

Cerca de duas semanas depois, o escritório do promotor público informou à mãe de Peixe-Voador que seu marido havia sido oficialmente levado para interrogatório. Mas e a detenção de duas semanas antes, do que se tratava? Era chamada de *shuanggui* pela comissão central de inspeção disciplinar. De acordo com uma fonte interna, *shuanggui* é um tipo de processo preliminar ou de interrogatório. Os responsáveis pelo inquérito trabalham em três turnos rotativos, para garantir que o interrogado não tenha nenhuma chance de dormir num período de 24 horas, a fim de minar-lhe as defesas até que revele a verdade. Não sei como esse método de "interrogatório por meio de tortura" anterior ao processo judicial se enquadra nos procedimentos legais chineses, mas é claramente um método desumano e uma violação dos direitos humanos. Eu também estava preocupada com a possibilidade de que o pai de Peixe-Voador não fosse capaz de suportar dias e noites de inquéritos sem cessar, após ter declarado com tanta audácia que iria fazer uma boa lavagem cerebral no tribunal central e no sistema judiciário. Será que ele acabaria confessando todos os seus "crimes"? Dois meses depois, o pai de Peixe-Voador teve "sem demora" sua prisão formalizada.

Quando veio visitar a filha na Grã-Bretanha, a mãe de Peixe-Voador me contou sobre o desaparecimento do marido. No começo, o celular fora uma fonte de informação para ela. Alguns telefonemas eram de conhecidos tentando sondá-la, supondo que estavam prestes a ser implicados. Algumas das pessoas que ligavam, porém, tentavam insidiosamente fazê-la revelar se o marido tinha grandes quantias de dinheiro guardadas em casa. Também havia de três a cinco telefonemas todos os dias recomendando advogados com experiência legal. Contudo, uma vez que seu marido fora preso para interrogatório em caráter oficial, o aparelho passou a ser apenas um ornamento. Todas as ligações cessaram, e, quando ela telefonava, ninguém a atendia. Pessoas que haviam alegado ser bons amigos de repente a evitavam como se ela fosse a peste, pretextando viagens de negócios ou pressão no trabalho. Ninguém estava disposto a se posicionar e ajudar aquela esposa isolada e a filha. "A sociedade chinesa, que em determinado momento pôs tanta ênfase nas relações humanas, se tornou irreconhecível em função do dinheiro, do poder e da ambição pessoal. Todo e qualquer momento é regulado pelo mercado, é uma batalha em que os vitoriosos são reis e os perdedores são bandidos", ela disse, desanimada.

Apesar da oposição de sua mãe, eu estava convencida de que Peixe-Voador deveria saber sobre seu pai. Ela não era mais criança, e, além disso, eu não podia esconder o fato dela para sempre, já que rumores e especulações haviam começado a surgir na web. A internet é a única mídia livre da China, e palavras que ninguém ousa falar em voz alta podem ser escritas na rede sob um nome falso. Porém, nessa sociedade fraturada, em que o sistema legal não é nem saudável nem completo, em que a moral e a cultura estão em desordem e em que mudanças dramáticas acontecem diariamente, há também um ditado: "A internet é uma faca que pode matar!". Rumores falsos podem se tornar "fatos históricos", já que a web entra ainda mais fundo no coração das pessoas. Ninguém é inteiramente inocente ou capaz de limpar completamente seus "crimes da internet". Porém, ainda acredito que tratar as crianças com honestidade é muito importante.

Quando contamos a Peixe-Voador, ela ficou estupefata. "Não pode ser verdade, não é? Por que ninguém me contou nada? Eu estava estranhando que ele não me ligava havia dias. Quero falar com meu pai! Será que ele tem ar-condicionado? Ele detesta passar calor."

Essas perguntas me deixaram atônita. Prisioneiros chineses recebendo ligações internacionais e ar-condicionado? Parecia que a ideia que ela fazia de prisões chinesas vinha de filmes de Hollywood. Certa vez, em 2006, perguntei a um guarda chinês sobre as condições das prisões. "Até mesmo hoje, trinta anos depois do começo da Reforma e Abertura, 80% das prisões chinesas ainda são lugares feitos para fazer você achar que seria melhor estar morto. Senão, criminosos de carreira, sem outros meios de sobrevivência, não tratariam a prisão como um hotel gratuito?", ele me disse.

Peixe-Voador passou as semanas seguintes em meio a torrentes de lágrimas. Ela era muito dedicada ao pai e em mais de uma ocasião havia me dito que queria encontrar para marido alguém exatamente como ele. Crescera envolta na infalível proteção do pai. Ela me contou sobre uma vez em que brigou com algumas garotas no dormitório da universidade. Seu pai fez então uma visita ao diretor do departamento para apoiá-la, exigindo que fizessem uma interferência pessoal para garantir um "jogo justo" para sua filha. "Mas e agora, será que papai realmente cometeu algum crime? Que prejudicou o país ou fez algo ruim para alguém?", ela perguntou.

Falei: "Você deve acreditar no seu pai, não importa o que ele tenha feito, se foi um crime ou um engano. Ele é um bom pai, e é nisso que você deve acreditar, no fundo do seu coração. Ele tem sido um bom marido para sua mãe e de nenhuma forma deixou a família na mão. Se cometeu algum crime contra a sociedade, isso agora ficou no passado. Se realmente prejudicou outras pessoas, também isso ficou para trás. Sua fé no seu pai é algo crucial para ele e para sua família. Além disso, você precisa mostrar que é uma boa filha, ajudando o seu pai a manter-se forte na prisão e auxiliando a sua mãe a atravessar essa tragédia. Você deve se empenhar para passar nas provas e ser aceita num mestrado. Precisa provar ao mundo que você não se deixou arruinar por causa do seu pai. Você é filha dele e deve viver sua vida de forma honrada e triunfante, pelo bem dele!".

A partir desse ponto, a vida de Peixe-Voador se transformou. A dura realidade da situação — aos olhos de outras pessoas ela havia deixado de ser a princesinha de uma família rica para ser a filha de um presidiário — enfim atingiu a outrora despreocupada Peixe-Voador. Como os bens de sua família haviam sido bloqueados, até mesmo o dinheiro para comida escasseou e ela se viu forçada a trocar seu esbanjamento pela frugalidade. Porém, o inglês ainda era a grande pedra no seu caminho. Depois de seis meses de um esforço desesperado, ela por fim entrou num curso de estudos midiáticos na Royal Holloway University. Mas ela ainda acreditava, com ingenuidade, que dominaria o idioma depois de um mestrado de um ano. Ela estudou com afinco, mas por causa de sua deficiência básica de inglês e pelo fato de que sua primeira graduação, feita na China, fora em direito, disciplina muito distante de estudos de mídia ocidental, ela só conseguia entender cerca de 30% do que os professores diziam.

Um de seus professores mais tarde me contou que, quando perguntava se ela havia entendido, Peixe-Voador sempre fazia que sim, mas quando passava para a etapa seguinte, de filmar ou escrever, ela nunca fazia o que lhe fora solicitado. Quando os professores lhe diziam para filmar, ela achava que bastava levar a câmera para a rua e gravar a esmo. Seus professores levaram seis meses para compreender que Peixe-Voador não entendia nem sequer expressões básicas, como "plano geral", "foco", "composição" e "quadro". Mas, uma vez que dominou o vocabulário profissional da sua área, ela começou a alcançar seus colegas. Eu a levei para o nosso chalé no sudoeste da Inglaterra para ajudá-la a pensar e discutir tópicos de mídia. Eu a sabatinava todos os dias, uma tomada e um assunto por vez. Até que, finalmente, ela fez um filme muito emocionante sobre crianças com deficiência mental na Grã-Bretanha.

Quando seu diploma chegou pelo correio, ela derramou lágrimas e eu chorei. "Sabe, Xinran, eu me empenhei tanto, mas nunca achei que conseguiria. Quantas pessoas conseguiam me entender? Eu não sei por quê, mas tenho um pavor mental e físico de todas aquelas letras. Assim que lia esse inglês onipresente, eu entrava em pânico. Sempre que eu ouvia pessoas do outro lado da minha porta falarem inglês, eu ficava com medo. Outros alunos passavam o tempo todo estudando para o curso, mas eu precisei aprender o básico da vida, também, começando com as minhas três refeições por dia e como viver de forma econômica. Nunca fugi das lições. Até nos meus sonhos eu estava estudando sem parar. Logo vou fazer trinta anos, mas, além de comprar as coisas que eu queria, tudo o mais sempre foi providenciado para mim pela minha família. Papai até mesmo conseguia alguém para fazer as lições de casa da universidade para mim! Essa é a primeira grande decisão que tomei sozinha desde que me tornei adulta, e eu fiz tudo sozinha. Agora papai vai saber que sou capaz de viver independentemente e de fazer coisas sozinha. Ele não vai mais viver por mim. E mamãe não vai mais poder reclamar que ele não me deixa ser feliz."

Uma vez terminados seus estudos, Peixe-Voador voltou para

a China, esperando poder passar mais tempo com a mãe, que vivera toda aquela tempestade política sozinha. Depois que ela se foi, recebi uma carta de sua mãe.

Xinran, obrigada por ajudar a nossa família nesse momento terrível. O pai de Peixe-Voador ainda tem dezessete anos de provações na prisão, talvez pelo resto de sua vida. Eu já tenho quase sessenta anos de idade e não sei se vou viver para ver o dia em que poderei dormir ao lado dele novamente. Por favor, nos auxilie mais uma vez ajudando Peixe-Voador a emigrar para o Canadá. Pode fazer isso por nós? Já basta que eu esteja aqui apoiando o pai dela; ela precisa ser livre. Nossa filha única já passou por três anos de prisão conosco, e não deveria cumprir os dezessete anos da sentença do pai ao lado dele. Só quando nossa filha estiver feliz o pai dela e eu teremos forças para continuar vivendo, esperando o dia em que a nossa família poderá estar reunida de novo.

Peixe-Voador emigrou para Vancouver no início de 2011. Logo depois, um envelope bem grosso chegou para mim em Londres. As palavras haviam sido escritas por Peixe-Voador, que ainda não conseguira fugir do seu medo do inglês.

Querida Xinran,
    Não preguei os olhos na noite passada. Você está disposta a compartilhar comigo a minha vida canadense e o pequeno mundo em que me estabeleci?
    Ontem, depois de passar a noite em claro, lembrei da primeira vez em que fiquei acordada a noite inteira na universidade, na Inglaterra. Ainda me lembro, liguei para você no dia seguinte, eu estava tão excitada por ter virado a noite! Na época, eu ainda não tinha começado a pensar em quantas crianças no interior rural da China passam a noite acordadas porque não têm o que comer

ou roupas para vestir. Naquelas escolas em que não há lugar para a infância, quantas delas passam as noites acordadas por causa de provas? E quantos filhos de trabalhadores migrantes passam a noite acordados, esperando por um emprego? Comecei a pensar nessas coisas agora.

Lembro que você me disse que, uma vez que começasse a pensar nos outros e na minha responsabilidade perante eles, terei crescido. Então, no voo para o Canadá, eu não parava de pensar: será que cresci, de verdade?

Antes eu pensava que eu era uma das pessoas com sorte da minha geração de filhos únicos. Eu tinha a rede de influência e a riqueza acumulada de meus pais. Tinha um corpo saudável e uma aparência passável. Conhecia marcas de roupas internacionais e podia ter tais roupas. Mas agora sei que não sou uma delas, de jeito nenhum. Detenho o mesmo diploma universitário que essas pessoas, mas não o conhecimento que o documento representa, pois meu pai planejou e gerenciou todo o processo dos meus estudos. A "sociedade" em que nós, filhos únicos, vivemos é um mundo de três canais, mas eu só sabia ver TV e jogar no celular, eu não sabia nem como usar o computador para trabalhar ou estudar. Tenho um bom coração e anseio por uma família, mas não consigo partilhar o fardo do meu pai ou cuidar dele agora que sua vida entrou em colapso. Pensei que não tínhamos oportunidade de ser independentes ou livres porque éramos filhos únicos. Porém, quando tive de viver de forma independente, eu me dei conta de que me faltavam as habilidades mais básicas da vida. Pensei que quando chegasse à idade certa, tudo ficaria bem para mim. Estudei muitos anos no exterior, mas até hoje não sei viver de forma autônoma num mundo de fala anglófona. Passei mais de mil dias fazendo "turismo" no Ocidente, mas eu nem sequer sabia que um visto para visita familiar requer uma carta de custeio e que isso não pode ser feito baseado no meu "testemunho oral"... É demais; não suporto olhar para nada disso agora.

Na verdade, ser filho único se tornou uma desculpa para os filhos mimados de minha geração satisfazerem seus egos até a saciedade. Essa justificativa é como um veneno que intoxica nossos valores e nossa compreensão da vida. Há um remédio para isso? Não sei. Só espero que não seja tarde demais. Essa sociedade de filhos únicos já está padecendo de todos os tipos de doenças.

Fiquei acordada a noite toda porque era aniversário do meu pai. Arrumei a mesa e a enchi de pratos para jantar com ele, tudo feito por mim mesma. Nenhum foi comprado pronto; é um banquete de aniversário especial. Tirei fotos e vou transformá-las num cartão de aniversário para mandar para ele. Espero, com isso, mostrar que cresci. E que, quando o receber, meu trancafiado pai não se preocupe mais com a minha ingenuidade. Torço para que minha mãe, em sua solidão, pare de se afligir com minha sobrevivência quando vir minha habilidade na cozinha.

Olhei para o que fiz, cheirei e provei os pratos da mesa, mas durante todo o tempo eu estava chorando, pensando nos três anos que passei sem ouvir a voz do meu pai, mais de mil dias e noites. Quantas dessas noites passei sem lágrimas? Raras. Você ainda se lembra de quando traçou aquele projeto para mim? Você me fez usar o que havia naquele minúsculo dormitório de estudantes, fotos, sapatos, armário, comida e todo o resto para contar uma história em fotografias, a história do meu pai. Perguntei: "Que relação os sapatos podem ter com o meu pai?". Você disse: "Ora. Por exemplo, você já saiu com o seu pai para comprar calçados? Quando ele viu esse par pela primeira vez, o que disse? Você nunca foi comprar sapatos com ele? Nesse caso, imagine: o que ele diria? Escolha três pares e os arrume juntos, como uma família que sai para passear; quem vai na frente, quem vai atrás, e por quê?". Ontem, pensei em outro exercício, e foi então que percebi que seu sistema me ajudou a organizar minhas memórias de família, a expandir a compreensão sobre meu pai e a consciência da incompletude da minha vida, pois são apenas dois os pares de sapatos da nossa família que têm liberdade de andar por aí juntos. Seu sistema me ajudou a fugir da confusão e do sentimento de perda do meu pai, e do medo que vem da falta de autoconfiança. Obrigada!

Visitei papai na prisão quando voltei para a China. Eles tinham raspado sua cabeça, de forma que ele havia perdido o velho estilo elegante com seu cabelo desalinhado e revolto. Enquanto ele se esforçava para se animar, para conversar e rir comigo, vi a dor que lhe infligiram. A fé e os objetivos que ele perseguiu a vida inteira o levaram a passar sua velhice em um mundo lado a lado com arruaceiros, bandidos e assassinos. Sei que ambos os nossos corações estavam chorando e sangrando, mas transmitimos um ao outro força e sorrisos.

Quando eu estava prestes a ir embora, o advogado do meu pai me disse: "Viva bem, minha filha. Seu pai pagou com o próprio encarceramento para que você e sua mãe pudessem viver em segurança o resto de suas vidas, já que ele salvou a casa da família e a poupança para vocês. Eu o instei a liquidar tudo em troca de uma sentença reduzida, mas ele disse que se pudesse manter você e sua mãe a salvo por meio do próprio sacrifício, então tudo valeria a pena, porque vocês são sua única razão de viver".

Xinran, o dia em que o meu pai sair da prisão será meu dia de casamento. Um homem que não entenda isso jamais poderá se tornar meu marido. Você entende?

Eu entendia? Sim. Mas o preço de tal desejo é alto demais, o tempo, muito longo, e a dor, grande demais.

Como você vê o caso Yao Jiaxin? Por que a sociedade chinesa está debatendo sobre ele (um homem pós-anos 1980) de forma tão feroz?

Embora não entenda como ele pôde fazer uma coisa tão terrível, acho que não há mal nenhum em condenar o que ele fez. No final das contas, são duas vidas jovens, duas famílias. Uma coisa na qual acredito é que ele decerto se arrepende muitíssimo. O que acho mais difícil de aceitar é que parece haver uma noção muito forte de hipocrisia na nossa sociedade atual. Na maior parte do tempo as pessoas são indiferentes à vida, mas então acontece alguma coisa e, se ela toca um nervo, todo mundo grita: "Que morra!". A lei tem suas próprias regras. Não estou dizendo que Yao Jiaxin deveria receber uma sentença reduzida ou um tratamento leniente, mas o que pensei na época foi: essa também é uma vida jovem, também essa uma vez foi uma família completa. Embora eu fique com raiva, lamento ainda mais. Quando vejo que meus contemporâneos na internet estão não apenas amaldiçoando o rapaz, mas desejando fuzilá-lo de imediato, sou perpassada por um arrepio de medo. Realmente não gosto quando uma pessoa é considerada responsável por tudo, quando algo sai errado. Acham que ele é culpado de qualquer crime imaginável, mas não param para refletir por um momento por que ele faria uma coisa dessas. É um problema de educação? É um problema de atitudes públicas? Trata-se de um fracasso do sistema social? Afinal, ele é tão jovem, por que faria uma coisa tão terrível?

10. Meus "professores"

Comecei a registrar histórias sobre os filhos únicos à minha volta em 2000, já que não achava possível entender as causas e os efeitos desse fenômeno apenas ouvindo dizer. Como mãe, aceitar com honestidade e sem preconceito as histórias desses jovens não era um desafio fácil. Ao longo dos dez últimos anos tive mais de vinte "conversas íntimas" como as que descrevi neste livro, todas as quais aconteceram fora da China. Se fosse incluir a história de todos a quem conheci superficialmente em momentos diferentes por toda China e os filhos únicos que encontrei durante minhas viagens por vinte países, eu poderia acrescentar pelo menos mais uma centena de relatos. À medida que esse número aumenta, as perguntas se acumulam exponencialmente, e me vejo cada vez mais perdida em minha busca por respostas.

Dessa miríade de perguntas, uma em particular não quer calar. Como é que a política de controle de natalidade afetou os chineses han citadinos de maneira diversa que a dos interioranos? Há uma diferença de várias décadas, se não de séculos, entre a China urbana e a rural. Quem viaja de carro a oeste de Beijing, de Shanghai ou de uma das outras metrópoles do país vê coisas que se costuma considerar "históricas" duas horas depois de sair da cidade. Todo mundo na China sabe que, no interior, a política do filho único é na verdade uma política de dois filhos, principalmente devido à persistência de noções agrárias pré-industriais como "não ter descendentes é o pior dos crimes" e "mais filhos significa mais riqueza". Isso para não mencionar políticas de imposto sobre terras, ainda vigentes após mil anos, que perpetuam uma prevalência de status do homem sobre a mulher. A política de controle de natalidade devia ser "benéfica à nação e ao povo", mas com frequência se choca com as crenças, o instinto de sobrevivência das populações rurais e o bem-estar de seus descendentes, sejam homens, sejam mulheres. Será que as populações rurais são tão capazes como as citadinas de se adaptar a mudanças impostas de forma tão rápida? Anos de pesquisa me mostraram claramente que não. Como crescem seus filhos e filhas, em meio a tal embate político e cultural?

A vasta nação chinesa está se desenvolvendo em uma espécie de deslocamento histórico, com condições de vida polarizadas entre o passado distante e a ultramodernidade. Tradições de mais de cinco milênios de idade existem lado a lado com a ocidentalização em larga escala, numa era dividida entre agricultura de queimada e a tecnologia de nuvem. A educação difere absurdamente no país, levando-me a questionar outras diferenças — de criação, de sociedade, familiares, escolares — e até mesmo a tendência cada vez maior da educação no exterior. Quão grandes são as diferenças entre a primeira geração de filhos únicos, à medida que crescem em subculturas regionais diversas e status sociais que se alteram com rapidez? O que eles acham dessas disparidades?

Como perguntas levam a mais perguntas, as respostas se tornam cada vez mais obscuras. Talvez este projeto se torne uma empreitada vitalícia.

A vasta maioria de estudantes chineses que inundaram a Europa e a América como uma onda na virada do milênio foi a primeira geração que não precisou trabalhar meio expediente, viver de macarrão instantâneo e ficar acordada a noite inteira se preocupando com o aluguel. A maioria deles veio de uma das 656 cidades da China; apenas uma pequena minoria, como Lenha, é oriunda do interior, ou de extração pobre. Eu estava ansiosa para saber mais sobre as experiências de estudantes menos abastados e até mesmo obcecada por entender como suas famílias no interior viam aquela "esnobe" educação que receberam no exterior e que dera prejuízo ou, na melhor das hipóteses, se pagara. Porém, antes de o meu primeiro livro, *As boas mulheres da China*, ser publicado, oportunidades para contato com estudantes estrangeiros de origem humilde eram raras e espaçadas.

Tive mais chance de viajar o mundo depois que meus seis livros foram amplamente publicados e traduzidos; isso incluiu trabalhar como professora visitante em universidades espalhadas por mais de dez países. De acordo com professores universitários locais, não apenas o número de estudantes chineses estava subindo a cada ano, como suas roupas eram cada vez mais caras, e seus instrumentos de estudo, cada vez mais requintados. Aos olhos da universidade, eles haviam se tornado tanto deuses de riqueza como uma espécie de dor de cabeça, pois com frequência acreditavam que a China era o centro do mundo, que seus pais eram sua propriedade pessoal e que os professores também deveriam sê-lo. Não entendiam a vida fora da sala de aula e tinham pouca experiência sobre sociedade, diferenças culturais ou até mesmo a vida cotidiana básica. Não percebiam que lições de casa e reflexão requerem uma mente independente. Estudantes chineses frugais e trabalhadores eram tão raros quanto penas de fênix ou chifres de unicórnios; alguns professores universitários que conheci ainda não haviam topado com nenhum. Isso se devia sobretudo ao fato de que os estudantes pobres da China não podiam bancar o custo alto de uma universidade mais as despesas gerais, e não conheciam o sistema de bolsas universitárias ocidentais.

Finalmente tive a sorte de encontrar três grupos de estudantes chineses pobres que recebiam bolsa — um grupo na Universidade Harvard, um em Copenhague, na Dinamarca, e um em Cambridge, no Reino Unido. Mudei as épocas e as locações de nossos encontros para que pudessem contar suas histórias com mais liberdade e sem impasses culturais, e os vejo como meus professores. Isso porque me ajudaram a entender muitas partes da China em que nunca estive ou que nem sequer conheço.

Em 2005 fiz uma palestra no Trinity College, em Cambridge, sobre o progresso das mulheres chinesas ao longo dos últimos séculos.

Percebi que o cavernoso anfiteatro abrigava grande número de estudantes de aparência chinesa. Mas como eu poderia saber se eram chineses, e não japoneses, chineses nascidos na Grã-Bretanha ou chineses nascidos na América ou na Austrália? A não ser pela linguagem corporal e diferenças na forma de se expressar típicas de asiáticos, me pareceu que o que diferenciava os chineses do resto era que muitos estavam vestidos com os últimos lançamentos de grifes de marca. Podia-se ver em seus olhos certa sensação de confusão, e eles sempre mantinham a cabeça baixa, tomando notas sobre os principais pontos. Esses hábitos foram condicionados ao longo de dez anos na escola, onde copiavam e memorizavam o conteúdo de um quadro-negro após o outro. Estudantes europeus e americanos tomam notas às vezes, mas em geral dão mais importância ao contato visual com o palestrante. Imagino que todo professor, ao falar com uma sala de estudantes, tenha experimentado a sensação de que alguns o seguem com o cérebro, alguns olham com a mente distante e em devaneio, e outros não estão nem aí para o que você está falando e mal podem esperar para serem libertados pelo sinal! Meus julgamentos também se baseavam nas perguntas feitas pelos estudantes.

Sempre reservo a terceira parte de uma palestra para as perguntas de estudantes estrangeiros, a fim de verificar se entenderam o conteúdo da fala e para incentivar sua reflexão. Gosto de ser desafiada por alunos inspirados, pois me ajudam a pensar. Mas fazer perguntas em aulas é uma dificuldade comum enfrentada pelos estudantes chineses. Professores de universidades do mundo todo me contaram a mesma piada rude porém clássica. Uma tutora tem quatro alunos, um americano, um europeu, um africano e um chinês. Ela lhes pergunta: "Qual é a sua opinião pessoal quanto à escassez internacional de alimentos?". O americano diz: "Antes de eu responder à pergunta, o que é 'internacional'?". O europeu diz: "Primeiro, o que é 'escassez'?". O africano diz: "O que são 'alimentos'?". E o aluno chinês pergunta: "O que é 'opinião pessoal'?".

Naquele dia, no Trinity College, assim que começou a parte das perguntas, e antes mesmo de eu ter tempo de escolher alguém, para minha surpresa uma estudante chinesa se levantou. Ela era muito pequena, seu rosto não tinha o brilho resultante da "remodelagem" feita com o auxílio de cosméticos de primeira linha, seus ombros pareciam tensos e rígidos, bem diferente da postura casual mais típica dos estudantes chineses, e ela era magra de um jeito que me fazia lembrar algumas garotas solitárias que eu vira no interior do país. Estava extremamente tensa, arfava, mal conseguia articular as palavras. Talvez aquela tenha sido a primeira vez em que teve coragem de fazer uma pergunta em público.

Tentei lhe dar tempo para se acalmar, dizendo: "Isso é ótimo. Acho que todos vocês sabem como é raro e precioso quando estudantes chineses demonstram tanto entusiasmo na aula. Pelo jeito, não apenas a economia chinesa vai liderar o mundo, mas as perguntas dos estudantes chineses vão liderar o pensamento mundial. Para mim, é a melhor coisa tirada desta aula hoje! Obrigada. A propósito, você pode fazer sua pergunta sentada mesmo, ou pode vir se colocar ao meu lado. Estamos numa aula, não há hierarquia. Não é verdade? Posso saber seu nome?".

"Meu nome é Guihua, um verdadeiro nome caipira, não é?", ela disse, se autodepreciando.

"Por que você acha isso? Na verdade, a consciência do mundo natural é muito mais ampla e rica na cultura antiga chinesa do que na cultura ocidental. Na arte clássica chinesa estão presentes as montanhas, os rios e os córregos, o cantar dos pássaros e o cheiro das flores. Ruas e aldeias, até mesmo nossos nomes, são principalmente baseados na conexão com montanhas, rios, flores e frutas. Nomes nos lembram de uma estação ou uma paisagem. Exatamente como o seu nome, que significa "flor de osmanto". Não apenas revela às pessoas que você nasceu no outono, como indica que você vem de um lugar repleto do perfume dessa flor. Ao menos sua família apreciava seu aroma e por isso deu à filha o nome de Guihua, certo? Não é caipirice, é bonito; nos dá consciência da beleza da natureza."

O rosto de Guihua se desanuviou, perdendo aos poucos a expressão acuada e autodepreciativa. Perguntei-lhe: "Qual é a sua pergunta, por favor?".

Ela sorriu abatida e respirou fundo. "Xinran, quando fala sobre a encruzilhada da mulher chinesa, há uma questão em que você não tocou. Eu gostaria de saber o que você sabe sobre o fenômeno do infanticídio."

Infanticídio?, pensei comigo. Eu não tinha certeza de ter entendido o inglês dela direito.

Guihua disse imperativa, sem esperar que eu respondesse: "Por favor, não me diga que não sabe disso. Venho do interior da China, onde meu pai e minha mãe forçaram meu irmão mais velho a afogar duas de minhas sobrinhas. Eles estavam determinados a ter um neto. Se visse a amargura no rosto da minha cunhada, você entenderia como é terrível ser uma mulher, sem nenhuma finalidade. É que, bem, elas eram suas filhas, e ela foi forçada a...". Sua voz se perdeu em soluços.

Todos os estudantes ficaram atônitos com a pergunta. Todo o anfiteatro suspendeu a respiração. Claramente nunca haviam ouvido falar de tal encruzilhada das mulheres chinesas. Os estudantes olharam-me sôfregos, esperando por minha resposta.

"Sim", falei. "O que você diz é verdade. Você testemunhou o fenômeno cultural da ignorância rural. Quando me tornei jornalista, em 1989, eu também vi vários desses 'afogamentos de bebês'. Muitas pessoas no interior remoto consideravam o ato apenas como mais uma tarefa da mulher e parte das habilidades domésticas. Mesmo após mais de vinte anos de Reforma e Abertura, ao passo que uma parte da China está abrindo caminho adiante, a outra se desenvolve a passos de tartaruga, com alguns lugares ainda não tendo passado por certos marcos de desenvolvimento. Falei muito no passado sobre bebezinhas que são abandonadas por não serem tão valorizadas quanto meninos. Porém, não tenho muita segurança para abordar essa questão. Não é que eu receie que os chineses não acreditarão nisso; eles acreditarão, é um fato da vida. É só que, sendo franca, tenho medo de me abrir para essas memórias assustadoras e dolorosas. O impacto dessas histórias enfraquece com a passagem do tempo, mas a dor de uma experiência real pode fazer uma pessoa acordar no meio da noite, não é verdade? Imagino que seu irmão tenha nascido depois da implantação da política do filho único, não foi?"

Ela assentiu com veemência.

Prossegui: "Tenho certeza de que, no que diz respeito à sua mãe e ao seu pai, o filho deles foi o único broto da família. Se seu irmão não tivesse um filho, não haveria ninguém para queimar incensos para eles depois que morressem, e a linhagem familiar seria interrompida, certo? Já lhe ocorreu que você só sobreviveu porque seus pais tiveram seu irmão? Senão...". A essa altura ela estava chorando novamente.

"Eu sei", disse a moça. "Eu tive duas irmãs mais velhas que não sobreviveram porque nasceram antes do meu irmão. Minha mãe fica com os olhos cheios ao falar delas, mas por que ela forçou a minha cunhada a seguir o mesmo caminho? Por que se submeteu àquela dor inesquecível mais uma vez? Estudei com o máximo de afinco possível para escapar, já que tinha medo de que me fizessem passar por isso também. Mas quando entrei na escola de ensino médio do condado e falei aos aldeões sobre aqueles pobres bebês, eles pensaram que eu estava exagerando. Quando entrei na escola normal, as pessoas da cidade simplesmente se recusavam a acreditar na veracidade do que eu falava. Fiquei furiosa e amedrontada. Queria encontrar um lugar onde pudesse falar o que me passava pela cabeça e tirar esse nó da minha garganta. Agora estou em Cambridge, graças a uma bolsa. Achei que quando chegasse à melhor universidade do mundo as pessoas me entenderiam, mas ocorre que meus colegas estrangeiros não entendem o que estou dizendo, e os colegas chineses só me chamam de louca e dizem que estou levando desonra à China. Xinran, por que as pessoas não acreditam em mim? Se você fosse lá e visse o rosto da minha cunhada, saberia na hora como é difícil para ela e para suas duas filhas mortas... Tudo porque minha mãe e meu pai a forçaram a afogá-las. Eram minhas doces sobrinhas, até cheguei a ver uma delas e seu rostinho rosado... Por que ninguém acredita em mim?" Guihua estava desesperada, chorando ruidosamente, engasgando demais para prosseguir.

Caminhei até ela. "Guihua, não apenas posso testemunhar que sua história é verdadeira, como os fatos falam por si: há 30 milhões de homens a mais que mulheres na China.* Em toda

---

* Em 2009, o Instituto de Pesquisa em Demografia e Desenvolvimento na

parte na internet diz-se que famílias ricas preferem meninas, ao passo que famílias pobres do interior têm apenas meninos. Você ouviu sobre isso? Por que acha que isso está acontecendo? E também há as 120 mil bebês chinesas adotadas a cada ano por famílias do mundo todo, o que apenas corrobora sua história. Acho que você está certa; eu deveria escrever um livro e revelar isso ao mundo." (Em 2010 publiquei um livro sobre bebês abandonados chamado *Mensagem de uma mãe chinesa desconhecida*.) "Na verdade, o mundo em que vivemos é cheio de segredos escondidos pela história porque são humilhantes e dolorosos demais. Admiro muito a sua coragem e o seu respeito pela vida. Muitas pessoas agora acham que, com tantos 'fatos' disponíveis na internet, podem selecionar só os que desejam conhecer. Portanto, não estão dispostas a acreditar ou compreender que esses costumes antigos e terríveis continuam a existir. Mas você os vivenciou, tomou uma posição e se manifestou. E diferentemente de muitos chineses, que pensam que fazer isso é passar vergonha, você está conclamando pessoas que possam trabalhar com você para pôr um fim nisso o quanto antes. Se não podemos parar a destruição causada por esses costumes horríveis, mesmo após nossas gerações terem passado por uma educação moderna, e se ainda assim acreditarmos que progredimos, então de que serviu toda essa educação?"

A essa altura, mãos se ergueram em todas as partes da plateia. Fiz um pedido: "Espero que possam entender meu egoísmo, mas gostaria muito de ceder aos estudantes chineses o tempo de perguntas da palestra de hoje, pois eles não têm muita oportunidade de falar a verdade, o.k.? Se vocês ainda tiverem perguntas ao final, por favor, deixem-nas comigo antes de ir embora". Metade

---

Faculdade de Economia da Universidade de Nankai e o Comitê Nacional para o Planejamento Populacional da China calcularam uma diferença de 33,31 milhões de homens a mais que mulheres na população nascida entre 1980 e 2000.

das mãos levantadas se abaixou mas alguns estudantes ocidentais mantiveram as mãos no ar.

Enquanto eu hesitava, um jovem chinês se pôs de pé. Ele era alto e magro. Como Guihua, estava tomado por forte emoção, mas a expressava de forma diferente. Ao passo que ela soluçava ruidosamente, ele manteve-se empertigado como um prego ou um pilar, impassível a não ser por duas correntes de lágrimas que escorriam no seu rosto. Não fazia movimento algum para secá-las, e elas lhe deixavam rastros molhados e escuros na camisa azul. "Meu nome é Li Jie, e sou diferente de todas as outras pessoas aqui porque eu entendo o que aquela moça chinesa está falando. Nunca a vi antes, mas quero lhe dizer: eu a entendo, porque venho do interior, do norte da província de Hubei. Quando entrei na licenciatura, a família inteira... não, a aldeia inteira ficou feliz por mim. Eu era a única pessoa na história daquele lugar a chegar à universidade. Lá na minha terra, as meninas não têm oportunidade, apenas algumas vão à escola primária, e somente até o segundo ou terceiro ano, e então suas famílias as fazem abandonar os estudos. Raros são os meninos que terminam o ensino fundamental; a maioria larga tudo para ajudar na lavoura. Minhas notas de admissão foram as terceiras mais altas de toda a província, mas eu não tinha dinheiro para uma boa universidade, portanto fui para a faculdade de formação de professores, que era gratuita.

"Quando me despedi das pessoas lá da minha aldeia, ergui um copo da nossa aguardente barata para agradecer a meus avós, meus tios e minhas tias. Mas a pessoa mais importante a quem agradecer era minha mãe! Eu disse a ela, diante de todo o povo: 'Mãe, todos os dias, desde que consigo me lembrar, sempre quis lhe dar um presente. Hoje, finalmente tenho algo para lhe dar: a cama grande lá de casa. Tenho 22 anos e estou indo para a faculdade. Agora pelo menos você e o papai podem voltar a usar a cama grande. Mãe, sei que você nunca dormiu bem. Você deixa a maior parte da cama para mim, encolhendo-se no seu cantinho contra a parede'. Também falei ao meu pai: 'Papai, desculpe por não ter podido lhe devolver a cama grande antes. Você nunca dormiu nessa cama desde o dia em que nasci. Mamãe não podia dormir no chão por causa da artrite, então você cedeu a única cama da casa para mim e para a mamãe. Quando eu estava crescendo, você dizia que eu tinha que dormir bem para poder estudar bastante, e não me deixava dormir no chão úmido. Mamãe e papai, depois de 22 anos vocês podem finalmente dormir direito; esse é o único presente que posso lhes dar'. Xinran, você acredita em mim? Quando recebi os documentos de aceitação da faculdade, o que me deixou mais feliz foi que eu finalmente poderia estudar sem custar dinheiro a meus pais e poderia enfim devolver a cama para minha mãe."

O anfiteatro encheu-se de suspiros, e muitos dos estudantes presentes derramaram lágrimas.

Li Jie continuou: "Meus colegas chineses não acreditam na minha história. Agora que estou na Grã-Bretanha com uma bolsa de estudos, quero poupar dinheiro dividindo um quarto com outro estudante, mas nenhum aluno chinês aceita dividir comigo. Eles acham que sou só um rapaz do interior que não entende seu alto grau de civilização. Mas, quanto mais aprendo, mais acredito que a civilização que trago no coração é mais grandiosa do que a deles, pois eu sou fruto do amor materno, a coisa mais preciosa na vida. Em meus 22 anos eu nunca, nem uma vez sequer, ouvi minha mãe roncar à noite ou se revirar, nem ouvi o menor ruído emitido por ela. Para me ajudar a dormir profundamente, minha mãe dormia 'com extremo cuidado'. Se passei 22 anos tendo consciência do esforço que ela fez até mesmo dormindo, como é que eu deixaria de respeitar um colega de quarto? Sou do interior, então sou um chato? É isso? A China se tornou grande e poderosa, mas quantas pessoas compreendem aqueles que vieram do interior, como eu? Ou entendem mulheres como minha mãe? Você sabe quão bondosa minha mãe é? Ela sacrificou a primeira filha, minha irmã mais velha, só para que o meu pai pudesse passar o nome da família adiante, através de mim! Como é que o coração dela pode não doer?".

Li Jie não pôde falar mais.

Antes de a palestra terminar, falei aos estudantes, que estavam todos muito emocionados: "Mais de 70% da população da China é formada por camponeses, e mais de metade deles não têm a oportunidade de terminar o primário. Porém, muitas dessas pessoas me ensinaram a apreciar a natureza, a viver a vida e a lutar contra essas durezas. Essas camponesas analfabetas talvez pareçam sujas, grosseiras e não reparem no próprio comportamento, mas me ajudaram a aprender a solidez que vem de suas montanhas e seus lugares selvagens, me ensinaram a me abrir para a natureza e encontrar paz na vida onde quer que eu esteja, me ensinaram a buscar e dar a meu filho a natureza e a beleza mesmo quando eu estava cercada pela pobreza e pela carência. Mães aldeãs me contaram sobre a dor de ser mulher e a beleza do espírito feminino, que nem o tempo nem o espaço podem mudar. Assim como os seixos são desgastados pelo rio até ganharem a forma dos ovos, também o coração de cada seixo é enriquecido. Agradeço do fundo do meu coração a esses dois estudantes chineses e suas mães. Agradeço à terra e à água que criaram vocês, tão sábios e tão fortes. Acredito que suas histórias serão ouvidas por muita gente, de forma que cada vez mais pessoas aprendam a respeitar a vida e a geração mais velha, com nossos pais ao nosso lado. Devemos amar aqueles que transmitem tais coisas, entre culturas e entre pessoas — aqueles que disseminam ajuda e compreensão entre as pessoas e no ambiente no qual vivem".

Foi por intermédio desses dois jovens que passei a conhecer um grupo de estudantes chineses que estavam tomando posição e se fortalecendo. A maioria era da primeira geração de filhos únicos, mas, em comparação com as de seus mimados contemporâneos, sua vida e a forma como encaravam as responsabilidades eram tão diferentes quanto céu e terra. Em maio de 2008 recebi uma carta de um deles.

Xinran,
Imagino que, assim como nós, você deva estar chorando pelos filhos da China. No grande terremoto de 12 de maio, mais de mil escolas na zona de Sichuan desmoronaram completamente, matando aproximadamente 9 mil alunos. (Na verdade, ninguém conhece o verdadeiro número de mortos no terremoto de Wenchuan, porque o governo não revelou os dados exatos.)

Fizemos algumas pesquisas simples e descobrimos que, depois do grande terremoto de Kantô em 1923 no Japão, a Lei de Fomento a Reformas contra Terremotos estipulou que toda escola deveria ser amplamente à prova de abalos, e novas unidades tiveram de ser construídas de acordo com os mais novos e exigentes padrões antissísmicos. Escolas já existentes tiveram de ser submetidas a testes regulares de resistência, e as que tinham algum problema precisaram ser fortalecidas ou reformadas. Daquele momento em diante, as escolas japonesas se tornaram refúgios contra desastres naturais e guerras.

Em 10 de abril de 1933, um terremoto de magnitude 6.3 atingiu Long Beach, na Califórnia, deixando 120 mortos e 50 milhões de dólares de prejuízo. Setenta escolas desmoronaram e 120 ficaram bastante danificadas. A Lei Field, proposta pelo congressista californiano Charles Field, foi aprovada um mês depois, e, uma vez implementada, as escolas e os hospitais da Califórnia passaram a constar dentre os prédios mais seguros do mundo.

Os sismólogos e arquitetos chineses devem todos saber que uma boa parte da China está localizada sobre o cinturão de terremotos do Pacífico. Houve 78 grandes abalos desde o início dos registros, mais de dez só no último século. Porém, nossos conceitos de proteção antissísmica não evoluíram com a civilização moderna; tampouco aprendemos lição alguma sobre como resguardar nossos filhos do preço pago por centenas de milhares no terremoto de Tangshan, em 1976. As escolas de Wenchuan, na província de Sichuan, pareciam demônios engolindo a vida das crianças. Muitos dos prédios que desabaram em áreas residenciais eram escolas. Ao aprovarem a construção de projetos tão inconsistentes quanto "tofu farelento", oficiais corruptos e seus lacaios inescrupulosos ceifaram quase 10 mil vidas em flor, com incontáveis famílias perdendo seu único filho.

Também descobrimos que a maioria dos jovens que ficaram sepultos nesses paraísos de aprendizagem eram crianças vindas de pequenas aldeias do interior, ao passo que não houve grande perda de vidas em escolas urbanas na mesma área. Xinran, será realmente possível que o abismo da pobreza determine a diferença entre a vida e a morte? Será que a pobreza define nossa chance estatística de sobreviver a desastres naturais? Será que esses pais de filhos únicos, que nunca tiveram um dia de descanso do trabalho, precisam passar por essa agonia só por causa da desigualdade? Qual o problema da China? Trata-se de uma doença? Ou será que a consciência do país sofreu uma erosão completa por causa do dinheiro?

Essas perguntas têm razão de ser. Trinta anos atrás comecei a me dar conta de que os chineses estavam tão ocupados com embates e políticas internas que ninguém tinha tempo para a ciência e a vida cotidiana. Nós nos preocupamos em ganhar dinheiro para nós e nossas famílias durante tanto tempo que ninguém parou para pensar nos efeitos colaterais negativos dessa atividade frenética. Em mais trinta anos, nossos filhos serão as vítimas da vida atribulada de hoje. Porém, nunca me ocorreu que os jovens de hoje teriam de pagar com a própria vida por nossa pressa desenfreada. Isso deveria ser uma fonte de doloroso remorso e ressentimento, se é que ainda conseguimos sentir a dor da natureza humana, enterrada sob todo esse dinheiro.

Em 2009, visitei a Dinamarca, onde um grupo de estudantes bolsistas chineses me convidou para discursar em uma conferência acadêmica. Terminada a fala, uma aluna de doutorado se aproximou e falou comigo. "Professora Xinran, não consegui assistir à sua palestra, mas fiquei sentada do lado de fora ouvindo tudo. Fiquei tomada de emoção. Faz anos que não fico tão emocionada. Eu só gostaria de lhe fazer duas perguntas: quando finalmente estarei *pronta* (ela usou a palavra inglesa)? E quando eu estiver *pronta*, qual é a coisa mais importante que posso fazer pela China?"

Perguntei a ela: "O que você quer dizer quando fala em estar *pronta*?".

"Quero dizer: quando eu tiver conhecimento e habilidades suficientes", ela respondeu, incerta. "Estou estudando serviço social, e quero fazer minha própria contribuição fortalecendo as ONGS da China."

"Bem", falei. "Por que você acha que a China até hoje não tem leis que regulamentem trabalhos de caridade? Por que o país não reconhece o sistema de ONGS?" Eu queria aprender mais sobre o assunto com ela.

"Acho que é provavelmente porque instituições de caridade têm sua origem nos princípios da cristandade. Países desenvolvidos da Europa e da América veem as ONGS como um dos três pilares do governo, da economia e da sociedade. Eles contemplam as organizações nas leis comerciais e lhes fornecem recursos públicos adequados. Contudo, na China, onde não há liberdade religiosa ou um sistema judiciário independente, as ONGS podem ser mal compreendidas, exploradas ou até mesmo sugadas pelo esquema de propina e corrupção. Parece que um projeto da primeira lei sobre instituições de caridade está sendo debatido agora mesmo na China. Mas, na realidade, os chineses estão sempre vários passos adiante do governo e da Constituição. Voluntários já estão se dedicando ao trabalho filantrópico, só que os sistemas de apoio e treinamento para instituições de caridade não valem grande coisa. Por um lado, há muitas pessoas que já ajudam essas organizações a se desenvolver. Por outro, ficam de mãos atadas diante da sua falta de resultados."

Admirei muito sua atitude. "É exatamente assim. A China hoje tem uma compreensão muito primitiva dos projetos de caridade. Muitas pessoas acreditam ingenuamente que atividades culturais de caridade beneficiam apenas o interior do país, pastoreando as crianças para salas de aula e fazendo com que estudem. Mas, em muitas áreas rurais, os pais precisam que os filhos ajudem em casa, então é compreensível que se oponham a isso com relutância. Frequentemente me pergunto: por que os voluntários usam métodos da cidade com as crianças do interior? O aprendizado precisa acontecer numa sala de aula? Se essas crianças passam todo o dia carregando água e lenha, mas não têm o que comer quando chegam em casa, por que não montar salas de aula na estrada por onde passam ao transportar mantimentos? Por que não os ajudamos a carregar água e catar lenha, e os ensinamos a ler, a fazer contas e estudar história, ao mesmo tempo? Daí quem sabe seus pais apoiem os voluntários. Mas preciso lhe perguntar: por que você acha que precisa terminar seus estudos para só então estar *pronta*?"

Ela olhou para mim pensativa durante um tempo, antes de responder. "Faço parte da primeira geração de filhos únicos. Quando eu estava na fase de crescimento, meus pais estavam ocupados com o trabalho, que os mantinha longe de casa. Minha avó me criou desde bem pequena, em uma aldeia extremamente pobre, assolada pela miséria. Só fui morar na cidade com meus pais quando atingi a idade do ensino fundamental avançado, mas a essa altura eu já havia desenvolvido uma fobia do mundo externo. Eu tinha a sensação de que o único lugar seguro era a sala de aula, e que se eu colocasse a cabeça para fora cairia no profundo abismo da sociedade, de forma que continuei estudando. Agora estou prestes a terminar meu doutorado e estou ficando sem coisas para estudar. Além disso, vou fazer trinta anos logo, então acho que devo estar *pronta*, certo?"

Essa é uma opinião que escuto de estudantes chineses com frequência. Eles apenas se sentem *prontos* bem no final, mas perdem muitas chances enquanto esperam por isso. Ao estudar inglês, sentem que precisam de todo o vocabulário antes de abrir a boca para falar. Ao procurar trabalho, pensam que precisam ter um diploma universitário antes de tentar qualquer coisa. Até mesmo no que diz respeito a casamento: acham que devem esperar até ter um carro e um apartamento para poderem pensar em matrimônio...

Falei a ela: "Não sei dizer com precisão se você está ou não *pronta*. Estar *pronta* não significa ter a habilidade de evocar ventos e chuvas, não se trata de poder construir um novo mundo sozinha. Estar *pronta* é uma espécie de fé que vem automaticamente a qualquer pessoa viva. Eu, por exemplo: sou só uma gota de água no vasto rio da China. Não sou tão fresca e vigorosa quanto a primavera, nem tão ampla como um rio, mas a gota de água que eu represento talvez seja capaz de manter viva uma folha de relva, e alguém talvez maior possa regar uma árvore. Acredito que já estou *pronta*.

"Gerenciar uma ONG e trabalhar com caridade deveriam seguir o mesmo raciocínio. Por exemplo, ajudar crianças a estudar. Se as crianças em uma família recebem uma educação por causa do seu apoio e da sua ajuda, toda a fé que a família tem na vida é fortalecida. Boa parte do nosso povo tem educação agora, e se cada pessoa ajudar uma criança, então toda a família vai se beneficiar da educação, e de toda a felicidade e de todas as coisas boas que vêm com ela. Quando essa criança tiver seus próprios filhos, ainda mais pessoas colherão os benefícios. Quando estaremos *prontos*? Acho que desde que possamos gerenciar as coisas mais simples da vida por nós mesmos, como encontrar comida e abrigo, então estamos *prontos*. Além disso, você acabou de mencionar algo muito interessante. Por que acha que a sala de aula é um lugar seguro, mas que cairá em um poço se ousar colocar a cabeça para fora, no mundo?"

Ao ouvir a pergunta, seus olhos, sábios e pensativos, se ensombreceram. "Meu pai não gostava de mim porque sou uma menina. Ele achava que eu o fizera passar vergonha e logo depois que nasci ele me mandou para viver com minha avó na aldeia natal dela, na parte mais pobre da província de Henan. Não havia banheiros, somente duas grandes fossas com cerca de um metro e meio de profundidade. Eram mais de duzentas casas, com apenas uma fossa para homens e uma para mulheres, cercada por talos de milho lambuzados de lama servindo de paredes. Havia duas tábuas frouxas sobre as grandes fossas, onde todos — homens e mulheres, jovens e velhos — se agachavam para se aliviar. Eu morria de medo de cair lá dentro, quando era pequena.

"Quando eu tinha cerca de cinco anos, comecei a trabalhar nos campos e em casa, já que a vovó dizia que meninas que não trabalham não recebem comida. As tarefas eram tão exaustivas que a fossa passou a ser o meu refúgio. Eu fugia até lá, me agachava e lia. Quando descobriu, a vovó tomou meus livros, dizendo: 'Para que uma menina precisa ler? Se você fosse feita para estudar, seu pai não teria mandado você para cá'. Mas não havia outro lugar onde eu pudesse me abrigar do trabalho árduo, que dirá um lugar para brincar, então eu me agachava sobre as duas tábuas acima da fossa e olhava para baixo, para as pequenas larvas que rastejavam lá embaixo. Pobres larvas, tinham apenas o tamanho de ervilhas, tentando subir pelas paredes da fossa. Arqueando o corpo a cada torção, a maioria chegava até a metade do caminho e voltava a cair; quase nenhuma chegava até o topo. Depois de meia hora de peleja, muitas faziam um movimento em falso e voltavam a cair! As que tinham a sorte de escapar eram na sua maioria pisoteadas ou envenenadas por agrotóxicos; quase nenhuma vivia para atingir sua expectativa de vida. Tudo porque eram vermes, uma das formas mais baixas de vida. Qual era a diferença entre isso e o nosso destino — nós, meninas camponesas — nesses lugares hostis?

"Depois que voltei à cidade para o ensino fundamental avançado, sempre que fazia minha lição de casa eu 'via' aqueles pequenos vermes. Eu disse a mim mesma: estou subindo as paredes, exatamente como eles, preciso chegar até em cima, tenho que me sair bem nas provas. Se eu for reprovada, vou cair de novo no fundo daquela fossa! Até mesmo depois de ir para a universidade e então para a Dinamarca eu era assombrada por esse medo. Exatamente como aqueles pequenos vermes, eu tinha medo de que um momento de ignorância ou um só erro aniquilassem minhas aspirações, esmagando minha fé até a morte. Sempre tive vergonha demais para contar isso para quem quer que fosse, mas a verdade é que a luta de toda a minha vida foi inspirada naqueles pequenos vermes na fossa da aldeia da minha avó!"

Eu estivera em lugares semelhantes no interior e me agachara sobre fossas grandes como essa. Também eu ficara comovida com a incansável perseverança daqueles pequenos vermes, mas nunca me passou pela cabeça que podiam se tornar uma fonte de cultura e entretenimento para uma menininha, muito menos que poderiam ser transformados na força motriz por trás de seu sucesso. Tudo isso em plena época de poder e prosperidade da China!

Quando ficou sabendo que eu estava escrevendo a primeira versão deste livro, a jovem da qual me lembro como a "Garota Pronta" me enviou um trecho de uma reportagem do jornalista Cheng Ying, publicada no número 37 do *Outloook Asia Weekly*.

Estima-se que haja atualmente mais de 100 milhões de filhos únicos na China. As questões e os riscos que envolvem esse enorme grupo, que é resultado de circunstâncias históricas excepcionais, estão atraindo cada vez mais atenção.

Desde 2002, o professor Mu Guangzhong, do Centro de Pesquisas Demográficas da Universidade de Beijing, declarou várias vezes que "famílias com filhos únicos são intrinsecamente famílias de alto risco".

OS CINCO RISCOS DAS FAMÍLIAS COM FILHO ÚNICO

Riscos de crescimento, em particular de morrer jovem ou sofrer de doença grave. De acordo com as estatísticas, de cada mil recém-nascidos, aproximadamente 54 morrem antes dos 25 anos de idade, e 121 morrem antes dos 55 anos. De acordo com números do quinto censo populacional, realizado em 2000, mais de 570 mil famílias de áreas rurais ficaram sem descendentes depois da morte de um filho. Além disso, a sobrevivência de filhos únicos influencia diretamente a sobrevivência de suas famílias. Se surgem problemas nos primeiros estágios da vida, eles podem ser aliviados por meio de educação corretiva, mas se um filho mais velho morre ou sofre de uma doença grave ou incapacitante, ou de ferimento, então com frequência o impacto na família é desastroso.

Expectativas de que o filho será excepcionalmente talentoso. Diz o ditado que "é difícil queimar um só graveto, e é difícil educar um só filho". Uma variedade de fatores incluindo amor parental excessivo, expectativas desmedidas e métodos de criação de filhos e de ensino pouco científicos resultaram em inúmeras famílias exagerando as conquistas que seus filhos únicos conseguirão obter na realidade. Além disso, se os pais são acometidos de doença grave, morrem ou se divorciam, isso também influencia a vida, os estudos e o trabalho do filho.

Provisão para a velhice dentro da família. Junto com os dois riscos já citados, há também o risco de prover para a velhice. Mesmo se os dois riscos anteriores são evitados, a provisão para os últimos anos ainda é um problema. As circunstâncias econômicas da família de um filho único, as relações entre as duas gerações, alocação de espaço de moradia e muitos outros fatores podem levar a problemas no cuidado diário, no apoio emocional e no sustento econômico de pais que envelhecem. Famílias com filhos únicos são menos capazes de cuidar de seus parentes mais velhos do que famílias com vários filhos, já que têm apenas uma fonte de apoio, o que deixa pouca margem de manobra. Se um filho único se muda ou sofre um acidente inesperado, os pais ficarão sem meios alternativos de subsistência na velhice, e nenhum outro tipo de auxílio existe atualmente.

Risco para o desenvolvimento social. Os riscos mencionados também afetam o desenvolvimento de toda a sociedade. Filhos únicos precisam se integrar na sociedade, e é de vital importância examinar se conseguem ou não cumprir adequadamente seu papel de cidadãos.

Riscos para a defesa nacional. Se sobreviesse a guerra, ou outra ocasião que requeresse sacrifícios dos filhos únicos e suas famílias, haveria riscos para a defesa nacional, até certo ponto.

O professor Mu declarou que, do ponto de vista dos ciclos da vida, a geração de filhos únicos carrega o fardo mais pesado. Quando famílias de filhos únicos enfrentarem o envelhecimento na companhia de um só filho ou de filho nenhum — desafio esse que os espera ao final de seu ciclo de vida —, não terão alternativa. Filhos únicos não têm experiência de fraternidade entre irmãos e irmãs, e crescer em um ambiente sem companheiros os deixou desprovidos de oportunidades de aprender com os outros, ou da possibilidade de ajudar e ser ajudado. Essa preciosa cultura de intimidade entre familiares se perdeu.

Algumas pessoas de visão têm consciência desses riscos para famílias com filhos únicos. Mas o que podemos fazer para minimizar tais riscos?

No verão de 2011, praticamente todos os riscos sobre os quais o professor Mu alertara em 2006 haviam se concretizado. Chegaram a centenas de milhares as famílias que se despedaçaram depois de perder seu único filho no terremoto de Sichuan. Casos de filhos únicos arruinados por riqueza em excesso já não são acontecimentos dignos de nota. O número de filhos únicos que batalham sob o fardo de cuidar dos pais na velhice está aumentando diariamente. Perturbações na sociedade causadas por filhos únicos aparecem uma depois da outra. Não apenas estão se formando dilemas entre diferentes classes sociais, como o conflito amargo entre cidade e interior está se acirrando cada vez mais. É crescente a preocupação de especialistas e estudiosos com a possibilidade de que a natureza excepcional das estruturas familiares e as relações pais-filho nas famílias de filho único tenham afetado a saúde física e psicológica dessa geração, bem como sua educação científica, cultural e moral. Esses fatores, entre outros, afetarão o recrutamento do Exército e a força da defesa nacional de maneiras tais que é difícil prever. Isso me fez pensar no que o sociólogo alemão Ulrich Beck disse em seu livro *Sociedade de risco*: que, hoje, os riscos em geral são maiores e não mais dizem respeito apenas ao mundo natural, mas também aos riscos promovidos pelo próprio homem e que fazem parte do cenário mais amplo. Os riscos criados pelo homem na China estão se agravando por causa do fenômeno do filho único? Será possível que nossos trinta anos de luta correspondam aos pequenos vermes que habitam na memória da Garota Pronta? Mal chegamos à borda da fossa e voltamos a cair lá dentro por causa de um só erro?

Na primavera de 2010 visitei Harvard pela segunda vez com um grupo de estudantes chineses para um debate intitulado "Estamos nos globalizando, ou apenas entrando no mundo anglicizado?". Um número razoável de estudantes ocidentais também estava presente. Quando a discussão se voltou para a comunicação entre as nações, todo mundo afirmou que essa deveria ser de natureza multicultural e para o benefício de todos, não apenas um fortalecimento uniforme e simplista da cultura de língua inglesa.

Uma estudante perguntou, em voz baixa: "Mas, Xinran, se não há uma língua comum, como podem etnias sem nenhuma cultura comum se comunicar?".

Gosto de conversar com estudantes por causa de suas perguntas sinceras, cruas, que frequentemente me fazem repensar e voltar a ponderar os conceitos básicos. "É uma pergunta excelente!", falei. "Meu marido é inglês, e a cada vez que volto para a China com ele fico triste, porque se trata dos meus costumes e da minha terra, mas preciso falar com ele na língua dele e respeitar suas práticas culturais. Isso é justo? Representamos um quarto da população mundial, mas onde é que podemos ouvir as vozes dos chineses se levantando? Uma vez eu disse a meu marido que, ao viajar para a China, ele deveria falar a nossa língua e se acostumar aos nossos modos e à nossa vida — sabe como é, quando em Roma, faça como os romanos, certo? Ele fez uma cara feia e me disse: 'Aprendi latim, uma língua muito difícil, mas isso foi na universidade. Não é um pouco tarde para eu começar a aprender chinês agora, com mais de sessenta anos? Além disso, no passado poucas pessoas mencionavam a China, e menos pessoas ainda se aventuravam a ir até lá. Eu visitei o país quando o pensamento dos chineses ainda era vermelho-encarnado, e suas roupas, azul-acinzentadas, mas, quando voltei ao mundo ocidental, não consegui encontrar ninguém da nossa sociedade que estivesse interessado. Quando pela primeira vez levantei a ideia de agenciar autores chineses, nos anos 1980, todo mundo disse que eu era louco. Editores chegavam a dizer: quem é que se importa com a China?'

"Ele continuou: 'Embora a China tenha começado a deixar sua marca no mundo de hoje, o mundo todo usa o inglês para falar sobre a China porque, atualmente, é a língua internacional da comunicação. Isso levou a muita injustiça, já que as pessoas acreditam que a comunicação global deve ser travada de acordo com as convenções do mundo de língua inglesa. Mas as culturas e os costumes dos países anglófonos em geral contrariam a maioria dos outros países do mundo, o que é injusto com eles. Então, qual método justo e vigente *deveria* ser usado entre nacionalidades diferentes?

"'Ao longo da civilização humana, essas difíceis questões foram levantadas inúmeras vezes, tal como os numerais arábicos, que são correntemente usados em todas as culturas, e o sistema pictográfico de placas de emergência e socorro, empregado desde a Primeira Guerra Mundial e cada vez mais difundido. Temos também as luzes de semáforo (vermelha, amarela e verde), que não se limitam a nenhuma língua, nenhuma região, nenhum saber técnico ou qualquer coisa do tipo. Mas parece que não tiramos lição alguma dessas verdades. No processo de globalização, nosso conhecimento de outras culturas e de outros costumes deveria aumentar, em vez de um lado dar e o outro receber. Mas, hoje em dia, todas as nações chegaram a uma encruzilhada cultural, empurrando e atropelando, reclamando e colocando a culpa umas nas outras, porque não há, em nossa comunicação cultural, um semáforo que todo mundo possa entender e onde todo mundo seja igual. Então, que sistema de semáforo é esse? Um sistema de governo, economia ou educação? Ou direito, democracia e direitos humanos?'"

Duas ou três vozes contestaram isso. "Então o que de fato é a democracia? Uma sociedade que tem a família como núcleo? Se há uma família formada por mãe, pai e filhos, estes têm direito a falar livremente ou direito de votar?"

Um jovem disse, com o rosto emanando soberba: "Claro que sim, senão seria uma família feudal".

"Não necessariamente", disse uma voz masculina lá do canto, enunciando cada sílaba com clareza e soando muito segura de suas próprias opiniões. "A maioria de nós vem de famílias com filhos únicos e não tem experiência de uma família grande, mas não é difícil entender, se você usar a cabeça. Se todos os muitos filhos de uma 'família democrática' puderem exercer o poder de tomar decisões, nunca haveria férias em família, nem mesmo um mero jantar em família! É o poder da mãe e do pai que une a educação e a vida da família e lhe dá uma forma significativa. Se a sociedade humana tem raízes na família, por que estamos usando a assim chamada democracia para destruir as fundações da vida humana?"

O estudante orgulhoso e seguro de si respondeu: "Bem, talvez a verdadeira importância da democracia tenha mais a ver com eleições, direitos humanos e liberdade, e não apenas com a liberdade de falar o que se pensa".

A voz do canto chegou mais forte agora, com um tom um pouco mais pesado. "Os cidadãos que têm o direito de votar necessariamente têm alguma noção de segurança nacional, ou refletem sobre justiça social? Se não o fazem, então seu voto é manipulado pela mídia e por seja o que for que os beneficie pessoalmente. Há hoje alguma mídia imparcial em algum lugar do mundo? Teria a humanidade evoluído do egoísmo e da ganância? Se você tem uma família com três filhos e estes decidem não ir à escola e jogar no computador o dia inteiro, será que os pais, que estão em minoria, deveriam seguir essa 'decisão democrática'? Ou deveriam forçar os filhos a ir para a escola, para o próprio bem? Essa é uma grande fonte de ambivalência na sociedade chinesa do filho único; simplificamos a democracia, o sistema político e a lei transformando-os em estatísticas ou em qualquer outra coisa que nos favoreça. É impossível para um casal com um filho ter uma educação democrática na família: ou você fica com um filho paparicado por um amor adulador, ou gera opressão. Não temos irmãos nem irmãs, então não há possibilidade de comunicação igualitária no seio da família!"

"Isso parece ser verdade", disseram várias garotas, assentindo com a cabeça.

"Para mim", continuou a voz lá do canto, "a China não tem a habilidade de se comunicar com os países ocidentais desenvolvidos em condições iguais. Por causa da diferença entre cidades e interior, do abismo entre ricos e pobres e entre as gerações, é impossível para nós nos comunicarmos com eles como uma só China unificada. Filhos únicos que crescem em cidades acham muito difícil entender seus colegas do interior. A gente do interior lhes parece dura e antissocial, mas só porque nunca teve a riqueza material necessária para ser consumidora."

"Isso é um pouco forte, não é?", o outro interrompeu. "Não é como se nunca tivéssemos ido ao interior, e será que realmente não estamos dispostos a ajudar nossos colegas assolados pela pobreza? A razão pela qual não nos damos tão bem se deve mais a diferenças culturais." Claramente aqueles estudantes eram todos oriundos de meios urbanos.

O debate era como gotas de água caindo em uma panela de óleo fervente; um não podia coexistir ao lado do outro. Eu mal podia distinguir quem estava dizendo o quê. Estava claro que vários dos estudantes ocidentais nunca haviam visto debates acirrados como esse, e alguns estavam completamente perdidos. Pensei que, não importasse quão bom fosse seu chinês, não seriam capazes de seguir um debate travado naquele tom e com tal velocidade! Ergui a mão para pedir silêncio. "Desculpem, tenho uma sugestão: em nossa 'discussão democrática', não deveríamos respeitar o direito do outro de falar? Se mesmo nós, chineses, não entramos num acordo interno, como é que os outros participantes do debate poderão seguir nossos raciocínios? Se não podemos nos comunicar adequadamente, então não somos mais do que um monte de fragmentos, que o mundo tentará juntar para formar um conceito de China. E será culpa de quem?" Apontei para o dono da voz no canto: "Acho que você não terminou o que estava dizendo antes de ser interrompido. Por favor, continue, mas seja breve para haver tempo para os outros estudantes."

"Sei que vocês, da cidade, têm bom coração", ele continuou, "e sei que no passado ajudaram a nós, estudantes pobres. Mas o que estou querendo dizer é que vocês nunca viveram na pobreza. Vocês não têm uma família que todos os dias luta para se aquecer e colocar comida na mesa, nem ficam aflitos diante da possibilidade de acabar voltando a viver nessa pobreza. Embora sejamos todos filhos únicos, não somos da mesma classe social. É como acabamos de falar sobre a globalização; talvez a preocupação do Ocidente com a China e o auxílio que presta ao nosso país sejam como a atitude da gente da cidade para com as pessoas do interior: uma doação única, não uma convivência lado a lado durante toda uma geração. A comunicação igualitária simplesmente não existe. Não precisamos de doações esporádicas, mas compreensão e respeito que durem uma geração." A voz no canto voltou a desaparecer nas sombras, mas suas palavras pareciam ter encurralado toda a sala no silêncio.

Depois da conversa, muitos dos estudantes continuaram a debater sobre a internacionalização, a China e a democracia familiar. Esse fora meu objetivo, já que acredito que estimular os jovens para que suas ideias adquiram vida é um dos mais importantes princípios da educação. Aquela palestra de uma hora e meia durou três horas, até o momento em que tivemos de parar para jantar.

Quando eu estava deixando o anfiteatro, notei em pé no fundo um estudante chinês muito magro, frágil, que não dissera uma só palavra o tempo todo. Imaginei que estivesse educadamente deixando os outros saírem primeiro, ou então era tímido. A cada vez que dou uma palestra no Ocidente, sempre faço o que posso para dar aos estudantes chineses uma chance de falar, pois eles têm muito poucas oportunidades de ouvir palestras de estudiosos chineses convidados. Tomei a iniciativa e o abordei.

"Olá, você está sendo muito educado esperando por sua vez, não é mesmo? Talvez até um pouco educado demais? Esperando de um jeito tão cavalheiresco", falei.

"Não, não é assim", ele respondeu. "Não estudo aqui, então não quero tomar o tempo deles. Meu ex-colega, o que estava no canto, já disse o que eu penso. Não sou estudante de arte, então não consigo me expressar tão bem. Além disso, só vim aqui para vê-la porque você me lembra minha mãe", ele disse, um pouco constrangido.

"Onde está sua mãe?", perguntei. Talvez porque eu mesma tenha um filho, sempre fico tocada ao ver filhos que pensam em sua mãe.

"Ela está em casa, na área rural de Guiyang. Uma pequena aldeia que não consta em nenhum mapa. Veja o livro que comprei para ela." Ele acenou com uma edição de capa dura de *As boas mulheres da China*; o olhar no seu rosto parecia vir do fundo de um poço fundo e escuro.

"Sua mãe lê em inglês?" Várias mulheres de Guizhou que eu havia entrevistado — colhedoras de cogumelos nas montanhas selvagens — surgiram em minha mente. Praticamente nenhuma delas sabia ler.

"Não, ela nem mesmo consegue ler em chinês. Minha mãe só conhece o caractere para mulher, 女nǚ, que é o nome dela, também."

"Então por que você comprou para ela um livro em inglês?" Eu realmente não conseguia imaginar nenhuma razão.

"Porque as histórias do seu livro são bem parecidas com as experiências que ela teve", ele disse.

"Como sua mãe sabe sobre o meu livro?", perguntei.

"Sempre leio sua coluna no *Guardian* e percebi pela sua fotografia que você se parece muito com ela. Minha família não tem muito dinheiro, e nunca tiraram um retrato da minha mãe, então usei a sua fotografia como se fosse dela e a fixei sobre a minha cama, no dormitório", ele disse, embaraçado. "No Ano-Novo Chinês, peguei emprestado o celular do meu colega e telefonei para o meu tio. Estavam todos reunidos para o Ano-Novo, e falei à minha mãe sobre as histórias que você escreveu. Quando as ouviu, ela disse que era como se tivessem sido escritas baseadas nela. Disse que nunca pensou que haveria pessoas que dariam importância a mulheres comuns como ela. Então comprei o livro e o guardei para lhe dar de presente. Ela não pode lê-lo, mas pode guardá-lo em casa, pelo menos. Está cheio de histórias de mulheres chinesas, histórias dela."

Lágrimas começavam a se acumular em meus olhos. "Você veio estudar no exterior com uma bolsa?", perguntei.

"Sim, uma bolsa completa para três anos, para um doutorado em matemática, com mais dinheiro do que posso usar."

Mais dinheiro do que ele poderia usar?, pensei. Será possível que exista um estudante chinês que não saiba como gastar todo o seu dinheiro?

Seu nome era Zonghui, que significa "aquele que traz glórias a seus ancestrais", e ele estava cursando o segundo ano em Harvard. Aos poucos passei a conhecer seu grupo de estudantes pobres chineses que haviam viajado juntos, incluindo o dono da voz do canto do anfiteatro. O professor deles me disse que representavam outra imagem de estudantes chineses em Harvard, pois possuíam apenas duas ou três mudas de roupa para todas as quatro estações. Não tinham celular ou computador e nunca desperdiçavam comida. Estavam sempre lendo e tiravam notas excelentes. *Esses eram o orgulho da China!* Mais tarde fiquei sabendo que Zonghui sobrevivia a uma dieta diária de batatas chips de cinquenta centavos. Nunca usava sabão em pó para lavar roupa, mas sim uma barra de sabão, fazendo o serviço à mão. Tudo o que conseguia poupar da sua bolsa ele levava para casa, para a mãe, pois ela nunca se sentira capaz de gastar dinheiro e nunca comprara nada para si, nem mesmo um pente.

Zonghui me disse que, quando partiu para estudar no exterior, sua mãe só o acompanhou até o final da aldeia, pois não tinha dinheiro para um ônibus de longa distância. Ele jamais esqueceria as poucas palavras que ela disse na despedida, que assombravam seu coração: "Meu filho, estude bastante, viva bem! Tantas crianças nunca sequer tocaram num livro. Quando entrar no avião, não abra a janela, não deixe o vento levá-lo!".

Quando ouvi essa história, também eu podia ouvir aquela mãe gritando para seu filho: "Meu filho, estude bastante, viva bem!".

Naquele dia, enviei um e-mail para mim mesma:

Viva bem, amiga, por aqueles ancestrais que labutaram na pobreza. Por aquelas crianças que nunca tocaram num livro. Por aquelas mães que nunca entraram num ônibus ou num avião. Por aquelas irmãs que nunca tiveram a chance de viver. Pelas antigas gerações que nos legaram o hoje. Por todas as mães, todas as estações, todas as pedras, todas as folhas. Viva bem, viva muito bem!

Mas o que é viver bem? Será que nossos filhos compreendem? Por que crianças que cresceram na pobreza e nunca tiveram a oportunidade de se educar são capazes de aproveitar cada farelo e cada pedacinho do que têm, ao passo que jovens que cresceram bem alimentados e vestidos, educados e amados, frequentemente acabam reclamando de seus infortúnios? Por que tantos jovens de famílias ricas veem seus familiares como o inimigo e tratam o amor como uma fonte de ressentimento? Será que nós, pais, de fato entendemos o que é viver bem? Criamos nossos filhos para a vida adulta, mas será que nutrimos sua fé e suas habilidades para a vida?

À medida que nos aproximamos de uma sociedade formada tão somente de filhos únicos, essas são perguntas a que todos nós tentamos responder, incluindo eu.

Como você vê o caso Yao Jiaxin? Por que a sociedade chinesa está debatendo sobre ele (um homem pós-anos 1980) de forma tão feroz?

Resposta de Zonghui:
Na minha opinião, a tragédia de Yao Jiaxin — e por favor me permita chamá-la de tragédia — é a própria imagem de uma alma torturada e reflete a tristeza que contaminou nossa sociedade. Seus pais nunca lhe ensinaram os princípios morais básicos de como

ser um bom cidadão, nem mesmo um bom ser humano. Esse tipo de coisa está acontecendo em toda a China agora, então histórias como essa e outras menos extremas são bem compreensíveis.

Porém, sendo eu mesmo um estudante universitário razoavelmente normal, não consigo de fato entender como ele pôde agir assim. Sua incapacidade de enfrentar o mundo e sua falta de qualquer noção de responsabilidade são mesmo chocantes. Sei que as pessoas são diferentes umas das outras e que os jovens são sempre um pouco autocentrados, isso é normal, mas ele não deveria chegar a ponto de cometer um assassinato, é inacreditavelmente egoísta. E todas as discussões na internet no momento estão apenas agravando o medo geral. Todo mundo está pensando: E se algum garoto rico atropelar a mim ou à minha família?

Posfácio

Volto à China uma ou duas vezes por ano, mas sempre me sinto incapaz de acompanhar as mudanças que ocorrem em minha terra natal. Desde os anos 1980, a China forjou a mais incrível era na história humana — uma era de filhos únicos que transformou as famílias e a sociedade. No espaço de trinta anos, a China deu um salto que o Ocidente levou mais de 170 anos de pós-Revolução Industrial para realizar. Mas a velocidade do desenvolvimento tem variado muito em cidades grandes e pequenas, flutuando e se fragmentando como um frenético jogo de computador, ao passo que o interior remoto foi abandonado, ficando séculos atrás da rápida modernização urbana. Tanto que todas as partes dos 9,6 milhões de quilômetros quadrados do país e seu povo estão em constante perigo de se verem legados aos livros de história. Sempre suspiro de admiração diante de pessoas mais velhas que testemunharam três ou quatro gerações de história. Como é que eles conseguem encarar o mundo do lado de fora de suas janelas? Um mundo em que tudo foi virado de cabeça para baixo. Um mundo em que seus próprios filhos e netos mudaram tanto e tão rápido.

O escritor e pintor chinês Su Shi (1037-1101), que viveu durante a dinastia Song do Norte, acreditava que o verdadeiro herói é "destemido ao ser atacado de repente e paciente ao ser criticado sem razão". Em outras palavras, 1,3 bilhão de chineses aceitam o amplo ataque da política e da economia como algo muito trivial para ser sequer examinado, e permitem que as centenas de críticas vindas do Ocidente entrem por um ouvido e saiam pelo outro. Há heróis em todos os lugares, com coragem e uma imperturbável presença de espírito forjada a partir de meses e anos de provações. "A China é um leão adormecido", Napoleão certa vez advertiu. "Deixem-na dormir, pois, quando acordar, abalará o mundo." As duas gerações anteriores acordaram esse leão adormecido com sua crença e seu trabalho árduo, deram-lhe sua primeira refeição após o despertar, fortaleceram-no e permitiram que dirigisse seu primeiro rugido ao mundo que o havia ignorado. Essas mesmas pessoas mais velhas ainda estão conduzindo seus filhos pela mão, instruindo-os sobre como "comprar o mundo inteiro" um passo por vez. De fato foi o que fizeram: companhias asiáticas, fábricas na África, até mesmo aldeias tradicionais na Itália que produzem couro, e toda uma rua de comércio francesa foram comprados. Enquanto o mundo luta num redemoinho de crise, três gerações de chineses deram-se as mãos para tomar companhias americanas e europeias. Mas, quando não tiverem mais força para auxiliar seus rebentos, que são a juventude da China, será que esses filhos únicos serão capazes de carregar a pesada responsabilidade pela qual seus pais lutaram? O que farão com o mapa da China, à medida que se expande de maneiras que afetarão o mundo inteiro? Será que esses jovens serão capazes de criar esse leão, terão a energia necessária para mantê-lo vivo? Desejo muito conhecer as respostas para tais perguntas, já que essa China do futuro será a China do meu filho e de meus netos.

Quando voltei recentemente ao país, além de devorar entrevistas e artigos, também tive alguns vislumbres das marcas deixadas nesta era pela primeira geração de filhos únicos. Estavam por toda parte: nos trens elevados das metrópoles, nas ruas e nas alamedas de cidades pequenas, e nas aldeias abandonadas em seu rastro. Para onde quer que eu olhasse, em cidades grandes e metrópoles, eu via os principais personagens deste livro. Na onda de caríssimos carros esportivos, vi incontáveis Du Zhuangs e Cintilantes, discutindo comércio internacional em inglês em seus chamativos celulares. Na estrada, indo e voltando do trabalho, vi Luas correndo de um lado para o outro, com a mente pensando em várias coisas ao mesmo tempo: no trabalho, na falta dos filhos, preocupadas com as várias gerações de membros mais velhos da família. Sobre o gramado dos parques nos finais de semana, vi os filhos de Brilhante deitados junto a várias gerações mais velhas apinhadas ao seu redor. Em restaurantes nas principais vias públicas e em pequenos becos, vi os pais solitários de Asa, observando, em silêncio, as alegres refeições familiares em mesas vizinhas. Vi empresas de remessas florescendo, ao entregar mensagens e pacotes para Lírios e Peixes-Voadores, transmitindo preocupações e acalmando os ânimos entre famílias na China e seus filhos no exterior. Nas fazendas pobres e em escolas decadentes do interior, vi meus "professores" debruçados sobre livros sob o clarão do luar. Vi seus pares, que não fazem ideia do que seja um livro, contando as estações e ganhando dinheiro; vi seus pais, incapazes de deixar de converter todo e qualquer centavo em palavras e conhecimento deitados em folhas de papel. No fluxo de gente transitando nos mais de 266 aeroportos da China, vi uma nova geração de incontáveis Andorinhas Douradas pulando de alegria, junto com acanhados e tímidos Lenhas, todos se despedindo, esperando naquele lugar entre os sonhos e a realidade.

Mas há mais a ser dito sobre essa geração de filhos únicos

do que pode ser encontrado apenas neste livro. Há motoristas de táxi com licenças herdadas de seus pais e prorrogadas novamente depois de vinte anos trabalhando dia e noite, conduzindo ao trabalho pessoas importantes da mesma idade que eles. Esperam a noite inteira para levar para casa filhos de famílias de novos-ricos depois de suas folias noturnas e escutam outros passageiros se lamentarem emocionados de seus infortúnios, incapazes de acompanhar o sempre crescente PIB do país. Há pais esperando para deixar ou apanhar alguém, montando guarda e observando, paparicando seu filho ou sua filha única em nome de três gerações, circulando como helicópteros sobre a vida de seu precioso rebento, prontos para aterrissar a qualquer momento, a alcançar o papel higiênico quando seu filhinho precisa ir ao banheiro na escola primária, a espanar seu precioso tesouro depois do recreio no ensino médio, até mesmo a arranjar ghost-writers para o filho que não consegue dar conta dos trabalhos da universidade. Por trás de lojinhas e bancas de mercado, você encontra em todo lugar, nas periferias das cidades, jovens mães que fazem o possível para pagar os caros custos de educação do filho com os lucros minúsculos de seus bicos. Há jovens pais, operários da construção civil, cujo suor cai como chuva enquanto se agarram a andaimes, cuja conversa e cujas memórias sempre se voltam para suas aldeias natais, que não têm nem riqueza nem poder, nem água nem eletricidade. Há ainda filhos e filhas que ao longo da infância nunca têm a oportunidade de ver os pais sempre freneticamente ocupados, que não têm tempo nem espaço de brincar, labutando duro para construir um futuro que os promova à classe dos trabalhadores colarinhos-brancos, aspirando a uma vida que oferece o que consideram ser os "padrões básicos" da China moderna e a serem capazes de comprar um apartamento, ter um carro e se casar.

    Este é o período da história que me esforço por ver, imaginar ou apreender em sua integralidade. Assim como as nuvens, a chuva e o vento, de forma mutante e instável, esta época tem o poder de varrer coisas tão facilmente quanto se quebra um galho de uma árvore morta.

Quando deixei a China, em 1997, eu tinha o primeiro computador da estação de rádio. Quando voltei, em 1999, apenas umas poucas emissoras graúdas de rádio estavam começando a abrir caminho com sistemas computadorizados e sistemas de controle. Em 2000, os computadores estavam deixando de ser uma moda para ser uma necessidade na vida das quatrocentas cidades grandes. Em dezembro de 2010, os usuários de internet na China chegavam a 457 milhões.* Essa primeira geração de filhos únicos é pioneira em computação e instrução internética. Sua curiosidade e seu entusiasmo fizeram surgir na China moderna uma "revolução cultural" no mais verdadeiro sentido do termo, libertando as formas de expressão e fazendo oposição on-line ao poder político. Isso levou à criação de um espaço político que nem a política nem a lei conseguem frear com facilidade, e tudo isso em uma nação que em mais de 5 mil anos nem uma só vez testemunhou uma época que ousasse desafiar seus imperadores ou o poder vigente. Esther Tyldesley, na qualidade de amiga minha e tradutora deste livro, fala sobre a tradução do chinês para o inglês: "Ninguém consegue prender uma nuvem numa caixa! O sistema de censura política, que reinou absoluto no passado recente da China, está tendo muita dificuldade em cercear a liberdade com que as massas gritam seus pensamentos".

Por volta de 2002, jovens recém-formados de universidades chinesas começaram a invadir a internet, usando a insígnia 郁闷 *yumen*, dando início à busca por um símbolo para designar a pri-

---

* Dados do 27º relatório estatístico sobre o desenvolvimento da internet na China, do Centro Nacional de Informação de Rede.

meira geração chinesa de filhos únicos. A palavra *yumen* significa desejo de falar, mas com dificuldade de encontrar as palavras certas, de lidar com acontecimentos e com incapacidade de lidar com outras pessoas. Por volta de 2006, a geração pós-1980, sem querer ser deixada para trás, tomou o termo 纠结 *jiujie* (enredado) como uma característica especial de seu tempo. Representava viver em circunstâncias difíceis, com o coração e a mente num turbilhão, e perturbados mental e fisicamente. E o pós-1990? Foi apenas na minha visita mais recente à China que aprendi a palavra que representa essa geração: 囧 *jiong*. Em sua origem, *jiong* significava "brilhante", mas a partir de 2008 se tornou um emoticon popular entre usuários de internet e um dos caracteres mais usados em chats, sites de discussões e blogs na China. Significa "deprimido, melancólico e desamparado". Há quem diga que *jiong* é o caractere mais legal do século XXI.

Yumen, jiujie e *jiong* lembram-me experiências da minha própria juventude, atordoada e perplexa, aprisionada em fantasias e desesperadamente ocupada.

Os anos 1970 foram os tempos vertiginosos dos meus vinte e poucos anos. Trinta anos de perturbação política estavam chegando ao fim, mas nenhum de nós sabia — e éramos incapazes de imaginar — o que o futuro poderia reservar para a nação ou para a sorte das nossas famílias. Os anos 1980 foram os tempos de fantasia dos meus trinta anos, uma época em que qualquer pessoa podia entrar no ramo dos negócios e se tornar um chefe, mas, do mesmo modo, uma época em que qualquer um podia se tornar um criminoso e acabar na prisão. Os anos 1990 foram a década da loucura frenética dos meus quarenta e tantos anos, uma época em que muitos chineses acordaram para a verdade. Se a ideia era libertar a personalidade reprimida havia tanto tempo, podiam muito bem parar de seguir o partido, dar as costas para a nação e até mesmo para familiares esquecidos. Estavam prontos para subir tão alto quanto o céu e cavar fundo na terra, sem parar para nada na busca por oportunidades de mudar seu próprio destino. A geração antes da minha foi, sob vários aspectos, uma geração trágica. Os anos 1950 eram cheios de esperanças de uma nova China, bem como cheios de moral e um espírito combativo. Mas o frenesi dos anos 1960 dividiu o país e o encharcou de sangue fresco. Então os anos 1970 trouxeram uma melancolia desconsolada, com sua luta contra as forças da natureza. Famílias foram fragmentadas e espalhadas, e, no entanto, ninguém tinha certeza de qual o propósito daquilo tudo.

As pessoas com frequência engasgam de admiração ao ver que essas três gerações de chineses tiveram, pela primeira vez, experiências de juventude tão diferentes entre si. Mas não estou certa de que seja exatamente assim. As gerações de 1950 a 2010 têm muitos genes em comum, todos herdados da história chinesa; buscam uma voz comum em meio a queixas, são tomadas pela emoção em meio às tragédias, não lhes falta determinação quando cercadas pela pobreza, mas negligenciam os abismos à sua frente quando rodeadas pela fortuna. As diferenças de classe abundam, e o poder e a riqueza têm um status igual ao de dignidade e honra. Estávamos "abrindo" uma era que deveria ser nossa, mas deixando para trás o universo conhecido por nossos ancestrais. Tentamos planejar nosso próprio sol e nossa própria lua, de forma que não é surpresa nenhuma que nossos filhos, nossos filhos únicos, têm como certo que podem comprar as estrelas!

Quando eu estava prestes a depor minha caneta depois de mais uma versão, uma nova onda avassaladora arrebentou sobre a sociedade chinesa, espraiando mais uma controvérsia pós-Yao Jiaxin sobre atitudes ante a moralidade, a compreensão da lei e o valor da vida, todas bem distantes dos domínios do senso comum.

Às cinco e meia da tarde de 13 de outubro de 2011, Yueyue,

uma garotinha de apenas dois anos, foi atingida duas vezes por uma minivan, então atropelada de novo por um pequeno veículo de entrega vários minutos depois. Em sete minutos, dezoito pessoas passaram por Yueyue, que chorava e gritava já sem forças, deitada no próprio sangue, mas ninguém prestou socorro. Até que por fim uma mulher que catava lixo apanhou a menina, que estava agora se engasgando em seus últimos suspiros, a carregou para o acostamento e a entregou à mãe, que viera à sua procura. Três dias depois a menina morreu, deixando um jovem pai e uma jovem mãe num luto agonizante e rendendo um debate acirrado sobre a ética e a moral chinesa.

Imagino que se aqueles dezoito passantes estivessem sentados em volta de uma mesa depois de comerem um bom jantar, discutindo um caso similar, a maioria expressaria ódio e intensa ojeriza em relação à maldade e à falta de piedade sobre as quais teriam lido em algum lugar e, se as circunstâncias permitissem, também teriam postado diatribes amargas na internet, usando nomes fictícios, contra tal comportamento cruel e insensível. Porém, quando confrontados com a pequena Yueyue, eles ignoraram sua consciência sem olhar para trás, como se ela não tivesse conexão alguma com a vida real.

Durante várias semanas, ondas se agitaram e quebraram na internet chinesa. As pessoas estavam escandalizadas com a insensível indiferença da sociedade, e jogadas num pânico quanto à aparente extinção, na China, de qualquer gentileza ou código de ética. Por meio da pequena Yueyue, deram-se conta de que não foram apenas dezoito pessoas que passaram indiferentes por uma menina moribunda, mas que tais pessoas podem ser encontradas em toda a China, em todos os lugares. Elas existem em todas as profissões, faixas etárias e escolaridades. Quase todos os dias, ao acessar a internet, leio relatórios que fazem os chineses torcer as mãos e suspirar profundamente de dor, até mesmo socar a mesa de indignação e choque. Por quê? Por que a tradicional moralidade e o tradicional código humanitário que fazem parte do âmago da nação chinesa chegaram ao fundo do poço desta vez, quando a economia está se desenvolvendo com tanta velocidade e os padrões de vida melhoram a cada dia? Por que essa nova geração, criada sobre o sangue vivo das duas gerações anteriores, tem comida para comer, roupas para vestir, dinheiro para gastar, e, no entanto, perdeu qualquer sentimento de irmandade e compaixão? Será que o dinheiro e o poder fizeram esses jovens abandonar a moralidade e a consciência como coisas inúteis? Será que tais traços só foram passados para aquelas pessoas que vivem nos níveis mais baixos da sociedade, nas zonas selvagens do interior e em lugares assolados pela pobreza?

Talvez a dor e a fúria do povo chinês possam na verdade acordar a nação para um autoexame e para que volte a ter respeito próprio. Talvez nós, chineses, possamos refletir, e de novo reconhecer, a existência da escuridão e da luz. Talvez nossa dor se torne uma fonte de força, forjada a partir da morte de uma criança inocente. Talvez essa força possa ombrear com as nuvens e a neblina do poder e dos desejos materiais, e permita que nossos filhos únicos vejam e desfrutem o sol, a lua e as estrelas da civilização e da moralidade.

Agradecimentos

A cada vez que escrevo agradecimentos, sou relembrada da proximidade que há entre as palavras e as entrelinhas. Qualquer agradecimento parece uma nova semente plantada na minha vida, de forma que minha escrita e minha vida são vividas em uma floresta vicejante de gratidão.

Foi Toby, meu marido, quem primeiro me incentivou a escrever este livro. Ele disse que o mundo precisa entender essa época que a primeira geração chinesa de filhos únicos criou, altamente vulnerável a tempestades familiares, com cada membro padecendo da pressão do isolamento. Trata-se de uma época em que a consciência social e os valores se modificaram, e o que está sendo transmitido a essas novas vidas teve de atravessar uma enorme série de ajustes e adequações. É uma época de política de poder, mas também de restrição, à medida que a China luta para expandir sua supremacia no mundo lá fora ao mesmo tempo que seu próprio povo não está disposto a deixar que seus filhos únicos se tornem soldados. Obrigada, meu Toby, por ser a força motriz por trás da minha escrita.

Mas foi meu filho único, Panpan, quem realmente me fez viver este livro. Antigamente eu desejava ter muitos filhos e sonhava com suas brincadeiras, brigas e tiradas ruidosas. Eu ansiava por presidir seus debates, imaginava minha ninhada partilhando as pequenas responsabilidades do lar, almejava levá-los ao campo para fazer piquenique, saboreando e celebrando cada quitute produzido por cada criança, e eu sonhava com eles, um a um, criando família e carreira para si e me presenteando com uma série de netos angelicais! A política do filho único me privou do direito de ser mãe de uma multidão de filhos e filhas, mas, num lance de muita sorte, me tornei a mãe de Panpan. A partir desse dia, eu me investi da promessa de nunca deixar que o poder tradicional dos pais chineses ou as pressões sociais destruíssem meu filho único.

Assim como as mães de todos os filhos únicos deste livro, o preço que paguei por meu rebento foi a minha própria vida. Eu fazia das tripas coração pela felicidade dele, chegando a me deixar apodrecer e virar adubo para que ele pudesse crescer bem e florescer, mas eu mesma nunca fui livre. Amontoei todas as minhas esperanças sobre seus ombros solitários. Nunca me ocorrera que os sonhos dos pais são um fardo pesado para os filhos. Foi só ao conhecer os jovens retratados neste livro, contemporâneos de meu filho, e ao ver suas lutas e suas provações que me tornei consciente da solidão de Panpan. Eu gostaria de agradecer a meu filho, Panpan, por partilhar comigo, por 24 anos, o pesado fardo da vida; por trabalhar duro e progredir a fim de recompensar sua mãe por criá-lo; e por me ajudar a entrar no coração e na alma dos filhos únicos.

Não importa quão limitado seja o espaço, e independentemente da pobreza das minhas palavras, a única coisa que não devo deixar de fazer é agradecer aos jovens deste livro. Sem eles, eu não teria como entender com tantos pormenores esta época única de filhos únicos. Sem eles, eu não teria esta leitura multifacetada desse fenômeno. Sem eles, teria sido impossível entender, como agora entendo, a direção na qual a China está se desenvolvendo. Sem eles, eu não teria sido capaz de escrever este livro. Sem eles, eu talvez nunca tivesse experimentado a solitária felicidade, a raiva, a tristeza e a alegria do meu próprio filho.

Obrigada, Du Zhuang, pelos embates que você travou em seu primeiro gostinho de independência. Você abriu a porta que me conduziu à primeira geração de filhos únicos. Obrigada, Andorinha Dourada. Seu corajoso voo me deu mais espaço para vislumbrar sua geração. Obrigada, Asa, por sua habilidade de mudar a frequência de sua vida e por tranquilizar minhas ansiedades como mãe de um filho único. Obrigada, Lírio, pela honestidade e pela candura com que você vive sua vida. Sua busca por aquilo em que acredita me conforta e me inspira por saber que sempre haverá pessoas transmitindo as tradições da China. Obrigada, Lua, por suas opiniões sábias e aguçadas, por seu entendimento instintivo da sociedade chinesa e por sua dor perante o cambiante mundo das relações familiares, que me fez refletir sobre as famílias de filhos únicos da China. Obrigada, Brilhante, pela descrição das muitas vidas multicores de filhos únicos. Sua teimosa afirmação sobre os acertos e os erros da China acordou meu espírito apaixonado, o qual a idade quase colocara em hibernação. Obrigada, Lenha, por sua determinação em lutar contra o próprio destino neste mundo do novo milênio. Você reafirma para mim a força de vontade do povo chinês, tal como uma só faísca que lança fogo sobre uma planície. Obrigada, Cintilante, por sua ética e suas ideias sobre o certo e o errado, baseadas em emoções. Você me emocionou imensamente com o espírito chinês que habita em vocês, nossos brotos solitários, e que está se tornando mais saudável e forte a cada dia. Obrigada, Peixe-Voador, por seu amor filial que nem a política nem a sociedade puderam destruir. Você foi um bálsamo para o pesar que sofri ao ouvir falar de pais e mães que abandonavam seus filhos únicos em prol de ganhos pessoais. Obrigada, meus "professores". Com sua ilimitada energia vocês nutriram, em seus minúsculos ambientes de insetos, asas tão largas quanto as de uma águia. Fizeram a humanidade se orgulhar do povo chinês e torcer por ele!

Tenho a certeza de que, de hoje em diante, a China agradecerá à sua geração e à de seus pais pela dádiva que vocês representaram. Por causa do preço pago por vocês, o espírito e as raízes do povo chinês não secaram. As dolorosas experiências de duas gerações de chineses não foram esquecidas. O futuro da China não foi interrompido nem perdeu o bonde da história por causa de políticas feitas pelo homem, porque vocês mantiveram unidas as gerações, formando um elo entre o que aconteceu antes e o que virá depois.

Meu muito obrigado a todos os voluntários da Mothers' Bridge of Love (MBL).* Sem seu conhecimento, sua validação de minhas ideias e sua contribuição para minha coleta de experiências, este livro talvez não tivesse sido mais do que uma imagem distante de uma navegação solitária na onda gigantesca dos filhos únicos, sacudidos para a frente e para trás pela época de grandes colisões da China. O apoio dos voluntários da MBL transformou este livro numa espécie de membro de uma vasta tripulação de filhos únicos a bordo do mesmo navio, observados e examinados de longe pelos céus e oceanos do mundo.

Obrigada à equipe do meu escritório: Nicola Chen, cujas perguntas sábias e inteligentes frequentemente me inspiram, e Cui Zhe, que me auxiliou na gravação e na digitação com suas perguntas pertinentes em nome de sua geração pós-1980. Meu obrigado a Esther Tyldesley e David Dobson. Eles são não apenas

---

* Ver Apêndice III: The Mothers' Bridge of Love (MBL).

colegas docentes universitários e os tradutores de meus outros livros, mas também valiosos professores meus, que deram o melhor de si para me ensinar a sabedoria que vem do autoconhecimento e assim compreender a China de hoje. A cada vez que conversamos, o tempo voa, nossos assuntos sempre são misturados com um pouco de tudo: doce, acre, amargo e apimentado! Ao lhes enviar o manuscrito de um livro, sempre espero por seus comentários como um aluno do primário aguarda uma nota — numa experiência de expectativa e terror. É como se segurassem sobre meu coração uma régua que pode a qualquer momento me castigar por minha ignorância! Sem seu conhecimento sobre a China e sua compreensão sobre minha pessoa, sem seu sentimento e sua consciência da cultura e da língua chinesa, poucos ocidentais conheceriam a China cuja história eu desejo contar, ou meus próprios e complexos sentimentos em relação à China. Sem tradutores, as pessoas jamais conseguiriam se entender ou ter uma compreensão comum da paz e da democracia.

Não sei quantas mais oportunidades terei de agradecer a meus editores na página impressa. Ao longo dos anos em que estive escrevendo, vi pessoas entusiasmadamente registrarem tudo o que veem e ouvem, todas as suas percepções, no mundo do vídeo, sem realmente considerar a questão. Embora papel, caneta e tinta e os livros impressos estejam desaparecendo sob a ponta de nossos dedos e aos poucos se tornando palavras e imagens da história, sei que a minha própria escrita será lida na tela, no final das contas. Mas sou uma das pessoas de sorte, a quem os habitantes do futuro talvez mirem com nostalgia, pois sempre tomo chá com meus editores, os abraço e anoto no papel alguns pontos de nossas conversas. Sou muito grata à minha editora Judith Kendra e sua equipe por dividirem tudo isso comigo, pelo que pode ser a última vez, e por observar comigo esta singular era de filhos únicos chineses. Sem as escolhas sábias de Judith e a sua orientação profissional, este livro só existiria no meu coração e não teria melhor destino que uma pilha de sucata, onde ansiaria ser de algum uso.

A lista de pessoas a quem eu gostaria de agradecer parece crescer muito mais rápido do que os dias e meses da minha vida. O mesmo se aplica a você, meu leitor, por se dispor a me conhecer aqui. Não posso deixar de agradecer a você por seu tempo e interesse, e por seus pensamentos e sentimentos que viajaram lado a lado dos meus, e por partilhar este livro comigo desde a primeira página.

Apêndice 1: A política de controle de natalidade da China

Yu Xuejun, porta-voz da Comissão Nacional da China para Planejamento Populacional e da Família, disse a jornalistas no dia 10 de julho de 2007 que na vasta maioria das províncias, regiões autônomas e distritos diretamente controlados era permitido que filhos únicos tivessem dois filhos. Porém, ele foi taxativo ao dizer que isso não implicava uma mudança na política de controle de natalidade do país, e que tampouco a política de controle de natalidade era uma causa fundamental do desequilíbrio de gêneros no nascimento.

"A política de controle de natalidade da China certamente não é uma política de 'um feto' ou 'um filho'. Em vez disso, há orientações para diferentes categorias de pessoas, e há diferenças entre elas", disse Yu. Ele declarou que, no presente, entre 30 e 40% da população podia ter dois ou mais filhos. De acordo com a declaração, o desenvolvimento social e o crescimento populacional na China são tão desiguais por causa do vasto território do país. Cada região está num estágio diferente de desenvolvimento e enfrenta diferentes questões demográficas, de forma que as regras foram desenvolvidas a fim de permitir que cada área estabeleça suas próprias políticas de controle de natalidade. Por exemplo, a política em Beijing, Shanghai e Tianjin, bem como em Jiangsu, Sichuan e outras províncias e cidades grandes, estabelece que cada casal pode ter um filho. Dezenove províncias estabeleceram que em áreas rurais, se o primogênito é uma menina, um segundo filho é permitido. No interior das províncias de Hainan, Yunnan, Qinghai, Ningxia e Xinjiang, a atual política permite que cônjuges casados tenham dois filhos. No Tibete e em outras áreas esparsamente povoadas, mais de dois filhos são permitidos. Na vasta maioria do país, se um marido e uma esposa são ambos filhos únicos, então eles podem ter dois filhos. Seis províncias permitem ao casal rural ter dois filhos se um dos pais é filho único.

Para detalhes completos da política de planejamento familiar da China, acessar: <http://en.nhfpc.gov.cn/>.

Apêndice II: O *Dizigui*

Síntese

As regras para os estudantes são os ensinamentos do Sábio.
Primeiro você deve reverenciar seus pais e parentes mais velhos, então ser respeitoso e leal.

Ame a todos e se aproxime de pessoas benevolentes.
Se ainda lhe restar energia, aprenda com os livros.

Respeito filial aos pais dentro de casa

Quando sua mãe e seu pai chamarem,
não seja lento ao responder.
Quando sua mãe e seu pai ordenarem,
cumpra e não seja preguiçoso.

Quando sua mãe e seu pai o instruírem,

escute respeitosamente.
Quando sua mãe e seu pai o repreenderem, assuma.

No inverno, aqueça-se, no verão, refresque-se.
De manhã examine sua conduta de forma crítica;
à noite, acalme-se.

Ao sair, avise seus pais; ao voltar, mire-os nos olhos.
Tenha hábitos constantes na vida diária e
não faça mudanças em sua carreira.

Até mesmo em pequenas questões você não pode simplesmente seguir
sua própria vontade.
Se seguir apenas a própria vontade, você se desviará do caminho
correto que um filho deve seguir.

Nem mesmo as coisas miúdas você deve guardar
de forma egoísta para si.
Se de forma egoísta guardar coisas para si,
seu pai e sua mãe ficarão tristes.

Aquilo que seus pais apreciam, trabalhe duro para conquistar.
Aquilo que seus pais detestam, elimine com cuidado.

Se o seu corpo for ferido, causará ansiedade a seus pais.
Se seu caráter moral for danificado,
causará vergonha a seus pais.

Se meus pais me amam,
tratá-los com respeito filial não será difícil.
Se meus pais me detestam e ainda assim eu os tratar com
respeito filial, isso é a verdadeira virtude.

Se os pais cometem erros, proteste e os faça mudar de atitude.
Sua expressão deve ser agradável; sua voz, macia e gentil.

Se o protesto não é aceito,
tente de novo quando estiverem de bom humor.
O próximo passo é lamentar e chorar;
mesmo se surrado com um chicote, não reclame.

Se seus pais estão doentes, prove primeiro o remédio deles para se certificar de que foi corretamente preparado.
Vele-os dia e noite, sem deixar a cabeceira de sua cama.

Observe três anos de luto, sempre chorando com muita tristeza.
Mude seu local de residência e evite vinho e mulheres.

No funeral observe todas as formalidades da melhor forma possível; ao realizar sacrifícios, seja tão sincero quanto possível.
Sirva os mortos como os servia quando estavam vivos.

Respeito pelos mais velhos fora da família

Irmãos mais velhos devem ser amigáveis e gentis,
irmãos mais novos devem ser respeitosos.
Quando os irmãos estão em harmonia,
isso é por si um ato de dever filial para com os pais.

Se você considerar as posses com desapego,
como pode advir o ressentimento?
Se tolerar palavras, a raiva naturalmente se dissipará.

Não importa se ao comer ou beber, ao sentar ou caminhar,
os mais velhos vão antes, os mais novos vêm atrás.

Se uma pessoa mais velha chama por alguém,
então de imediato chame esse alguém para ela.
Se o convocado não estiver presente, vá você mesmo.

Ao se dirigir a uma pessoa mais velha ou de classe mais elevada, não
a chame pelo nome.
Diante de uma pessoa mais velha ou mais elevada, não se exiba.

Se encontrar uma pessoa mais velha na estrada,
aproxime-se e faça uma mesura.
Se a pessoa mais velha não tem nada a dizer,
retire-se e aguarde respeitosamente.

Se estiver cavalgando, desmonte;
se estiver numa carruagem, desça.
Espere a pessoa mais velha passar por você,
até que ela esteja a pelo menos cem passos de distância.

Quando uma pessoa mais velha fica de pé,
os mais novos devem se levantar.
Quando uma pessoa mais velha se senta, os mais jovens
devem se sentar apenas quando receberem ordem para tal.

Diante de pessoas mais velhas e mais elevadas,
deve-se falar em voz baixa. Mas não é adequado falar numa voz tão
baixa que não possa ser ouvida.

Ao sair para visitar uma pessoa mais velha, deve-se ser rápido;
ao deixar uma pessoa mais velha, deve-se ser lento.
Ao ser questionado, levante-se para responder,
sem desviar o olhar.

Sirva os mais velhos da geração do seu pai como se estivesse
servindo seu pai.
Sirva os mais velhos da geração do seu irmão mais velho como
se estivesse servindo seu irmão mais velho.

Reverência

Levante-se de manhã cedo, durma tarde da noite.
A velhice chegará facilmente, aproveite este tempo.

De manhã lave as mãos e enxágue a boca.
Ao voltar da evacuação e da micção, lave bem as mãos.

O chapéu deve ser usado reto, os botões devem estar fechados.
Meias e sapatos devem ser calçados com asseio e firmeza.

Chapéus e roupas devem ter um lugar fixo na casa.
Não deixe coisas espalhadas de qualquer jeito,
isso levará a uma tremenda bagunça.

Nas roupas, valorize a limpeza, não o exagero.
Primeiro atenha-se à sua condição, então aja de acordo
com as circunstâncias econômicas de sua família.

Ao comer e beber, não seja fresco ou enjoado.
Pare de comer quando tiver ingerido o suficiente,
não coma em excesso.

Quando ainda for jovem, não beba álcool.
Beber até ficar embriagado é a coisa mais feia que há.

Ao caminhar, estabeleça um passo agradável;

quando de pé, fique ereto.
Ao se curvar, vá até o fim e com esmero;
ao se ajoelhar para uma reverência, seja deferente.

Não pise sobre o patamar da porta,
não se apoie em uma perna quando de pé.
Não se sente no chão com as pernas abertas à sua frente,
não requebre os quadris.

Abra as cortinas lentamente, sem fazer ruído.
Faça curvas abertas, não esbarre pelos cantos.

Carregue uma vasilha vazia como se estivesse
carregando uma cheia.
Adentre quartos vazios como se adentrasse
um cômodo cheio de pessoas.

Não faça as coisas com pressa;
se for apressado, muitos erros ocorrerão.
Não tenha medo das dificuldades, não faça perguntas frívolas.

Nunca se aproxime de lugares onde haja brigas e arruaças.
Coisas más ou perversas não deveriam
nem sequer ser mencionadas.

Quando estiver prestes a atravessar uma porta,
pergunte quem está lá dentro.
Ao passar para a sala principal,
anuncie sua chegada com voz nítida.

Quando outras pessoas perguntarem quem é você,
diga-lhes seu nome.
Dizer apenas *Sou eu* não é gentil.

Para usar os pertences de outras pessoas,
deve-se gentilmente pedir.
Se não pedir antes, trata-se de roubo.

Ser digno de confiança

Quando tomar emprestados pertences alheios,
seja pontual ao devolvê-los.
Quando lhe pedirem emprestados, não se furte,
se tiver esses pertences.

Ao falar, a honestidade deve vir sempre em primeiro lugar.
Mentir e falar leviandades e barbaridades —
como alguém pode se prestar a isso?

É melhor dizer pouco do que muito.
Apenas fale a verdade, e não palavras floreadas e espúrias
que não contêm verdade.

Palavras pouco gentis, discurso imundo
E um ar vulgar — são todas coisas a serem eliminadas.

Ao ver algo que você não apurou ser verdade,
não se precipite ao comentar.
Se não sabe se algo é verdade, não o retransmita levianamente.

Quando as circunstâncias não estão certas,
não faça promessas levianas.
Se as fizer, você estará errado se se apressar a cumpri-las
ou tentar eximir-se.

Ao falar, suas palavras devem ser solenes e relaxadas.
Não se apresse, não seja obscuro ou pouco claro.

Uma pessoa fofoca sobre uma coisa;
outra, sobre uma coisa diferente.
Se não diz respeito a você, não se intrometa.

Ao ver outras pessoas fazerem o bem,
pense em como chegar a seu nível.
Mesmo se você está bem atrás delas,
pode se aprimorar aos poucos.

Ao ver outras pessoas serem más, examine a você mesmo.
Se você é igual, então se corrija;
se não for, considere como um aviso.

Quanto à virtude e ao aprendizado, ao talento e à habilidade,
Se você não pode se comparar aos outros,
deveria se incentivar a ser melhor.

No que diz respeito a roupas, casa ou comida,
Se você não pode se comparar aos outros, não fique triste.

Se você fica bravo ao ouvir apontarem seus erros,
e feliz ao ser elogiado,
Amigos perigosos acorrerão, e amigos benéficos se retirarão.

Se você ouve um elogio e sente medo,
e fica agradado ao ouvir sobre seus erros,
Pessoas íntegras e honestas aos poucos se aproximarão de você.

Coisas ruins cometidas sem intenção são chamadas de enganos.
Coisas ruins cometidas de propósito são chamadas de más ações.

Se você corrige o que você fez de errado,
é como se nunca tivesse acontecido.
Se você esconde seus maus atos,
isso é aumentar ainda mais o erro.

Amor que tudo cobre

Você deve amar tudo o que for humano.
O céu nos cobre a todos da mesma maneira,
a terra nos eleva a todos da mesma maneira.

Pessoas de alta conduta moral têm reputação naturalmente alta.
Não é a conduta presunçosa o que as pessoas admiram.

Pessoas de grande talento têm reputação
naturalmente grandiosa.
Não são as palavras imponentes o que as pessoas admiram.

Se você tem talento, não seja egoísta.
Se outras pessoas têm talento, não as denigra.

Não adule os ricos, não seja arrogante com os pobres.
Não rejeite o velho, não favoreça o novo.

Se alguém não está à toa, não o perturbe com os seus problemas.
Se uma pessoa não está em paz,
não a perturbe com as suas palavras.

Se alguém tem defeitos, certifique-se de não expô-los.
Se as pessoas têm segredos, certifique-se de não revelá-los.

Falar sobre os bons trabalhos de outras pessoas já é, por si só,
um bom trabalho.

Quando outras pessoas ouvirem falar,
elas se sentirão encorajadas.

Espalhar os defeitos dos outros por todo canto é,
por si só, uma perversidade.
As pessoas detestam isso, e sucedem infortúnios.

Se todos estimularem comportamentos virtuosos,
a virtude de todos será reforçada.
Deixar de dissuadir os outros de cometer erros danifica o caráter moral
de ambas as partes.

Ao receber e ao dar, a coisa mais importante
é deixar tudo às claras.
É melhor dar a mais e tomar de menos.

Ao fazer algo por alguém, primeiro questione a si mesmo.
Se não gostaria que lhe fizessem a mesma coisa,
então pare imediatamente.

Bondade deveria ser recíproca; tristezas deveriam ser esquecidas.
Retribuir rancor é miudeza; retribuir gentileza é grandeza.

Ao lidar com serviçais,
você se encontrará em nível mais elevado.
Embora seja de nível mais elevado,
deve ser caridoso e compreensivo.

Se usar de força para fazer as pessoas se submeterem,
elas não cederão em seu coração.
Apenas ao usar a razão para convencer as pessoas é
que não haverá palavras de ressentimento.

Aproximando-se dos justos

Todos são humanos, mas os caracteres não são iguais.
Muitas são as pessoas vulgares, raras são as benevolentes.

Uma pessoa verdadeiramente benevolente
é temida pela maioria.
Ao falar, não tem medo de ofender,
e não há adulação em sua atitude.

Se você se aproxima de uma pessoa benevolente,
haverá benefícios sem limites.
Sua virtude aumentará a cada dia, seus erros diminuirão a cada dia.

Não se aproximar dos benevolentes acarretará danos ilimitados.
Pessoas pequenas e desprezíveis se aproximarão,
e tudo correrá mal.

Se restar alguma energia, estude com os livros

Se você não se empenha em sua conduta,
e apenas estuda com os livros,
Ganhará um verniz superficial, e que tipo de pessoa é assim?

Se você se empenhar em sua conduta,
mas não estudar com os livros,
Então você se baseará inteiramente em suas próprias opiniões,
e será ignorante dos princípios verdadeiros.

São necessárias três coisas para estudar a partir de livros:
O coração, os olhos e a boca, tudo isso é necessário.

Ao começar a ler um livro, não deseje ardentemente por outro.
Enquanto não terminar um livro, não comece outro.

Estabeleça limites amplos, controle seus esforços com rigor.
Se o esforço está no lugar certo,
estagnação e bloqueios irão embora.

Se há uma pergunta em sua mente, tome nota imediatamente,
A fim de perguntar às pessoas e buscar a resposta correta.

Seu quarto deve estar arrumado, as paredes, limpas.
A mesa deve estar limpa, pincéis e tinteiro devem estar
organizados com esmero.

Se a tinta é moída de forma desigual, a mente não está estável.
Se as palavras não são respeitosas, é porque a mente adoeceu.

Ao organizar livros, eles deveriam ter um lugar fixo.
Ao terminar de lê-los, devolva-os a seu lugar original.

Até mesmo se tem tarefas urgentes,
arrume os papiros com cuidado.
Se qualquer coisa estiver faltando ou quebrada,
repare-a imediatamente.

Livros que não são frutos da sabedoria deveriam ser rejeitados
sem um só olhar.
Eles mascararão sua inteligência e danificarão sua mente
e sua determinação.

Não se trate com violência nem desista de si mesmo.
Aos poucos, você atingirá a santidade e a virtude.

Apêndice III: The Mothers' Bridge of Love (MBL)

The Mothers' Bridge of Love (MBL) é uma instituição de caridade registrada no Reino Unido (número de registro 1105543), fundada por Xinran e um grupo de voluntários, em 2004. Seu objetivo é fornecer apoio cultural chinês para crianças e jovens em todos os cantos do mundo, criando uma ponte de entendimento entre a China e o Ocidente e entre a cultura de nascimento e a cultura adotada, bem como auxiliar a educação na China rural.

Depois de dez anos, as realizações da MBL incluem o oferecimento de assistência, conselho e atividades educacionais para famílias adotivas ao redor do mundo, auxílio a uma série de projetos de socorro a desastres e a construção de quinze bibliotecas para filhos de trabalhadores migrantes e crianças que vivem no interior rural da China. A MBL convida os leitores de Xinran e famílias de todo o mundo a apoiá-la criando mais oportunidades de leitura para crianças na China rural.

Para doações on-line, favor acessar: <http://www.everyclick.com/mothersbridge>

OU

Para fazer uma doação à MBL, por favor, envie seu CHEQUE para MBL, 9 ORME COURT, Londres, W2 4RL, Reino Unido

OU

Por favor, TRANSFIRA o dinheiro para The Mothers' Bridge of Love (MBL)

Sort Code: 400607, conta número: 11453130
SWIFT Code: MIDL GE2142E
International Bank Account Number:
GB08MIDL40060711453130
Banco HSBC, 1 Woburn Place, Russell Square, Londres, WC1H 0LQ

Sua cordial contribuição melhorará a educação de crianças chinesas de um país a outro, de uma aldeia a outra...

Obrigada — *XIE XIE NIN!*

ESTA OBRA FOI COMPOSTA PELO GRUPO DE CRIAÇÃO EM MINION E
IMPRESSA PELA RR DONNELLEY EM OFSETE SOBRE PAPEL PÓLEN SOFT
DA SUZANO PAPEL E CELULOSE PARA A EDITORA SCHWARCZ
EM MARÇO DE 2017

A marca FSC® é a garantia de que a madeira utilizada na fabricação do papel deste livro provém de florestas que foram gerenciadas de maneira ambientalmente correta, socialmente justa e economicamente viável, além de outras fontes de origem controlada.